世界哲學家叢書

祁　克　果

陳　俊　輝　著

1989

東 大 圖 書 公 司 印 行

祁克果／陳俊輝著 -- 初版 --

臺北市：東大出版：三民總經銷，民78

〔20〕，368面；21公分 --（世界哲學家叢書）

參考書目：面341-346

含索引

ISBN 957-19-0014-1（平裝）

ISBN 957-19-0015-X（精裝）

1.祁克果（Kierkegaard, Sören Aabye, 1813-1855）
-學識-哲學 I.陳俊輝著

　　149.63/8796

© 祁 克 果

著　　者　陳俊輝
發行人　劉仲文
出版者　東大圖書股份有限公司
總經銷　三民書局股份有限公司
印刷所　東大圖書股份有限公司
　　　　地址／臺北市重慶南路一段六十一號二樓
　　　　郵撥／〇一〇七一七五─〇號
初　　版　中華民國七十八年八月
編　　號　E 14032
基本定價　肆元捌角玖分

行政院新聞局登記證局版臺業字第〇一九七號

祁 克 果
編號 E14032
東大圖書公司

ISBN 957-19-0014-1

《世界哲學家叢書》總序

　　本叢書的出版計劃原先出於三民書局董事長劉振強先生多年來的構想，曾先向政通提出，並希望我們兩人共同負責主編工作。一九八四年二月底，偉勳應邀訪問香港中文大學哲學系，三月中旬順道來臺，即與政通拜訪劉先生，在三民書局二樓辦公室商談有關叢書出版的初步計劃。我們十分贊同劉先生的構想，認為此套叢書（預計百冊以上）如能順利完成，當是學術文化出版事業的一大創舉與突破，也就當場答應劉先生的誠懇邀請，共同擔任叢書主編。兩人私下也為叢書的計劃討論多次，擬定了「撰稿細則」，以求各書可循的統一規格，尤其在內容上特別要求各書必須包括 (1) 原哲學思想家的生平；(2) 時代背景與社會環境；(3) 思想傳承與改造；(4) 思想特徵及其獨創性；(5) 歷史地位；(6) 對後世的影響（包括歷代對他的評價），以及 (7) 思想的現代意義。

　　作為叢書主編，我們都了解到，以目前極有限的財源、人力與時間，要去完成多達三、四百冊的大規模而齊全的叢書，根本是不可能的事。光就人力一點來說，少數教授學者由於個人的某些困難（如筆債太多之類），不克參加；因此我們曾對較有餘力的簽約作者，暗示過繼續邀請他們多撰一兩本書的可能性。遺憾

的是，此刻在政治上整個中國仍然處於「一分為二」的艱苦狀態，加上馬列教條的種種限制，我們不可能邀請大陸學者參與撰寫工作。不過到目前為止，我們已經獲得八十位以上海內外的學者精英全力支持，包括臺灣、香港、新加坡、澳洲、美國、西德與加拿大七個地區；難得的是，更包括了日本與大韓民國好多位名流學者加入叢書作者的陣容，增加不少叢書的國際光彩。韓國的國際退溪學會也在定期月刊《退溪學界消息》鄭重推薦叢書兩次，我們藉此機會表示謝意。

　　原則上，本叢書應該包括古今中外所有著名的哲學思想家，但是除了財源問題之外也有人才不足的實際困難。就西方哲學來說，一大半作者的專長與興趣都集中在現代哲學部門，反映著我們在近代哲學的專門人才不太充足。再就東方哲學而言，印度哲學部門很難找到適當的專家與作者；至於貫穿整個亞洲思想文化的佛教部門，在中、韓兩國的佛教思想家方面雖有十位左右的作者參加，日本佛教與印度佛教方面卻仍近乎空白。人才與作者最多的是在儒家思想家這個部門，包括中、韓、日三國的儒學發展在內，最能令人滿意。總之，我們尋找叢書作者所遭遇到的這些困難，對於我們有一學術研究的重要啓示（或不如說是警號）：我們在印度思想、日本佛教以及西方哲學方面至今仍無高度的研究成果，我們必須早日設法彌補這些方面的人才缺失，以便提高我們的學術水平。相比之下，鄰邦日本一百多年來已造就了東西方哲學幾乎每一部門的專家學者，足資借鏡，有待我們迎頭趕上。

　　以儒、道、佛三家為主的中國哲學，可以說是傳統中國思想與文化的本有根基，有待我們經過一番批判的繼承與創造的發

展，重新提高它在世界哲學應有的地位。為了解決此一時代課題，我們實有必要重新比較中國哲學與（包括西方與日、韓、印等東方國家在內的）外國哲學的優劣長短，從中設法開闢一條合乎未來中國所需求的哲學理路。我們衷心盼望，本叢書將有助於讀者對此時代課題的深切關注與反思，且有助於中外哲學之間更進一步的交流與會通。

　　最後，我們應該強調，中國目前雖仍處於「一分為二」的政治局面，但是海峽兩岸的每一知識份子都應具有「文化中國」的共識共認，為了祖國傳統思想與文化的繼往開來承擔一份責任，這也是我們主編《世界哲學家叢書》的一大旨趣。

傅偉勳　韋政通

一九八六年五月四日

自　序

1.

　　拙著《祁克果》一書，是筆者繼於民國七十六年二月與五月分別出版《祁克果語錄》（編譯・業強）以及《祁克果與現代人生》（著述・黎明）之後，所出版有關研究祁克果哲學思想的一點心得。對筆者個人而言，這三書的順利問世，不啻強化了筆者向來所抱持的一種信念，那就是：摯愛人生、謳歌真理的偉大哲人或一介凡夫，必永遠不會寂寞於世，恆為時代所忘；而且，它也深化了筆者對廣袤無垠宇宙人生的一項洞察。因為，從祁克果個人自我的獨白、心理暨思想的實驗以及各式各樣論題——譬如：有關什麼是人、秘密、可能性、婚姻、生命、時間、羣眾、諷刺（反諷）、詩人、觀念、辯證、個人、主體性、困思（弔詭）、反省、存在、絕望、憂懼、愁慮（不安）、激情、勇氣、選擇、追尋、喜悅、真（真理）、善、美、理想、神、罪與信仰（誠信）……等？——的探究裡，可以深深體會到一個背負人性使命者，如何由沉穩內斂以至蛻變羽化轉折的心路歷程。

　　祁克果委實類同古今中外若干不世出的偉大心靈，透過存在、反省、思考、批判與存在的辯證歷程，為活躍於世界舞臺的整個人類，譜出了永恆的詩篇。儘管簡中夾雜了很不協調的矛盾情節或情結，畢竟，他仍能秉持一貫服膺於聖善真理的崇高理

念,好不容易奏完屬乎他個人部分的樂章。基於祁克果有如此的能耐與充滿激情的毅力,筆者自認為再多花點心神,再次窺探出祁克果心靈中所埋藏的性靈瑰寶,也相當的值得。但願這是在拙著出版之後,個人重整旗鼓,重新得力,而再度出發的一刻與奮鬥目標。

2.

拙著的寫成,前後共花了將近十個月的時間。由於祁克果是一位多產性的作家,資料的蒐集與處理却也大費周章;所幸,自從在大學授課以來,筆者在連續四、五年期間,都開設有關祁克果思想的課程(課名分別是:「祁克果」、「祁克果與現代人生」與「祁克果哲學」),而且,確也從中獲取了不少的靈感與心得。就因為有了這一層的方便,寫就起來便感到較能得心應手。然而,不可否認的,由於個人主觀的嗜好與偏見,極容易左右一個人對手頭資料所應作客觀的處置,致使唯恐有一曲之蔽的瑕疵。幸好就在這段期間,筆者個人基於學術的興趣,也注意到「詮釋學」(Hermeneutics) 此一學術運動自近代興起以來的本質與發展現況,從而也汲取到不少的研究經驗與研究效果,那就是:包括翻譯(迻譯)在內的任何研讀或理解……等心理活動,全都是一種詮釋(interpretation)的過程;旣然「理解是一種永無間斷的工作」〔Understanding is an unending task.——出自 Friedrich Schleiermacher: *Hermeneutics: The Handwritten Manuscripts,* 1977; Manuscript 1 "The Aphorisms of 1805 and 1809-10", General Introduction (3).〕;那麼,由個人理解之結果所產生的詮釋或釋義,自也是具有一種開放性的特徵:可供爾後任何繼

起的研究，作進一層的解析、修正或補充。

　　基於這樣的一種心境或立場，為文若有不周之處，筆者極樂意接受高明賢達之士的建議或指正。總之，不管怎樣，筆者是抱持喜悅的心緒與情懷，點滴在撰述祁克果「斷片般的」生命與其智慧的結晶，期待自己更能發現自我反思後的人生蘊意，以及永遠騰昇於性靈秘境中的快意。

陳　俊　輝

謹識　淡水・本篤山麓
民國七十八年六月四日
一個值得喜悅的日子

祁 克 果

目 次

第陸篇　祁克果對後世的影響

第柒篇　祁克果思想的現代意義

祁克果作品出版編年表

- 一八一三年五月五日：
  祁克果在哥本哈根市誕生；父親爲米開爾・裴德森・祁克果
  (Michael Pedersen Kierkegaard, 1756-1838)，母親爲安
  妮・梭倫絲達特・隆德 (Anne Sörensdatter Lund, 1768-
  1834)。

- 一八二一年：
  唸哥本哈根市柏格戴德 (Borgerdyd) 小學。

- 一八二八年四月二十日：
  行基督新教的堅振禮，由敏斯特 (J. P. Mynster) 主教主
  持。

- 一八三○年十月三十日：
  就讀哥本哈根大學。

- 一八三四年十二月十七日：
  首篇文章，登在哥本哈根市的《飛行郵報》。

- 一八三四年十二月二十九日：
  祁克果胞姊裴特蕾・祁克果 (Petrea Kierkegaard) 去世。

- 一八三七年五月：
  祁克果在朋友家，首次遇見蕾琪娜・奧爾遜 (Regine Olsen,
  1823-?)。

- 一八三七～三八年：

在哥本哈根市柏格戴德學校教授拉丁文。

· 一八三八年九月七日:

發表《一個仍活著的人的遺稿》(*From the Posthumous Papers of One Still Living*),目的在批判漢斯・安德森(Hans Andersen) 的小說。

· 一八四〇年七月三日:

通過神學學位考試。

· 一八四〇年九月十日:

祁克果與蕾琪娜・奧爾遜訂婚。

· 一八四一年一月十二日:

開始第一次鄉間佈道。

· 一八四一年九月十六日:

發表哲學碩士論文:《論反諷的概念 —— 特別參照蘇格拉底》(*On the Concept of Irony with Particular Reference to Socrates*) 〔按: 1965 年,美國印第安那大學出版英譯本,譯者是卡培爾 (Lee M. Capel)〕。

· 一八四一年十月十一日:

祁克果與蕾琪娜・奧爾遜解除婚約。

· 一八四一年十月二十五日:

首度前往德國柏林;開始撰寫《或作此/或作彼》(*Either / Or*)。

· 一八四二年三月六日:

由柏林返抵哥本哈根。

· 一八四三年二月二十二日:

出版《或作此/或作彼》,使用 Victor Eremita (維克多・

愛瑞米塔）假名〔按：1944 年，美國普林斯頓大學出版英譯
本，共分兩大冊，譯者分別是史汶生（Swenson）女士以及
勞銳（Walter Lowrie）；在1959年，美國安佳大學出版修訂
平裝本，譯者分別是 David F., Lillian Marvin Swenson
與 Walter Lowrie 等人，修訂暨加註者是 Howard A.
Johnson〕。

・一八四三年五月八日：
第二次赴柏林，當日返回。

・一八四三年五月十六日：
出版《兩篇訓義談話》(*Two Edifying Discourses*)，使用眞
名。

・一八四三年十月十六日：
出版《恐懼與顫怖》(*Fear and Trembling*)，使用 Johannes
de Silentio 假名〔按：1941 年，美國普林斯頓大學出版英
譯本，譯者是 Walter Lowrie〕；出版《重述》（重複，
Repetition)，使用 Constantin Constantius 假名〔按：1941
年，由美國普林斯頓大學，以及 1964 年，哈波火炬書坊分
別出版英譯本，譯者是 Walter Lowrie〕；出版《三篇訓義
談話》(*Three Edifying Discourses*)，使用眞名。

・一八四三年十二月六日：
出版《四篇訓義談話》(*Four Edifying Discourses*)，使用
眞名。

・一八四四年三月五日：
出版《兩篇訓義談話》，使用眞名。

・一八四四年六月八日：

出版《三篇訓義談話》，使用眞名。

· 一八四四年六月十三日：

出版《哲學片簡》(*Philosophical Fragments*，一作：片簡哲學，*A Fragment of Philosophy*)，使用 Johannes Climacus 假名，但是，卻以眞名印行〔按：英譯本有兩種，分別是在 1941年，由普林斯頓大學募集的「美國斯堪地那維亞基金會」出版，譯者是 David F. Swenson；另一種是在 1963 年，由普林斯頓大學出版，譯者與加序者是 David F. Swenson，附新序與評述者是 Niels Thulstrup，修訂者兼譯文評述者是 Howard V. Hong〕。

· 一八四四年六月十七日：

出版《憂懼的概念》(*The Concept of Dread*)，使用 Vigilius Haufniensis（卽：哥本哈根的守望者）假名〔按：1944年，美國普林斯頓大學出版英譯本，譯者是 Walter Lowrie；1957 年再版，修文者是 Howard A. Johnson〕；出版《序言》(*Prefaces*)，使用 Nicolaus Notabene 假名。

· 一八四四年八月三十一日：

出版《四篇訓義談話》，使用眞名〔按：祁克果自 1843～1844 年陸續發表的《訓義談話》，有兩種英譯本問世，一者是 1948 年，由奧古斯堡出版社印行，計有 I～IV 卷，譯者是 David F. & Lillian Marvin Swenson；另一者是 1958 年，由哈波與勞歐出版社印行，編輯與加序者是 Paul L. Holmer，譯者是 David F. & Lillian Marvin Swenson〕。

· 一八四五年四月二十九日：

出版《三篇偶思的談話》(*Three Discourses on Imagined*

Occasions），使用眞名。

· 一八四五年四月三十日：

出版《生命途中的階段》(*Stages on the Road of Life*，一作：*Stages on Life's Way*)，編輯者是希拉利烏〔按：1940年,美國普林斯頓大學出版英譯本,譯者是 Walter Lowrie〕。

· 一八四五年五月十三日～二十四日：

第三次前往柏林。

· 一八四五年十二月三十日：

《對哲學片簡之最終非學術的附筆》 (*Concluding Unscientific Postscript to the Philosophical Fragments*) 送印刷廠,使用 Johannes Climacus 假名。

· 一八四六年二月二十七日：

出版《對哲學片簡之最終非學術的附筆》, 用眞名印行〔按：1941 年, 由美國普林斯頓大學募集的「美國斯堪地那維亞基金會」出版, 譯者是 David F. Swenson 與 Walter Lowrie〕。

· 一八四六年三月三十日：

出版《一篇文學評論》(*A Literary Review*)，使用眞名；出版《現代》(*The Present Age*)。

· 一八四六年五月二日～十六日：

第四次前往柏林。

· 一八四七年三月十三日：

出版《音域變化的訓義談話》(*Edifying Discourses of Varied Tenor*)，使用眞名。

· 一八四七年九月二十九日：

出版《愛的作爲》(*The Works of Love*)，使用眞名〔按：
英譯本有兩種，一者是 1946 年，由美國普林斯頓大學出版，
譯者是 David F. & Lillian Marvin Swenson； 另一者是
1963 年，由哈波與勞歐出版社印行，譯者、加序者兼加註者
是 Edna & Howard Hong〕。

・一八四七年十一月三日：
蕾琪娜・奧爾遜下嫁男友弗利玆・希萊格(Fritz Schlegel)。

・一八四七年十二月一日：
完成《關於亞德勒的大書》(*The Big Book on Adler*)〔按：
本書爲有關一個被革職的牧師亞德勒（A. P. Adler, 1812-
1869）的評述〕；約在一世紀以後才問世。

・一八四八年四月二十三日：
希萊斯維西（Schleswig）戰爭爆發。

・一八四八年四月二十六日：
出版《基督教談話》(*Christian Addresses*)，使用眞名〔按：
1938 年，美國紐約的牛津大學出版 Galaxy 的平裝本，譯
者是 Walter Lowrie；本卷包括了 1849 年，祁克果出版的
《田野的百合花與空中的飛鳥》(*The Lilies of the Field
and the Birds of the Air*)，以及 1849 年出版的《大牧師―
稅吏―犯罪的女人》(*The High Priest-The Publican-The
Woman Who was a Sinner*)〕。

・一八四八年十一月：
完成《作爲一個作者我的作品之觀點》(*The Point of View
for My Work as a Author*)；1859 年，由胞兄彼得（Peter
Chr. Kierkegaard）出版〔按：1939 年，美國紐約的牛津大

學出版英譯本；1963 年有哈波與勞歐的新編平裝本，加序者
是 Benjamin Nelson Torch；臺灣現有中譯本〕。

．一八四九年五月十四日：
出版《田野的百合花與空中的飛鳥》；《或作此／或作彼》
再版。

．一八四九年五月十九日：
出版《兩小篇倫理暨宗教的論文》(*Two Little Ethico-Religious Treatises*)，使用 H. H. 假名。

．一八四九年七月三十日：
出版《致死之疾》(一作：死病，*Sickness unto Death*)，使
用 Anti-Climacus 假名，用眞名出版〔按：1941 年，美
國普林斯頓大學出版英譯本，譯者是 Walter Lowrie；安佳
出版社出版本書與《恐懼與顫怖》平裝的合訂本，書名爲：
《恐懼與顫怖‧致死之疾》，譯者是 Walter Lowrie，修文
者是 Howard A. Johnson〕。

．一八四九年十一月十三日：
出版《大牧師―稅吏―犯罪的女人》；出版《星期五聖餐前
的三篇談話》(*Three Discourses before Communion on Friday*)。

．一八五〇年八月七日：
出版《論作爲一個作者我的作品》(*About My Work as an Author*)；出版《星期五聖餐中的兩篇談話》(*Two Discourses at the Communion on Friday*)〔按：一說這兩部作品，是
在一八五一年陸續出版〕。

．一八五〇年九月十日：

出版《爲自我省察》(*For Self-Examination*)。

・一八五〇年九月二十七日：

出版《基督教中的勵練》(*Training in Christianity*)，使用 Anti-Climacus 假名，用眞名出版〔按：1941 年，美國紐約的牛津大學出版英譯本，譯者是 Walter Lowrie〕。

・一八五〇年十二月二十日：

出版《一篇訓義的談話》(*An Edifying Discourse*)〔按：《基督教中的勵練》的英譯本，已收錄本文〕。

・一八五一年～一八五二年：

完成《你自己判斷》(*Judge for Yourself*)，在 1876 年，由祁克果胞兄出版〔按：本文是《爲自我省察》的第二部分；1941年，美國牛津大學已出版《爲自我省察・你自己判斷》的英譯本，譯者是 Walter Lowrie；後者，也收錄 1851 年祁克果發表的《星期五聖餐中的兩篇談話》，以及 1855 年出版的《神的不變性》(*The Unchangeableness of God*)〕。

・一八五四年：

祁克果與丹麥教會的爭辯開始。

・一八五四年一月三十日：

敏斯特主教去世。

・一八五四年二月：

完成《敏斯特主教是一個眞理的見證者——這是眞理嗎？》用意是要嘲諷漢斯・馬天生 (Hans Martensen)。

・一八五四年四月十五日：

漢斯・馬天生繼敏斯特成爲主教〔按：一說是指四月三十日〕。

- 一八五四年十二月十八日：
  出版攻擊馬天生的文章。
- 一八五五年一月～六月：
  發表一系列攻擊馬天生的文章。
- 一八五五年五月～十月：
  出版《瞬間》(*Instant*) 第一～九冊。
- 一八五四～五五年：
  出版《對基督教界的攻擊》(*Attack upon "Christendom"*)
  〔按：1944 年，美國普林斯頓大學出版英譯本；1956 年，
  有 Beacon 的平裝本〕。
- 一八五五年十月二日：
  病倒街上，不省人事，被送往基督教弗列德瑞克醫院 (Frederik's Hospital)；入院前轉醒，峻拒入院。
- 一八五五年十一月十一日：
  祁克果與世長辭。

祁克果作品簡稱與全名

1. 《日記》：《祁克果日記》（一八三四～一八五四年）
2. 《反諷》：《反諷的概念——特別參照蘇格拉底》
3. 《或作此／或作彼》
4. 《談話》：《訓義談話》
5. 《一事》：《清心是志於一事》
6. 《顫怖》：《恐懼與顫怖》
7. 《重述》（一作：《重複》）
8. 《片簡》：《哲學片簡》
9. 《憂懼》：《憂懼的概念》
10. 《階段》：《生命途中的階段》
11. 《附筆》：《對哲學片簡之最終非學術的附筆》
12. 《現代》
13. 《作為》：《愛的作為》
14. 《音符》：《喜樂的音符》
15. 《觀點》：《作為一個作者我的作品之觀點》
16. 《個人》：《那單獨的個人》
17. 《死病》
18. 《聖餐談話》：《星期五聖餐中的兩篇談話》
19. 《勵練》：《基督教中的勵練》
20. 《不變性》：《神的不變性》
21. 《基督教界》：《對基督教界的攻擊》

第壹篇

平生

1.

二十世紀的性靈先知——當代丹麥的心理學家、文學家、哲學家、文化批判者兼宗教作家梭倫‧阿比‧祁克果(Sören Aabye Kierkegaard, 1813-1855)，在西元一八一三年五月五日，誕生在哥本哈根市的一個基督新教的家庭。祁克果的父親米開爾‧裴德森‧祁克果 (Michael Pedersen Kierkegaard, 1756-1838)，以及母親安妮‧梭倫斯達特‧隆德 (Anne Sörensdatter Lund, 1768-1834) 生他時，分別是五十六歲與四十四歲。

祁克果共有兄弟姐妹七人，在家中排行最小；一八二一年就讀哥本哈根市的柏格戴德 (Borgerdyd) 小學；一八二八年四月二十日，接受基督新教敏斯特主教施行的堅振禮；一八三〇年十月三十日，就讀哥本哈根大學。在祁克果成長的過程中，他父親頑強的氣稟，濃烈的憂鬱性格，對嚴格基督生活化的要求，以及對祁克果個人學識的過分期許……等，在在已影響他對問題的思索與見解。反而，比起他父親「強烈的震撼」，祁克果的母親安妮‧隆德對他的影響力，卻微乎其微。然而，由於祁克果父親的極度關懷，遂導使祁克果對猶太—基督教神學，有其刻意的偏好；並且，在其父親的催促下，祁克果積極涉獵拉丁文與希臘文的訓練，這自也奠定了祁克果日後對這兩種語文世界所呈現的精神內涵與意境，有其充分理解的基礎。

在一八四〇年七月，祁克果通過了神學學位考試；在這以前，即一八三七～三八年，他曾在母校柏格戴德學校教授拉丁文；這是祁克果的一生，唯一從事教職生涯的美好時光。祁克果通過神學學位的同年九月，便和初識年僅十七歲的蕾琪娜‧奧爾遜

(Regine Olsen, 1823-?) 訂婚。然而，好景不常，就在祁克果於一八四一年完成文學碩士學位，並於九月十六日出版碩士論文：《論反諷的概念——特別參照蘇格拉底》(*On the Concept of Irony with Particular Reference to Socrates*) 以後，他卻漸次的發現，蕾琪娜·奧爾遜幾乎不可能是在他生命旅程上，一個可能與之分享生命理念與崇高情愫的「牽手」；因此，他便在同年的十月十一日，以難作心靈溝通為由，毅然解除雙方維持一年又一個月的婚約。

祁克果內心的掙扎，在此已出現極端的徵兆。原因是：他自小以來所受到的家庭管教，以及早年他兄弟姐妹的相繼夭折；進而，就在他大學畢業以後，以迄完成神學學位考試期間，他仍迭逢家庭的不幸變故，就像：他母親在一八三四年七月三十一日，亦即在他二十二歲時，便已過世；同年的十二月二十九日，他姐姐彼特蕾，也接著去世；而在四年以後，亦即一八三八年八月九日，他父親又不幸離世。祁克果對於他家庭發生一連串的悲劇，歸咎是父親強娶他母親所遭致「天譴」的必然結果；再者，這也是強化祁克果稟具其父親憂鬱性格的主要動因。為此，如何脫卻「罪惡感」的包袱？如何能夠否極泰來？……等便激使祁克果投身在原始基督教義的探索裏；換句話說，「我如何才能成為一個基督徒？」以享見神所允諾的永恆福祉 (eternal happiness)，便構成了祁克果日夜縈繞於心的思想情結。再者，隨著他在一八四一年一月十二日，亦即距完成神學學位考試半年之後，他曾在鄉間開始第一次個人佈道；這則更使他確定獻身宗教的信念。因此，鑑於個人成長歷程的艱辛，以及家庭莫可名狀的悲悽，想必是無法帶給未婚妻蕾琪娜一生的幸福，祁克果因而走上退婚的絕

路；這應是可以理解的。

　　然而，誠如祁克果在後來的自述，退婚事件的當事人之一蕾琪娜，卻已使他成為一個詩人；而且，也是他謳歌生命的一個「個人」對象。當然，這個事件的衝擊，也導使祁克果其個人生命的視野，往上晉昇了一層。就在一八四一年十月十一日宣佈退婚之後的第二星期左右，亦即十月二十五日，祁克果旋即轉赴德國柏林尋求他個人的「哲學慰藉」；一直到隔年的三月六日才返回哥本哈根。

　　祁克果在柏林期間，則繼續完成了他在退婚後所撰寫的《或作此／或作彼》(Either / or) 的剩餘部分，以及在一八四三年五月八日，祁克果第二次前往柏林，又接連寫成《重述》(Repetition, 1843, 10, 16 出版) 與《恐懼與顫怖》(Fear and Trembling, 1843, 10, 16 出版)；加上，《兩篇訓義談話》(Two Edifying Discourses, 1843, 5, 16 出版) 在他認為，全都是寫來獻給他心目中的那個「個人」的。這個「個人」，當然就是意指蕾琪娜本人；也是祁克果兩次人雖身在柏林，但是，卻保留了娶她唯一的可能性的「個人」。然而，就當祁克果第二次由柏林返回時，他卻發現蕾琪娜已與她先前的男友弗利玆·希萊格 (Fritz Schlegel) 訂婚，而使他曾保留唯一的可能性已不復可能。終而，幾經思索，祁克果乃更決心持定他奮勵宗教性著述的目標與事業，以傳統下的獨白，來表明他個人心靈對更高生命意境的追求。

2.

　　自一八四三年底，到一八四七年十一月三日蕾琪娜·奧爾遜下嫁男友弗利玆·希萊格為止，祁克果則出版了多種宗教性的訓

義談話；此外，自也包括了極具重要性的思想論著，就像：《哲學片簡》(*Philosophical Fragments*, 1844, 6, 13)、《憂懼的概念》(*The Concept of Dread*, 1844, 6, 17)、《生命途中的階段》(*Stages on the Road of Life*, 1845, 4, 30)、《對哲學片簡之最終非學術的附筆》(*Concluding Unscientific Postscript to the Philosophical Fragments*, 1846, 2, 27)、《一篇文學評論》(*A Literary Review*, 1846, 3, 30)、《現代》(*The Present Age*, 1846, 3, 30)、《音域變化的訓義談話》(*Edifying Discourses of Varied Tenor*, 1847, 3, 13) 以及《愛的作爲》(*The Works of Love*, 1847, 7, 29)。其中，《愛的作爲》一書，一般學者視爲，足可與西元一八四八年馬克思 (Karl Marx, 1818-1883) 和左派激進份子恩格斯 (Friedrich Engels, 1820-1895)，在當時的比利時首都布魯塞爾，合撰發表以「階級鬥爭」仇恨意識爲主旨的《共產黨宣言》(*Communist Manifesto*) 相匹比。當一八四一年，祁克果初次前往柏林聽習謝林 (Friedrich Wilhelm Joseph Schelling, 1775-1854) 的觀念論❶哲學課時，在當時的聽眾裏便

---

❶　「觀念論」(idealism) 一詞——在形上學上，又稱作：「唯心論」——，是十八世紀初德國理性主義者萊布尼茲(Gottfried Wilhelm Leibniz, 1646-1716)，首先使用的哲學術語，以指涉有別於伊彼鳩魯 (Epicurus, 341-270 B. C.) 的唯物論的柏拉圖思想。因此，這個語詞，是指謂心智或觀念，爲解決實物本性的關鍵基礎。自十七～二十世紀初，這個語詞已發展出多種哲學的區分。

　　例如，謝林稱（老）斐希特 (J. G. Fichte, 1762-1814) 的哲學是「主觀觀念論」(subjective idealism)；而謝林他本人中期的哲學，便是「客觀觀念論」(objective idealism)，因爲，他認爲：本性就是有形可見的理智。

包括了恩格斯；此外，也可能包括了巴古寧 (Mikhail Alexan-
drovich Bakunin, 1814-1876)──十九世紀歐洲革命運動陣營
中，最重要的人物之一──，以及費爾巴哈(Ludwig Feuerbach,
1804-1872) 等人。

在一八四八年以前，除了退婚事件，曾深刻影響祁克果本人
以外，另一個就要算是「海盜」(The Corsair) 事件了。「海
盜」本是哥本哈根市一家作風卑劣的報紙刊名，編輯者是高爾德
施密特(Meier Goldschmidt)。事發之後，祁克果即發現，這家
報社乃經常以低俗的文章格調，在哨蝕丹麥年輕人的道德心靈，
而且它幕後的操縱人物，卻又是一個人品旣差，又曾揶揄並攻訐
祁克果的執行編輯繆勒 (P. L. Möller)。譬如，後者就曾在他私
人的《文學評論年報》上，大肆批判祁克果的《生命途中的階
段》，而導使祁克果的反感；在祁克果看來，繆勒不僅是一個作
風低劣，更是一個圖取教席之流的人。因此，便牽怒該報的編輯
高爾德施密特的妥協姿態；因爲，後者乃藉漫畫方式，把祁克果
披載成了包括鄰童在內一般俗眾眼中的一個滑稽人物。由於這件
事的發生，乃促使祁克果嫌斥羣眾的庸俗，嚴斥羣眾的虛妄，同
時否定要與羣眾建立任何「直接溝通」(direct communication)

(續)至於黑格爾 (Georg Wilhelm Friedrich Hegel, 1770-1831) 則
自稱，他的哲學兼容了正題「主觀觀念論」，以及反題「客觀觀念
論」，而爲一更高綜合的「絕對觀念論」(absolute idealism)。
　　康德 (Immanuel Kant, 1724-1804) 自稱，他的見解是「超
驗觀念論」(transcendental idealism)，或「批判觀念論」
(critical idealism)。參見 William L. Reese, *Dictionary of
Philosophy and Religion* (New Jersey: Humanities Press,
1980), pp. 243-244.

的可能性。

在一八四六年十月二日，高爾德施密特終於放棄了他在「海盜」報社的編輯職位。

3.

一八四八年，則是一個動盪不安的年代。在這一年，原本不很穩定的丹麥政局，先是有克利斯丁八世（Christian Ⅷ）的崩殂；隨著，又有四月二十三日丹麥與德國爆發的希萊斯維西（Schleswig）戰爭。在這次的戰役上，丹麥喪失了希萊斯維西與荷斯坦（Holstern）這兩個省份。偏偏禍不單行，丹麥當局就在這一期間，也經歷了一場不流血政變，使原有的專制君主政體，瞬間改變成爲立憲政體。這一連串事件的發生，對往後祁克果思想上的演變，至少是明顯的、又立即的；就如，他在一八五〇年的《日記》中，便有這項表示：

> 實際上，可用兩句話來說明政治和宗教的不同：沒有一種政治，願和「重述」有任何關係，因爲，它太忙，太世俗化。而重述，乃是所有行動中最長的行動；它真正屬乎永恆。

自一八四八年以後，到一八五五年祁克果去世以前，除了祁克果仍有大量作品的相繼出版而值得稱述以外；再來，就是一八五四年，他與丹麥國立教會的正式決裂。他在這一時期，對後者的俗世化傾向，則不時的痛加撻伐。詳細的說，在這短短的七年期間，祁克果也出版了《基督教談話》（*Christian Addresses*,

1848, 4, 26)，完成了《作爲一個作者我的作品之觀點》(*The Point of View for My Work as an Author*, 1848, 11)（按：1859 年，由其胞兄出版），以及出版了《田野的百合花與空中的飛鳥》(*The Lilies of the Field & the Birds of the Air*, 1849, 5, 14)、《或作此／或作彼》(1849, 5, 14 再版)、《兩小篇倫理暨宗教的論文》(*Two Little Ethico-Religious Treatises*, 1849, 5, 19)、《致死之疾》(*Sickness unto Death*, 1849, 7, 30)、《大牧師─稅吏─犯罪的女人》(*The High Priest-The Publican-The Woman Who was a Sinner*, 1849, 11, 13)、《星期五聖餐前的三篇談話》(*Three Discourses before Communion on Friday*, 1849, 11, 13)、《論作爲一個作者我的作品》(*About My Work as an Author*, 1850, 8, 7；一說是在 1851 年)、《星期五聖餐中的兩篇談話》(*Two Discourses at the Communion on Friday*, 1850, 8, 7；一說是在 1851 年)、《爲自我省察》(*For Self-Examination*, 1850, 9, 10)、《基督教中的勵練》(*Training in Christianity*, 1850, 9, 27)、《一篇訓義談話》(*One Edifying Discourse*, 1850, 12, 20)，並且著述《你自己判斷》(*Judge for Yourself*, 1851-1854)、〈敏斯特主教是一個眞理的見證者──這是眞理嗎？〉(1854, 2)，以及發表《瞬間》(*Instant*, 第一～九冊, 1855, 5-10) 等驚人的鉅構。

4.

再而，鑑於當時丹麥國立基督教會的俗化傾向，祁克果本人除了正面點名批判以外，他就在敏斯特主教於一八五四年一月三十日去世時，達到了他火爆抨擊的高峯。在同年的二月，祁克果

因厭惡敏斯特主教的繼承者馬天生 (Hans Martensen)，曾在悼文中極力推崇敏斯特是一個眞理的衞護者兼眞理的見證者，因而撰文：〈敏斯特主教是一個眞理的見證者——這是眞理嗎？〉，以批判並攻擊馬天生的文章。這，當然已肇始了祁克果孤軍敵鬥龐大氣勢的丹麥國立基督教會。自同年十二月十八日起，祁克果不斷著文抨擊、批判馬天生，一直到一八五五年六月爲止。

　　祁克果心目中的純正的基督宗教模式，當然，是指涉屬靈氣氛濃厚的原始基督教會，而不是在當時重視外在形式、條文的規範或禮儀制度化的基督教會；就因爲他有這種「執著」與「洞察」，終而導使他與當時基督教界的公開決裂，並且發出他毫不同情的尖銳批評：

　　　基督教會，並不存在，唯有真神永存。

　　最後，祁克果就在嚴峻批判基督教俗世化的過程中，卻難敵肉體病魔的侵襲；終於，在一八五五年的十月二日，癱倒在丹麥市區的一條道上。之後，旋即被人送往基督教弗列德瑞克醫院 (Frederik's Hospital)；他在醒轉彌留之際，則一再峻拒入院救治。一八五五年十一月十一日，病逝。

時代背景與社會環境

　　祁克果是丹麥的一個先覺者， 也是二十世紀人類性靈的先知。 祁克果作爲一個「個人」的祁克果， 以及祁克果思想凸顯了「存在」的思想❶，主因都是基於他反思了整個生活情境的結果。換句話說，要了解祁克果思想何以具有如此震撼人心的原動

---

❶　「存在」(existence) 一詞， 是由拉丁文的 ex (由……出來) 與 sistere (實現) 所合成的，也是與「本質」(essence) 有別的相對語。在西洋哲學史上，「 存在 」概念是難以賦予特性的。 換句話說，許多哲學家都用過「存在」一詞，但是，他們却個自賦給它不同的意涵。

　　以柏拉圖 (Plato, 428-348 B. C.) 來說，形式或本質的存在，是比物質還眞實的；在亞里斯多德 (Aristotle, 384-322 B. C.) 而言，存在是與有形的質料，也就是「實體」(substance) 結合的；在多瑪斯・亞奎那 (Thomas Aquinas, 1225-1274) 看來，存在是使本質實現的東西；在祁克果而言，有別於本質的存在，本身乃是不可思考的、不可理解的。因爲，存在就是主體個人的存在變化本身，是動態的，是在生成歷程中的，是靈的運動主體。所以，難以作靜態性的界定。參見 William L. Reese, *Dictionary of Philosophy and Religion*, p. 163。

力，就必須了解他對任何事物的態度，以及「如何的」將之納入
反省？誠如他的自述：

> 每種事物，都納入反省。……溝通，……因之，它是一種
> 間接溝通。
>
> 我從未具有任何的直接性……；因此，在一般人性的意義
> 上說，我從未生活過，我立即開始反省。並非在日後的年
> 月中，我堆積了一些反省；而是從最開始到最後，我都是
> 反省的❷。

因此，從祁克果的作品裏所顯示的，可以看出他是何等的重
視「反省」，以及重視由反省所導引出的「思考」與「存在」
(existence) 的內在關聯性❸。在此，爲方便理解祁克果思想發
軔的因緣，筆者擬由四個角度，來探討祁克果思想發展的時代背
景與社會環境。

---

❷ Sören Kierkegaard, *The Point of View for My Work as an
Author* (translated with introduction and notes by Walter
Lowrie, edited with a Preface by Benjamin Nelsen; New
York: Harper Torchbooks, 1962), pp. 43, 81.

❸ 陳俊輝：《祁克果與現代人生》，臺北市：黎明文化事業公司，民
國七十六年五月，頁 **97-122**，參第一章〈祁克果《對哲學片簡之
最終非學術的附筆》的「思考」概念〉。

第一章　從時代觀點而言

　　這是由祁克果的世界觀與人生觀的大間架下，細分出來的一種見解。祁克果的時代觀，或者說他對時代的見解，幾乎可反映出他何以果敢的著述，以及不斷發表的內在背景。這項內在背景，當然是由二元世界觀來構建的；亦即是由塵世的（temporal）與永恆的（eternal）世界所組成的。遺憾的是，祁克果看到當時的人們，卻多未在真正關懷「永恆」的訊息；他所耳聞的與感受到的，卻也都是一些「無聊」與「片面」的真理，「缺乏激情」，「全不知所謂行動、或決心的意義」；因而他批評這個時代，乃是一個「廣告宣傳的時代」，也是一個「重視理解與思想的時代」❹。

　　祁克果言下之意是，他已對當時世代徹底的絕望。因為，整個的時代精神與一切，都充斥了「理性」；知性的狂求，反而壓制了感性的激情與靈性的昇華。或許，是由於理性意識的高漲，以及科技思想的成長，正吸引人們對客觀事物的關注與興趣，而導使整個時代全都陷進理性樂觀主義的泥濘中。所以，祁克果才

---

❹　陳俊輝編譯：《祁克果語錄》，臺北市：業強出版社，民國七十六年二月，頁 69-75，參第十二章「時代」。

批判的說：

> 這個時代，整個都陷進理性的泥濘裏；沒有一個人因它哀
> 悼，這裏只有自滿與自欺；而這種東西，却是經常尾隨理
> 性的罪惡而來的。啊！激情的罪惡與心的罪惡，和理性的
> 罪惡相比，是何等的近於拯救。（《日記》‧一八五二年
> 六月四日）

又說：

> 這時代之所需，在最深的意義上，可用一個語詞充分表
> 達：它需要……「永恆」。
> 我們這個時代的不幸，正是因為它什麼都不是；它只是
> 「暫時」，是俗世。它對有關永恆的任何事物，全無耐心
> 聽取。……（《個人》‧序言‧一八五九年）

再者，也是由於時代精神的俗世化，人們多已在有意、無意
之間，任憑時代精神對自我的薰染，而毫無招架之力。因此，生
活在了無眞正的「永恆」意識與不明精神事物情態下的人們，自
然，不得不傾心轉意於俗世一切的活動。因而，人被削平了，被
壓制了。人人都成爲一個數目，或者一個複本，而與世俗世界同
質化、同性化；並且，也迷失在時代中，陷溺在世俗世界裏，這
就是世俗之人的存在特徵。然而，在祁克果看來，這才是人最可
怕的存在的遺忘；也是存在之人，對內向性表意的遺忘。所以，祁
克果在《對哲學片簡之最終非學術的附筆》（*Concluding Unsci-*

entific Postscript to the Philosophical Fragments, 1846)裏，便明正指出：西洋十八世紀，是一個遺忘存在的世紀❺。本來，人的存在，乃是永恆與現世，自由與命定，必然與偶然，無限與有限的綜合體。然而，人們由於關注現世的一切，當然，便疏忽了，乃至遺忘了「非現世」，亦即「永恆」的一切。所以，祁克果反思與論述，並批判現世的庸俗化，目的旨在喚醒所有人們的注意：要他們重新回歸永恆思想的向度，並重新啟動他們原本具有的存在激情，以化解現世間的一切假象，進而，以迎取個人的新生。

---

❺ Sören Kierkegaard, *Concluding Unscientific Postscript* (translated by David F. Swenson, completed after his death and provided with Introduction and Notes by Walter Lowrie; Princeton, N.J.: Princeton University Press, 1941), p. 223.

第二章 從社會觀點而言

　　祁克果身處的時代，是一個傾向思想，但不傾向熱情的時代；是一個社會變革急劇，然而卻缺乏有力行動的時代。所以，他曾批判那些善於玩弄政治的人，完全忽略對個人生命尊嚴的重視，而一味受一股抽象力與幻想力所支配。順此以降，一般羣眾，自然而然也欠缺更大的主見與作為。換句話說，祁克果認為，當時的社會，無非是充斥著一些缺乏道德意識與了無責任意識的羣眾，也就是，「無知」的羣眾已統理了一切。它干涉社會一切的運作，包括政治事務、社會倫常、宗教生活，以及所有值得傳誦實際的事物。因此，祁克果在《日記》裏便說：

> 羣眾：是我爭辯的真正目標；這是我從蘇格拉底那裏學來的。我希望使人們覺醒，免得他們浪費散失自己的生命。（一八四七年）

又說：

> 羣眾（並非這個、或那個羣眾，也非現今存在、或業已消逝的羣眾，更非有卑賤、高貴之分或貧富之別……等的羣眾），在它基本的概念裏，就是虛妄。因為它使一個人，

成了完全不知悔悟與不負責任的東西；　或者，　至少是由
於把責任切成了碎片，而大量削減個人的責任感。（《個
人》‧則一‧一八五九年）

祁克果的社會觀，顯然是一種淑世的社會觀，也就是一種由
倫理暨宗教的角度，來看待並救治社會大眾的濟世觀。他強調個
人道德倫理的重要性，以及社會秩序的健全運作與維繫，就像他
對社會秩序的洞見：

（論到既定秩序），我從未立於……想把政府趕走的反對
派一邊；　……相反……，　我對它貢獻過可稱之為「更正
劑」的東西❻。

祁克果甚至還說，從倫理暨宗教的觀點上看，將「羣眾」當
成（社會）最高法庭的行為，乃是否認了神，而且無法確切的說
是愛了「鄰居」；「鄰居」卽是人類平等絕對眞切的表明。

由此可見，祁克果思想的發軔，也當是標定於社會「羣眾」，
而以拯救社會大眾為職志。這種發願的根本原動力，除了來自猶
太─基督教《聖經》中：「你要愛人如己」的訓義以外，再來，
就是得自希臘大哲蘇格拉底（Socrates, 470-400 B.C.）那句要
「認識你自己」（Know Thyself!）的覺悟。因為，祁克果認為，
蘇格拉底不但是一個眞正存在的個人，是倫理學家，而且也是一
個「唯一的改革者」（《日記》‧一八四七年五月十四日）。

因此可知，祁克果反省時代並批判社會的一切，目的當是要
廓清羣眾的生活幻相，期以救治社會中的芸芸大眾。

---

❻ 同❷，p. 158。

第三章　從宗教觀點而言

　　祁克果審視他的時代與社會百態，乃是透過倫理暨宗教的慧眼來下斷語的。而單就宗教本身，尤其就丹麥路德(Martin Luther, 1483-1546)國教本身來看，祁克果認為，這種基督新教，更是危機重重。儘管祁克果曾批判政治，不像宗教是來自永恆，也靠永恆之助，「能夠徹底想通，並徹底實現人類的平等」，亦即把人類的平等，「引至最高的極點：神意的、本質的、非世俗的、真實的與唯一可能的人類平等」（《個人》・序言・一八五九年）；但是，他卻認定，真正的信仰宗教，乃是要脫離美感的羈絆與纏累的。換句話說，當時的丹麥國教，本身已扭曲了基督教原始的本意。誠如祁克果在《對哲學片簡之最終非學術的附筆》中的指述：

　　　　一種啓示，是靠奧秘來符指；幸福，是靠苦難；誠信的確
　　　　定性，是靠不確定性；因思及宗教生活的安適，是靠它的
　　　　困阻；真理，是靠荒謬。除非持守這個秘訣，否則，就會
　　　　攬和美感與宗教，而混淆了兩者。（第二書・註解）

　　祁克果當然是涵指當時的基督新教，缺乏了脫離美感的勇

氣；而，這就是他一再思索基督教，以及努力要與基督教達成更
深一層的關係的因由。爲此，他不遺餘力的批判、著述，爲要喚
醒教界人士的迷妄與昏昧。因爲，在他看來，當時的基督教的不
幸，正是在於：

> 在路德的信仰教義中，割捨了辯證的因素；因而，便變成
> 了異端與享樂主義的藏身處。（《日記》‧一八四九年）

就由於基督教有別於其他的教訓與任何科學觀點的詭論，再
者，人們一旦遺忘了基督教的本質要素；當然，也就會用「非基
督教的宣傳法」來消除基督教，因而，便導使了基督教的滅亡。
在丹麥這個國教的社會裏，據祁克果的觀察，人們一旦扭曲了，
甚至取消了基督教本質的存在，這就是一切腐敗的開始，如同他
在《那單獨的個人》一文裏的控訴：

> 每項反抗倫理教訓的……科學叛逆，每種反抗順服的……
> 社會叛逆，每件反抗俗世規律的……政治叛逆，都和基督
> 教事件上反抗神有關，而且，是由此誘導而來。（則二）

祁克果認爲，肯認神與順服神，應該是由「個人」的自覺而
出發的；而且基督教，原本也就是因爲這個範疇而建立起來的。
奈何，當時的基督教，卻是未重視這個範疇而「覆亡」。結果，
便導致了「泛神論」的絕對勝利❼。至於他說「泛神論」，卻是

---

❼ 「泛神論」（Pantheism）一詞，是由希臘文的 pan（一切）與
theos（神）結合成的；意即一切都是神。1705 年，多蘭（John

指什麼意涵下的「泛神論」呢？祁克果說：

> 它是一種聽覺上的幻象，它混淆了民聲與神聲；是一種視
> 覺上的幻象；是一種由俗世存在的迷霧所幻現的雪景；也
> 是一種由俗世存在所反射出，而被當成永恆的海市蜃樓。
> （《個人》‧則二）

至於「個人」，又是指謂著什麼意義呢？祁克果說：

> 「個人」這個範疇，是無法用演說發表的；它是一股特別
> 能力，一種藝術，一件倫理任務。……
> 「個人」這個範疇，在早先只有一次被當成決定的辯證力

(續)Toland, 1670-1722) 首度使用「泛神論者」，來指涉索希努主義
(Socinianism)──是西洋十六世紀非正統派的宗教運動之一──
有人便認為，多蘭的見解，是「泛神論」。

古往今來，無論中西方，都有若干泛神論的學說出現。就像早期希
臘哲學的物活論 (Hylozoism)，就是物活論的泛神論。帕美尼德斯
(Parmenides, ca. 515-450 B. C.) 的世界觀，亦卽世界是一個不
可改變的絕對，便是非宇宙論的泛神論 (acosmic Pantheism)；
赫拉克利圖斯 (Heraclitus of Pontus, ca. 540-475 B. C.) 視
「火」是宇宙的主宰要素，這便是內存論的泛神論 (immanentistic
Pantheism)；新柏拉圖主義(Neo-platonism)視一切都從神的存
有 (divine being) 流出，卽是流出論的泛神論 (emanationistic
Pantheism)……等。

至於印度的《吠陀》(*Vedas*) 與《奧義書》(*Upanishads*)……等宗
教文獻，由於視人的內在自我等同於神性，這也是具有泛神論的
色彩。參 William L. Reese, *Dictionary of Philosophy and
Religion*, pp. 409-410.

運用過；　而且，　是由蘇格拉底首度用來解除泛神論信仰的。　另一方面，　在基督教界，　則是第二次用它來使人們（基督徒們）成為基督徒。（《個人》‧則二）

祁克果明正的表示，「個人」這個範疇，並不是傳道者要在異教徒當中，首度宣傳基督教時所要應用的範疇，反而是在基督教界，爲了要把「基督教」傳給基督教界才應用的範疇。因此，他以「個人」自居，強調「個人」的獨特性；並且，由「個人」角度反思、批判當時的基督教界，以及基督徒的社會，目的之一，當然就是要引起人們的注意、悔悟，以便回歸基督教的「古道」。

第四章　從哲學觀點而言

　　祁克果研究哲學，卻是不曾「教授」哲學。儘管祁克果不曾教授哲學，但是，他卻有大量的哲學論著問世。我們從他散見在各式各樣作品裏，當可了解祁克果的哲學素養，畢竟是何等的令人肅然起敬。不過，祁克果何以要談論哲學？並且，他對傳統與當代的哲學，何以又有他個人獨創性的或批判性的認知？筆者認為，這自然也需要從他的時代背景來作貞定；換句話說，我們必須從當時的哲學與基督教互動的情態與關係，來了解他之所以論述哲學的原始動力。當然，這也包涵了他如何去反省傳統哲學，以及如何作批判，以導引傳統哲學的「正確」方向。

　　簡要的說，祁克果極其重視個人，推崇存在，強調主觀以及倡言具體；然而卻不滿意承襲傳統的當代哲學，在在均充斥著理性，涉談著抽象，從而導離了主體（觀），並且廢除掉了存在。這種哲學主流，尤以黑格爾（Georg Wilhelm Friedrich Hegel, 1770-1831）的思辯哲學為甚。

　　就像祁克果在《對哲學片簡之最終非學術的附筆》裏指說的：

　　　　抽象的思想，在「永恆形相之下」，是會忽略具體、暫

> 世、存在的歷程，以及存在個人的困境；後者，乃源自存
> 在的個人，為居處存在之中那暫世與永恆的一項綜合。
> 如今， 如果我們假定抽象思想， 即是人類活動最高的展
> 現；那麼，尾生的結果就會是：哲學與哲學家會自大地棄
> 絕存在，並任使我們當中的剩餘者，去面對最糟的處境。
> 至於對抽象的思想家本人而言，某種別的結果也會產生，
> 那就是：既然他是一個存在的個人，無論在哪一方面， 他
> 就必須遭受心不在焉之苦。（《附筆》•第二書）

這當已清楚顯示，抽象思想已構成對具體「存在」的危害。
祁克果當時所面臨的哲學處境，就是這種極度理性化、抽象化與
思辯化了的哲學體系；所以，他又說：

> 在現代哲學裏， 抽象化已達到「純粹存有」的極點； 畢
> 竟，純粹存有，乃是對「永恆」之最抽象的表達。代而，
> 就像「空無」，它便是瞬間。……僅僅因為有了基督敎，
> 感性、暫世與瞬間，才能被理解；因為，正由於它，「永
> 恆」才成為實質的。（《憂懼》•第三章）

祁克果面臨哲學的困境， 便思忖以原始基督敎的本質與本
性，來對治他當代的，甚至整個西洋傳統哲學的「異端」。因爲
在他認爲，人唯有優先掌握存在，給予存在主體的定位，這才能
夠適當安排客觀的一切；否則，捨本逐末，只會陷入思想的泥沼
裏，而難以自拔。爲此，在哲學上，祁克果便發現了蘇格拉底；
而在宗教上，卻是發現了耶穌基督。因爲這兩個人，一位是異教

徒，另一位是基督教的教主兼救主，同是眞正的、具體的與存在的「個人」，也更是「純人性極致的代表」❽。

　　祁克果談論哲學，便是以具體的「個人」範疇，來反思與批判時下流行的哲學學術動態；目的之一自是企望人們都能夠脫離思想生活的假象，而走向眞正具體的人生。因爲唯有這樣，人由掌握存在的動向，瞄指主體（主觀）的終極歸趨，就有可能達到「眞實的」眞理畛域。這裏所說的主體（主觀）的終極歸趨，當是穿透抽象思想的一切僞裝，而直接馳向臻往無限的所對（the eternal object），也就是「永福」（eternal happiness）。

　　所以，祁克果會說：

　　蘇格拉底式的無知，是本時代的哲學亟需更正的所在。正像克里馬古斯（J. Climacus，按：祁克果使用的假名之一）所說，在更高生命開始的那一點，人們多半轉離，轉向過實際的生活，去做「人、父親，以及玩保齡球的伙伴」。而，也像反克里馬古斯（Anti-Climacus，按：祁克果使用的假名之一）所述，人多未體驗過性靈生活；從未在本質上，體驗過和神聖（者）的契交。（《日記》·一八四九年九月）

---

❽ Sören Kierkegaard, *Philosophical Fragments* (originally translated and introduced by David Swenson, new introduction and commentary by Niels Thulstrup, translation revised and commentary translated by Howard V. Hong; Princeton, New Jersey: Princeton University Press, 1974) pp. lxi, 11-45.

又說：

> 近代哲學的整體秘密，却正是這同一種東西：「我思，故
> 我在」；思考就是存在。基督教的格言，却相反：「你信，
> 事就成」(As thou believest, so it comes to pass.)；或
> 者：「你信，你就（是存）在」(As thou believest, so art
> thou.)；相信就是存在。所以，可以想見，近代哲學恰恰
> 是一種異敎。……近代哲學，全然泯失蘇格拉底的特性，
> 在於它使自己與我們相信：它就是基督敎。（《死病》‧
> 部二）

　　從以上的區分裏，顯然可見，祁克果已提昇了蘇格拉底的哲
學地位，而結合了基督教的信仰訊息。這是他寫作的主題，也應
該是他聲嘶力竭的批判傳統與近代，乃至反諷現代哲學重視「客
觀之道」，而離棄了「主觀之道」的唯一關鍵。的確，唯有這
樣，始能恢復「哲學」的原始面貌，以及呈現基督教古道的光
輝。綜攝的說，這兩者靈妙的合一，應可作爲解決當今人類存在
危機的一種妙方。

第叁篇

祁克果思想的傳承與改造

　　一個思想家的偉大，並不在於他祇會揚棄一切，力圖追求自我的創新；反而應該是，能夠對傳統的一切作批判的反思、繼承、轉化與創造；祁克果可就是具有了這種性格的人物。談到祁克果思想的傳承與改造，筆者擬從四個角度，亦即人性、文學、哲學與宗教思想這四方面來探討，以整全地掌握他運思或創作的內在經緯。

第一章 人性思想之淵源與改造

祁克果確實對於「人性」，有其相當深刻的洞察；他之了解人性，或感受人性的媒介，除了是透過自己對西洋古今人物或文獻的分析與理解以外，再來，就是他會活用個人存在生命的體驗，去親炙周遭一切的事物或事象的變化。換句話說，他自己就對內心平常的感受，經常在作不斷的體悟與反省；從而，再把先前業已被肯定、或否定的觀點，重予加工或轉化，終而以建立他個人的人性觀點。當然，這也呈現出了他的人性論思想的淵源與其已做改造的痕跡。詳細的說，我們由分散在他若干作品裏的論點，自可看出，祁克果對古代與當代的人性思想，是如何的作出他個人的批判以致予以加工，以轉化成他個人的觀點。

1.

從古代人性思想方面來看，就像：他曾談到古代神學家評論異教徒對「絕望」與「自殺」的看法，以及他個人下的斷語；他說：

> 古代的神學家，多稱異教徒的美德，是輝煌的惡德；……
> 他們的意思是，異教徒內心的深處，是處在絕望裏。因

為，異敎徒不曾意識到自己是處在神面前的一個心靈體。因此，異敎徒對自殺的責備，就極輕微了；是的，他們甚至讚賞自殺。其實，就心靈來說，它却是最斷然的罪；因為，藉自殺方式來切斷生存，卽是叛逆神。（《死病》·部一）

在這一段引文裏，多少已顯示祁克果對古代神學家與異教徒之間的爭論，採取了他個人斷然的立場；這個立場是：他肯定古代神學家的批判力，然而卻以他對基督教「神與世人」的依存關係，點明人類生命的寶貴性，並且否定「自殺」可算是一種崇高的美德。說明白一點，他是以生命的屬靈性，來批判自殺乃是一種「最叛逆神」的罪惡。又，這種批判與反省傳統的人性觀，自然，也突顯祁克果本人的生命觀點：生命，亦卽一個具體個人的存在生命，首先需要認清並明瞭自己生命的「路向」；唯有這樣，才會使個人的「生命」，過得旣平安又有意義。否則，若祇一味抄襲他人對生命的困惑與「解答」，來充當自己對生命問題的「結論」；那麼，這就是一個生命課堂上的「小學生」，祇為了應付老師，而以抄襲別人的答案欺瞞老師，絲毫不為自己求取結論（《日記》·一八三七年一月十七日）。

順此而言，我們也可以說，祁克果的生命觀，乃是一種向著未來、向著可能性、向著希望或向著一個生命目的而在生活的生命觀。這種「樂觀主義」的生命觀點，或者充滿生命衝勁的人性觀，當然是一種「積極」的人生觀。祁克果在論述這種積極的人生觀、積極的生命觀、或積極的人性觀時，多半是由基督教的本質與訊息以獲得靈感的。像他在《死病》裏就說：

基督教對於生命的教訓（和科學對於生命的冷漠相反），或者說，基督教這個倫理層面，本質上是訓義性的。從這個觀點來看，這種教訓不管是多麼嚴謹，却和那「冷峻」的學術思想，依舊大不相同；它們在本質上截然迥異。冷漠的學術思想，自承是「壯舉」，其實，從基督教觀點說來，却是缺乏「人性」，是一種怪誕之物。基督教的壯舉（可能極其罕見），乃集中全力去成為自己，作一個單獨的個人；作一個確定的個人，獨自承當這偌大的努力（力求成為自己）；自己承受這艱鉅的責任。不過，這絕非要我們迷於純人本主義的理念，也非叫我們駭異於這俗世的歷史遊戲。（《死病》・序文）

顯然，祁克果也表明：生命是需要一個人有勇氣去面對以及接受一切的挑戰的，而不是在碰到艱險或困阻時，遽以投降、自殺……等逃避的方式，來結束自己的「責任」。其實，唯有人憑勇氣去面對一切的橫逆，以真正成為個人自己，這才是充滿了「人性」。至於生命本身，是否應該追求「（靈魂）不朽」(immortality)？祁克果認為，這個問題，實質上並不是一種學問的問題，而是一個內向性 (inwardness) 的問題；亦即有關一個人在作終極的關懷、無限制的關注，以及充分發展出他的主體性 (subjectivity) 的潛能暨最高可能性的問題。因為，人們對於這樣的一個問題，其實是無法作客觀的陳述，而且也無法用社會學的語彙來加以析述。祁克果說，一個人唯有志於成為主觀的主體時，他才會想到這個問題，由而恰切的問說：

我會變成不朽嗎？或不是不朽嗎？（《附筆》・第二書）

2.

這是從古代人性論的思想方面來看的一個例證，另外一個例證，就是從現代人性思想方面來看的例證；就如祁克果他在《對哲學片簡之最終非學術的附筆》裏所說的一句對比的話：

> 瞭解存在中的自己，是希臘人的原則。……瞭解存在中的自己，也是基督教徒的原則。（《附筆》•第二書）

這表明祁克果對人性自我觀點的建立，即是奠定在他對古希臘人與猶太—基督教的原始精神所作的理解上。換句話說，在現代人也應該對「存在中的自己」予以理解一事上，祁克果則肯定異教徒的希臘人與正統教的基督徒均有其一致的見解；那就是，人人都要理解自己，人人都要能夠「明心見性」，以掌握自己。唯其可惜的是，在這個世界上，一個眞正能夠瞭解自己並且理解自己的人，可何等的少之又少呢?!要不然，蘇格拉底的不朽名言：「認識你自己！」爲何能夠歷久不衰，一直構成歷代人類反省與構思的一大主題呢？就由於一般人有健忘自己的先天毛病，祁克果也深知這一點，因而不斷的藉著「反省」自己，鞭策自己，以求理解自己。祁克果不祇如此，他也引用羅馬的古諺語：「人若持守沉默，即使是愚人，也可成爲智者。」（《一事》•第十三講），來指涉一個人眞正要有自知之明的洞察力。

這句話的涵意，當然是指：「沉默不但不會流露一個人的愚蠢，同時，也因爲他的自制，可以幫助他意識到自己是一個單獨的個人，而阻止他不去附和羣眾的意見。不然，他自己一有意

見，沉默就會使他不致匆忙慫恿羣眾，來採納這個意見。」祁克果又說：「凡是意識到自己是個個獨的人，就有一種素養的洞見，能從反面去察看萬物。他的思想，是熟習了永恆的眞理，而能見到人生各事的一面。」（《一事》・第十三講）

這裏已充分顯示，傳統的某種思想，可爲祁克果對現代人的人性洞察，作了一種註腳。這種洞察，當然也涵指宗教的蘊意。因爲，凡有自知之明的人，都是「熟習了永恆的眞理」，而能由高點來鳥瞰人生的百態。因此，祁克果便說：

> 實質上，唯有「與神有關係」，才使一個人成為一個人；
> 然而，人都欠缺這項關係。（《附筆》・第二書）

又說：

> 如果人們早已遺忘在宗教上的存在意義，無疑，他也早已遺忘什麼是做為人的意義。這是必須提出的重要事情。（《附筆》・第二書）

的確，一個人一旦遺忘他自己是「什麼人」的眞象時，當然，他就難以保持一個正常人的姿態，以渡過他個人的塵世生活。甚至，這就會混淆一個人的生活步調，乃至錯亂了這個人的生活秩序。這樣一來，自也會破壞正常人所應具有的正常人的人際關係。所以，祁克果批判一般人的庸俗之見（從而，也凸顯了他個人的洞見）：

大部份的人，是用主觀對待自己，用客觀對待其他人；有
時，甚至還會用可怕的客觀。而，真正的責任，却是要以
客觀對己，用主觀待其他的一切人。（《日記》·一八四
七年五月十四日）

他也批判當時的人們，多想藉用「純人性」觀點來反對基督
教；他說：「這種姿態的傲慢程度，是難以置信的。」而且，又
說：「如今，人們所謂的『人文主義』究竟是什麼？它，只不過
是汽化了的基督教義，一股文化意識，基督教的碎渣。……（我
們）需要對人文主義者這樣說：要製造『原本的人文主義』！因
爲，我們所現有的，實是基督教的人文主義。」（《日記》·一
一八五一年）

第二章 文學思想之淵源與改造

1.

談到祁克果文學思想的淵源與改造，首先，就必須知道祁克果作品形成的整個過程；這個過程，大約可以用兩個階段來作區分：第一個階段，是一八四一年至一八四五年的作品時期；此時期，幾乎使用了半打以上的假名，而且內容也多半敘述祁克果本人在年輕時代的所見所聞，或者他對若干作品的閱讀心得與個人的生活經驗。這些以自傳性爲主的作品，包括了：《或作此／或作彼》（1841）、《恐懼與顫怖》（1843）、《重述》（1843）、《憂懼的概念》（1844）、《生命途中的階段》（1845）；以及兩本哲學性的著作：《哲學片簡》（1844）與《對哲學片簡之最終非學術的附筆》（1845 年完成）。當然，在這第一階段時期，也包括祁克果使用眞名發表的十八篇《訓義談話》。

另一個階段，則是自一八四五年以後，到他死前對基督教界發動總攻擊爲止；它的實際行動，是指祁克果發表許多宗教性作品以及一系列的小冊子，正面點名批判當時基督教會活動的政治化以及其他俗化的事態⋯⋯等。這一時期的寫作風格，則是以他在一八四七年感受到生命意境上的「轉變」❶爲一轉捩點。換句

話說，在先前的階段，乃充斥著文學性，而多半使用假名著述。
至於在第二個階段，則多使用眞名發表，亦卽直接以「眞理的見
證者」身份，來導引他著述的主題：如何捨離詩意的，卽離開詩
人所辯稱的生活方式？或離開思辯的思考，卽離棄駐留在思想中
虛妄的生命形態？藉著反省以「出離」（舊我），而眞正成爲一
個基督徒。

---

❶ 在一八四五年秋天，完成《對哲學片簡之最終非學術的附筆》以
後，祁克果初次想到「封筆」的事（按：第一次轉變），亦卽自忖
能夠克服憂鬱與自閉的心態，而隱遁到鄉間去。但是，好景不常，
一個往常熟悉的人物繆勒（P. L. Möller，十九世紀），却在「海
盜」報刊上著文攻擊祁克果的文章（按：自述訂婚事件的文章，使
用假名），而遭致祁克果的不快與公開反擊，最後導使該刊物的
關閉，以及繆勒流落異邦；同時，與此事件有關的高爾德施密特
（Meier Goldschmidt，十九世紀），也因而放棄報社的編輯職位。
這個事件，促使祁克果重新反省並注意他作品的歷史地位；此後，
便把眼光注意到他的時代使命上。爲此，卽出版了《關於亞德勒的
大書》，顯示出他對社會與政治情態的關注。
祁克果在一八四七年前半年，寫成並出版了《愛的作爲》以後，而
再次（八月間）反思自己的存在狀況；此時，自認爲又是一次「轉
變」（變形）的開始。半年以後，亦卽一八四八年的復活節之前的
星期三，祁克果又感受到第三次的「轉變」時機，認爲自己應該可
以突破父親的陰影，而接受牧師職位；在這同時，也可解決他經濟
上的困難。可是，到了最後，他却又遣散這種意念，而了解自己的
命運，勢必「在憂鬱中，來愛這個世界」。爲此，而痛下決心，接
受自己的苦痛；如此，也因而革新了他的世界觀，使他認定：「眞
理的見證者」（直接的），而不是「產婆接生術」（間接的），才
是完成基督教的溝通的不二法門；因爲，以基督教的觀點看來，眞
理並不存在於主體中（如同蘇格拉底所認定的），而是存在於宣講
的啓示中。參祁克果著·孟祥森譯：《祁克果日記》，臺北市：水
牛出版社，民國 56 年 5 月出版，頁 23-28。

　　如果能說，祁克果第一階段作品的風格，也充滿了美感性，那麼，在這第二階段，便是由哲學性過渡到宗教性的直接表述。這種說法，卻並未排斥，在他第一階段的作品時期裏，仍然保有宗教性的特質。因為，祁克果自承，他在全部的著作業中，從頭至尾都包容了一種曖昧性與雙重性，並且說道：

> 宗教性質，是從開始就存在的；同樣的，美感性質，一直到最後仍然存在。（《觀點》・部一）

而且，又說：

> 宗教作家，必須先與人性有所接觸；這便是說：他必須以美感成就開始。……此外，他更須安穩自己，或者（這是唯一僅有的安穩）要在恐懼與顫怖中，使自己關聯於神，以免發生牴觸自己的意向，致使無法推動別人，卻反而被別人所推動，而陷入美感的範疇裏。（《觀點》・部二）

　　祁克果文學思想的淵源與改造，當然要由祁克果本人，乃是以「一個宗教作家的觀點」來看待全部的著作業而予以定位的。由於祁克果認為：「從作品作為一個整體來看，美感作品的全體，是一種欺騙」（《觀點》・部二・第二章），而且又表明他全部的作品，從頭至尾都容許一種曖昧性與雙重性；那麼，我們當可追溯到他的確是「有意識的」使用蘇格拉底的產婆接生術（maieutic）❷，以及猶太基督耶穌的自我否棄（self-denial）法❸，

------

❷　祁克果使用這種方法，是標定在做為起始的美感作品與做為目的

以作爲他文學暨感性的創作，乃至哲學及論理——宗教性的創作
之動力。像他就說：

> 「真理」是裸裎的。（《日記》·1853-1855）
> 爲了⋯⋯溝通「真理」，⋯⋯第一件任務，⋯⋯是移開他
> （按：羣衆）的幻象。（《觀點》·部二·第一章）
> 我⋯⋯却安靜步武著蘇格拉底⋯⋯；然而，我⋯⋯相信他
> 已變成了基督徒。他是辯證家，並對一切用反省的方式來
> 思考。⋯⋯我很可以稱蘇格拉底爲我的老師；——然而，
> 我一向所唯一信仰，現在唯一信仰的，却只有「一個」主
> 耶穌基督。（《觀點》·部二·第一章）

2.

　　祁克果作品的風格，儘管有一八四六年的《對哲學片簡之最

（續）(telos) 的宗教之間的關係上，俾讓能被他的美感作品所吸引的人，
突然發現自己已深陷最有決斷力的基督教義中，而開始對它作注
意。「產婆接生術」一詞，是由希臘文的 maia（產婆）演變而來
的，本應作形容詞來使用，現已涵指蘇格拉底所使用的「真理」求
知法：有諷刺 (eironeia) 與催生法兩個階段。前者，是以逼問對
方「德」(arete) 的真意，直至對方無以作答，而表示自己的「無
知」之後，才啓發出「德」的真象。後者的這種啓發方式，便是由
各種對「德」的解釋中，抽取出共通的「概念」(eidos)，來對
「德」作抽象的界定。

❸ 這原指基督教的傳教方式，爲達到救世的目的，就要憑愛心作一切
努力，以犧牲自己來造就他人爲依歸；這種方式，也是由基督耶穌
原是神道成肉身，捨棄榮華、尊貴地位，來拯救世人的方式作類比
的。

終非學術的附筆》，以作爲劃分前、後期的分水嶺，而呈顯出前後兩時期不同的風貌；但是，一如先前所述，它的整體著作業，卻是包涵了曖昧性與雙重性。這自然已涵示，祁克果是以一種內在的辯證性，或辯證的交疊性（dialectical reduplication）❹，或弔詭性的反省方式，把寫作的攻心戰術指向於「羣眾」，以便能掌握「個人」。至於他的動機，就是：「一直渴望……有助於，設若可能，將用任何可用的方法，把更多一點的『眞理』，帶進我們所生活的不完美的存在狀態中。」（《觀點》・作爲一個作家我的活動——增補）；他的戰術就是：「由神之助」。

由此可見，祁克果是非常嫻熟猶太—基督教的宗教傳統，以及希臘—異教的哲學傳統；而他的文學思想之淵源就應該溯本至此；並且說到他個人的寫作方法，也當是由這兩種傳統以得到靈感的。他是藉實踐行動來寫作，或以決斷來評述，並且也綜攝了蘇格拉底的「認識你自己」，以及耶穌基督的「空無你自己」（Empty Yourself!）的生命原則，凸顯出每「個人」的尊貴性，以作爲他寫作訴求的目標。所以可說，他已轉化了，並且由而造就了他個人作品的手法與內容，同時使之兼具有批判性、反諷性、辯證性或弔詭性的多重特徵。

因爲，祁克果一生的表現，確實有如一個眞正的殉道者，乃採用了由「無能」之助的棄絕法，亦卽：不僭立權威，又須含忍一切，不斷學習做一個學生，一個謙抑者，一個僕役，一個被貶謫者，一個受嘲弄者，一個懺悔者，甚至一個犧牲者，以「強迫

---

❹　指祁克果「爲了某一個嚴重的目的，而使用的……」。英譯者勞銳（Walter Lowrie）稱它的意思是：「祁克果把心智上所理解的『眞理』，轉化爲實際生活（存在）。」參《觀點》・註解。

人們的注意，並且強迫他們下判斷」。所以，祁克果這種視自己
爲一種「燃燒裝置」的「導師教學法」，尤其，在他早先時期以
假名著述的文學、或感性階段的表現，乃較「比一種標準程序，
更是一種治療學的手段。」❺

　　總之，祁克果整個思想作品的背景，正托現出了他關注耶穌
基督的見證眞理，蘇格拉底的強調反諷，以及發揮他個人唆動式
的詩般想像、日記、宗教論戰與評論，並由「背後」挫傷的技術，
以及集編輯者與匿名者於一身，所謂「中國寶盒」體系式的辯證
混用的巧藝❻。

----

❺ J. Collins, *The Mind of Kierkegaard* (Chicago: Henry Re-
　gnery Company, 1953), p. 40.

❻ H. Fenger, *Kierkegaard, The Myths and Their Origins* (transl-
　ated by George C. Schoulfield; New Haven and London:
　Yale University Press, 1980), p. 2.

第三章　哲學思想之淵源與改造

　　在對西洋哲學歷史發展的回顧上，我們可以發現，能夠觸發祁克果重新思考「存在」，尤其是與「存在」有關的「眞理」、「主體」……等問題的，則有不少的哲學家。這些哲學家，儘管都談論了「存在」、「主體」或「眞理」……等的課題，但是，卻都未被公認是「存在哲學家」，或「存在主義」(Existentialism)❶的始祖。原因是，祁克果才是眞正從具體個人的存在作出發，關注到個人存在的體驗，並且也由個人存在的角度，去審視一切，論斷一切。就因爲祁克果運用了有別於傳統哲學家詮釋

---

❶　這是一種與傳統「本質主義」(Essentialism)相對立的哲學運動；
　　有神論的存在主義，首推祁克果的存在思想爲肇始者，至於無神論
　　的存在主義，則以主張「神已死亡」的德國尼朵 (Friedrich Nie-
　　tzsche, 1844-1900) 爲始作俑者。當然，推展此一哲學運動者，有
　　不少知名人士，像：西班牙的烏納木諾 (Miguel de Unamuno,
　　1864-1936)、奧特嘉 (Ortega y Gasset, José, 1883-1955)，德
　　國的海德格 (Martin Heidegger, 1884-1976)、雅斯培 (Karl
　　Jaspers, 1883-1973)、布脫曼 (Rudolf Bultmann, 1884-1976)、
　　梯立希 (Paul Tillich, 1886-1965)，以及法國的馬色爾 (Gabriel
　　Marcel, 1889-1973) 與沙特 (Jean-Paul Sartre, 1905-1980) ……
　　等人。參 William L. Reese, *Dictionary of Philosophy and
　　Religion*, pp. 163-164。

存在的手法，所以，當代的哲學圈中的人士，便公推祁克果是存在哲學的肇始者，或者有神論存在主義的首倡者。

既然在西洋傳統哲學史上，有不少哲學家談論「存在」、「主體」或「眞理」……等問題，而且這些論述，又都與祁克果有關；那麼，我們似乎可以從中找出祁克果「存在」思想的淵源，以及他如何將之作了改造，以轉化成他自己存在思想的範疇。換句話說，我們應能夠從蘇格拉底、柏拉圖 (Plato, 427-347 B. C.)、亞里斯多德(Aristotle, 384-322 B. C.)、奧古斯丁(Augustine, 354-430)、亞奎那 (Thomas Aquinas, 1225-1274)、巴斯噶 (Blaise Pascal, 1623-1662)、康德 (Immanuel Kant, 1724-1804)、萊辛 (Gotthold Ephraim Lessing, 1729-1781)、雅各比 (Friedrich Heinrich Jacobi, 1743-1819)、斐希特 (Johann Gottlieb Fichte, 1762-1814)、史萊馬赫 (Friedrich Schleier-macher, 1768-1834)、謝林 (Friedrich Wilhelm Joseph Schelling, 1775-1854)、黑格爾 (Georg Wilhelm Friedrich Hegel, 1770-1831) 與叔本華 (Arthur Schopenhauer, 1788-1860)……等人的思想中，找出祁克果思想與之正、負面的淵源關係。當然，笛卡兒 (René Descartes, 1596-1650) 也不能例外；筆者認爲，這祇是要表示，不管以上這些哲學家是否具有何等的洞見力，以及高深論究的學說，我們都可以從祁克果本人所作的引述、反省、批判、採納、轉化或揚棄……上，看出祁克果的存在思想的特徵；也就是在他個人經過了反省批判以後所建立成的獨特的觀點。詳細的說，我們可分成以下幾個單元，逐一來討論祁克果存在思想的淵源與改造。

第一節　蘇格拉底與祁克果

在以上列述眾多的西方哲人裏，從基本上看來，能影響祁克果最多、最廣、最深，又最烈的哲學家，當然，要算蘇格拉底莫屬了。筆者從祁克果本人之《日記》、《論反諷的概念——特別參照蘇格拉底》、《哲學片簡》、《對哲學片簡之最終非學術的附筆》、《死病》……等作品中，發現並整理出祁克果有關蘇格拉底的論述，總計約有以下數項，而值得我們探究的；例如，他就談到了：蘇格拉底的產婆接生術、辯證法、倫理觀點、反諷概念、「無知」暨「認識你自己」的原則、永恆眞理、困思、誠信、反省、存在、知神、改革以及個人……等課題。這些多半是祁克果本人所欣賞的觀點，因而，也都轉化成了祁克果存在思想範疇內的重要元素。當然，他也批判了蘇格拉底的時間觀，以及他對「罪」的定義的不足。就此可言，他是靠基督教的訓義，將之改造成了他自己的時間觀與「罪」（惡）觀。

祁克果究竟如何談論蘇格拉底，而且受到他的影響，並且也將蘇格拉底的思想，轉化成爲他自己的哲學觀點呢？筆者認爲，這乃需要加以詳述，才能夠清楚的明白。詳述如下三點：

一、「產婆接生術」與存在

1.

在一八五一年的《日記》裏，祁克果曾說：

……如果蘇格拉底必須經過一個苦修者的生活，在鄉野中落單，就會令人懷疑他能否忍受得住。就因為他立足在無限的否棄中，亦即必須在人羣裏，需要人，不斷的需要新人，有如漁夫垂釣，以便把試驗應用在他們身上，這便確切充實了他的生命。

我開始用「蘇格拉底的方法」，但却深信自己不及於他；因為，我曾經有錢。就此來說，我擁有異於別人很大的助益。如今，我却努力把人民，直接引向……基督教方位的一種運動。……

　　這裏，已清楚顯示了：祁克果肯定蘇格拉底藉他「個人」的深入「羣眾」，以拯救羣眾的改革者地位。並且，也指明他正想運用蘇格拉底的作法，將他的工作任務與對象，指向基督教的方位，以便使丹麥的社會羣眾認識到「個人」的重要，以及更認識「個人」與基督教的內在關聯性。儘管他曾說：「在基督教之外，蘇格拉底孤獨的站著。高貴、單純，而且有智慧；你確實是眞正的改革者。」《日記・一八五四年》，已表明蘇格拉底是個人性孤單的改革者，但是，這却也無損於他對蘇格拉底的偉大的認知。因為，就祁克果那時代的社會現象而論，他認為人們眞正缺乏的，並不是沒有「知識」（有關事物的），而是沒有眞實的人性「智慧」；也不是沒有一般的「眞理」（有關客觀知識的），而是沒有切實洞察人性的「眞理」（攸關主觀個人的）。所以，他一再強調蘇格拉底重要的人性洞察。

　　就如同他在《死病》裏所說的：

在有如現今的時代，人們已在浮誇與貧瘠的知識裏迷途，致使，恰如在蘇格拉底的時代——更有過之——，今日的人們，極需一點點蘇格拉底式的饑餓。（《死病》‧部二）

又說：

蘇格拉底！蘇格拉底！蘇格拉底！三次喚你名字也行，喚你十次也不為忤。人們認為，這個世界需要一個理想國，需要一個新社會秩序與一個新宗教；倒是，從沒有一個人想到，現今的世界，儘管因為多量知識而混亂，但是，它所亟需的，却是一個蘇格拉底。……

所以，這種具諷刺的倫理更正劑，很切合我們時代的需要；或許，確是唯一的需要。因為，這顯然是現今較少被想到的事物。（《死病》‧部二）

祁克果很肯定的表示：蘇格拉底是一個能夠充分運用產婆接生術的倫理教師；因為，「蘇格拉底很有禮貌的，以及間接的移除了學習者心中的錯誤，而賜給他『真理』。」《附筆》‧第二書這種產婆接生術，乃具有一種間接的特徵，因為，它表示在助產士與產婦之間，並沒有任何直接的關係存在；這也在類比地表明：在教師與其學生之間，可沒有任何直接的關係存在。原因是，「真理」乃是屬乎內向性的、主觀性的；即純粹屬於個人主體內在無限的認知之領域的。

祁克果也是在此涵指蘇格拉底的「真理接生法」，係以開悟受教者自己要追求內在的自我認知，為首要的前提。否則，捨此

即無法獲得進入眞知的門徑。祁克果在他著作的早期，也就是在一八四一～一八四五年間撰述文學作品暨感性作品的階段裏，便極力運用這一種「間接（溝通）法」，卽屢次使用假名著述，以喚醒當時的羣眾的注意。這當是蘇格拉底影響他的所在；然而，就在一八四五年以後，祁克果卻認爲「眞理」的溝通，乃必須藉「眞理的見證者」這個「直接溝通」的身份，方能作周延的傳達。因此，便棄絕了先前使用假名的方式，開始大量改用眞名著述，以表示他個人正是一個眞理的衞護者，也是一個爲所謂可「爲之生與爲之死」的眞理的殉道者。在這裏，自然已表顯出，祁克果刻正超越蘇格拉底產婆接生術的眞理求知法，而直接訴求了眞理的宣講法或啟示法。當然，這應該是他受到了基督教訊息的影響之下的一種正常反應。總括的說，就在對知識眞理的訴求與傳達上，祁克果無不充分運用了異教徒蘇格拉底的方法與基督教（徒）的宣講方式，以爲永恆眞理作奉獻，而圖使陷身幻象中的羣眾們，多能夠迅速醒轉，以發現個人自我的「存在」眞象，並立志爲自己的人生訂定一個奮鬥的目標。

2.

再者，有人不禁會懷疑：祁克果混用異教與「正教」的眞理求知法，是否會有其內在本質的矛盾？關於這個問題，筆者認爲，它本應是很有趣的。不過，祁克果卻能倚藉他所熟悉的存在藝術之運用，將這個本質性的問題，化解成了一種巧妙的「宗教哲學」的問題；像他自己就說過：

　　蘇格拉底是屈從於神的檢視下的助產士；他的工作，是要

實現神的任務（柏拉圖的《辯護》）。儘管在一般人眼裏，被看成是個最單獨的生物，蘇格拉底（如他自己所了解的），却能够遵照神的原則：神禁止他生產。因為，助產士接生的關係，在人與人之間是最高超的；而且，生產僅僅是屬於神的。（《片簡》）

　　這委實教人不得不注意到祁克果的一生，努力在宣揚敬畏「神」的蘇格拉底的淑世精神；而可以媲美的是，蘇格拉底一生所作的努力，乃可詮釋成極力使得「個人」能由邦國得解放；而祁克果一生所作的奉獻，則可表明成在力圖使得「個人」都由世俗得解脫。他們之間的類似點正在這裏；他們的共同點，應當就是：以「無知」，卽「一無所知」為眞知，而且也要永遠視自己為一個生徒，而不是教師❷。

二、「無知」（卽「認識你自己」）的原則與存在

1.

　　祁克果在一八四九年九月的《日記》裏曾提到蘇格拉底式的「無知」（ignorance），卽是「本時代的哲學亟需更正的所在」。這乃表示，儘管一般人的存在生命，祇在求取能作更多了解的事物；但是，由於一切都在生成變化之中，所以，箇中的重點便變成了：「更多的了解某樣事物，則是費解的。」
　　祁克果也曾詮釋蘇格拉底的「無知」原則，是蘇格拉底哲學

---

❷　陳俊輝：《祁克果與現代人生》，頁 30。

的一種「預設」；後者，也必然終止於一般的人們都「一無所知」
（《反諷》·則一）這件事實。因為，在人生實際的經驗界裏，
有待去發現與驗證的新事物乃是何等的多；單憑一個人有限生命
的存在，怎能夠掌握經驗的全部呢?!所以，祁克果在《對哲學片
簡之最終非學術的附筆》裏，便主張說：「一種邏輯體系是可能
的」，而「一種存在體系是不可能的」。原因是，一切的「實物」
（reality），對神而言，乃是一種「體系」；因為，神本是一個通
徧思考並掌理一切的系統思想家；至於對凡間每一存在的個人而
言，則不可能。因為，每個人都是一個了無止境的「或作此／或
作彼」。祁克果又說：體系與有限性是同一物；所以，在生成變
化歷程中的每一個人，都要靠反省，不斷的作自我超越、追求，
以證成自己的永福。儘管體系可以使主、客體，以及思想與存有
達到抽象合一的可能；但是，存在卻使它們具體的分離❸。

　　祁克果闡釋蘇格拉底的這種「無知」的原則，也將之牽涉到
「認識你自己」、「個人」、「永恆眞理」、「誠信」、「困思」
與「知神」……等諸種範疇； 這當是非常緊要的關聯 。 再者，
我們如果能夠確切理解祁克果如此作詮釋的動機與內涵要旨；那
麼，我們便可以明白，祁克果何以會這樣的推崇蘇格拉底的「無
知」原則，而且也將它轉化成了他自己人生觀點的一部分。

　　以下，是祁克果在《個人》·則二裏所作的論述：

　　　　「個人」，以宗教觀念來說，則是這個時代、所有歷史，
　　　　以及全體人類必須通過的範疇。

❸ K. F. Reinhardt, *The Existentialist Revolt* (New York: Frederick Ungar Publishing Co., 1952), p. 45.

「個人」，是一個靈的範疇；是靈的覺醒的範疇；是一種和政治所能想像完全相反的事物。

他在《觀點》・部二裏，也有說明：

「個人」這個範疇，這是被當成一個怪人所發明的怪物（實際上，也是這樣；因為，在某一意義上，發明這個東西的人，就是蘇格拉底；他不也是被稱作那時代「最怪的人」麼？），確是我高興把它帶進世人眼裏的。這個名義，也是我用王國都不想交換的。

由此可知，祁克果是重新啟用了蘇格拉底慣常使用的「個人」觀念；並且又認定：「蘇格拉底的無知（蘇格拉底是以他內向性的全部激情來執著它），是對下述原則的一種表明：永恆眞理，乃關聯一個在存在中的『個人』。」（《附筆》・第二書）祁克果認爲，蘇格拉底「相信」永恆眞理是存在於每個人的「無知」之中的；因爲，永恆眞理對一個存在中的「個人」而言，會呈顯作一種「困思」（paradox），而並不是理性（reason）能力能夠作充分理解與掌握的範疇。

祁克果又繼續說道：「眞理的困思性，就是它客觀的不確定性。這個不確定性，乃是激情的內向性的一種表述；而這股激情，正是眞理。這就是蘇格拉底的原則。」「永恆與實質的眞理，卽是一種困思。它是和一個存在的個人，有一種實質關係的眞理；因爲，在實質上，它係附屬於存在——從蘇格拉底的觀點看來，其他的知識，全是偶然的，而它的範圍與程度，也是淡漠

的。不過，永恆的實質眞理，本身絕非是一個困思。畢竟，它是因爲和一個存在個人有所關聯，而才做爲困思的。……」（《附筆》‧第二書）

2.

　　從這裏看來，祁克果是很明顯的指出了個人、無知、永恆眞理與困思（激情）彼此之間的內在關聯。那麼，有人也許要問：它們彼此之間，又與「認識你自己」和「知神」可有怎樣的關係呢？對此一問難，祁克果在《片簡》裏則作這樣的說明：

> 在蘇格拉底的觀點裏，每一個人就是他自己的中心，而且整個世界，也麕集在他裏面；因爲，他的自我認知，也就是對神的一種認知。
> 因此，蘇格拉底認識了自己；他也認爲（卽依照這種瞭解，他詮釋了他和每個具有同等謙遜與同等矜持的個人的關係）：每個人必須瞭解他自己。

　　可見祁克果已認定，蘇格拉底談論到的自我認知，就是自我要作理解，也就是自我要肯認神的存在之意；這似乎有如一種循環的論證。其實，這箇中的關鍵就是在於：祁克果曾經指出「神的呼聲」，乃爲促使一個人承認自我無知的主要根源；而這種的自我無知，也就等同於自我理解，認識自己或肯認神的存在。這就像祁克果在《反諷》‧部一裏的說明：

> 制止蘇格拉底思辯地沉浸於這個「無知」背後之黝晦的、

內在的積極事物，自然而然就是「神的呼聲」——即使每個「個人」承認自己的無知之他的神的呼聲。……

再者，雖然「無知」是蘇格拉底哲學的一個立足點，但是，它的積極意涵卻是什麼呢？祁克果說，它是「完全負面（否定）性的」；蘇格拉底的無知，並「不是一種經驗的無知」。因為，蘇格拉底早已讀過許多詩人與哲學家的著作；他必然擁有許多的資訊，而且在生活事務上，也有過極高度的體驗。因此，儘管如同蘇格拉底曾經自承「他是無知的」，但是，他「確實」已擁有知識了。這種知識，當是指他擁有關於「他（自己）無知的知識」（《反諷》‧部二）。祁克果更進一步談論說，蘇格拉底之擁有他自己無知的知識，係意指：「他對於構成一切事物、永恆、神性的基礎之『理性』，乃一無所知；這也就是說，蘇格拉底知道有它（理性）的存在，但是，卻真正不知道它究竟是什麼。他是意識到了它，然而，似乎卻又未意識過它。因為，他對於它唯一所能描述的事是：有關於它，他則一無所知。」（《反諷》‧部一）

為此，已構成「反諷」的是：蘇格拉底的「認識你自己」的生命原則，便等同於以上所述的「無知」原則了；因為，他的「認識你自己」所把握到的意涵，可不是有關某事物、或某些事物之積極內涵的知識，而是有關他個人自己「無知」的知識。所以，單就這個層面來說，蘇格拉底的「無知」乃是深具反諷意味的（《反諷》‧部二）。再者，蘇格拉底的這種「反諷」對象，畢竟，不是只針對著辯士，而是也針對著每樣實際的「存在的」事物。從這一切裏，蘇格拉底便要求「理想的」事物。祁克果指

說，蘇格拉底的這項要求，乃是一種「譴控與判決希臘文化的審判」（《反諷》・部一）。

綜合以上所述，已可明知祁克果是如何善用了他對蘇格拉底的詮釋，而將之轉化成他個人對「永恆真理」（事物）的關懷。因為，作為一個人，他所擁有的存在的激情，當是涵指其個人主體具有一種內向性的可能。這種激情與內向性，也是「客觀的不確定性」（objective uncertainty）的另一種說詞；故而，也是「無知」的一種等同語。但是，它卻反諷地指向永恆畛域，或是「永恆」戰勝了「現象」的勝利；也是表明：「某一個別現象與現象的總數，無法從他身上將它（永恆）奪去的一種勝利。」（《反諷》・部一）

三、「倫理暨宗教的反省」與存在

1.

從倫理暨宗教的反省與存在之角度，談論蘇格拉底的思想是如何影響祁克果的哲學觀點，以及祁克果又如何將之改造並轉化成他自己的學理論點，自然要涉及若干的概念範疇與問題。大體上說來，它不但牽涉了蘇格拉底對「生（存）」的態度，而且也涉及到蘇格拉底對「死（亡）」的態度。在生存的態度上，當然，它的總範圍，是以人生、人性角度出發而論究的；它是屬於倫理範域的課題；至於在死亡的態度上，它牽涉的範圍，也當是要由人生的存在意義、人性的本質意涵，以及人類的終極目的……等各種角度作出發而論究的；它則是屬於宗教範域的課題。

我們要說，在祁克果若干的作品裏，不管是早期的，亦即在

第一階段裏的文學性與美感性的作品，以及晚期的，亦卽在第二階段裏的倫理及宗教性的作品，基始上，原都有它「階段性」的論述目標。雖然祁克果自始卽以美感存在、倫理存在與宗教存在這三大範疇，作爲他撰述作品的三大認知與三大意境；但是，終究卻可以說，他倒是在強調倫理暨宗教的 (ethical-religious) 存在，卽認定這種存在方式或模式，才是他寫作的鵠的與個人追求的目標。就在這個信念下，蘇格拉底的人生態度、人性原則，以及他對宗教境界的嚮往……等，在在均足以促發祁克果本人的哲學思考，以及他對若干哲學信念的建立。

我們從《日記》、《論反諷的概念——特別參照蘇格拉底》、《哲學片簡》、《對哲學片簡之最終非學術的附筆》以及《死病》裏，便可以輕易的看出，祁克果是如何細緻的談論到了蘇格拉底，以及在這同時，也表顯出他個人所建立的批判性觀點。茲分述如下。

首先，我們先參考祁克果在《反諷》‧部一裏的論述，他說：

> 蘇格拉底提供了一個新方向；的確，他給予時代種種的方向（如果人們不像是以一種軍事意義，而是用哲學意義來理解這個語詞的話）。他個別地就近每個人，以便確信自己：他有了正確的朝向。……

他在《附筆》‧第二書，則說：

> 蘇格拉底是一個倫理教師，他卻認識到，在教師與學生之

間，　並沒有任何直接關係的存在。　因為，　真理是內向性
的；而且，　在每個人心中的這個內向性，正是導使他們彼
此相離的路徑。

在這兩段引文裏，　祁克果標舉出蘇格拉底對於「倫理」與
「個人」的重視；因為，這兩者皆指涉內向性的眞理本身。換句
話說，祁克果認爲，蘇格拉底一向高度重視的，並不是羣眾，而
是每一個個人；亦卽要個人如何的「站穩自己」，並且「走向自
己」（《反諷》・導言）。就因爲這個緣故，　祁克果才稱述蘇格
拉底是一個「高貴、單純，而且有智慧」的人（《日記》・一八
五四年）；　而且，　他也認定蘇格拉底本人的生命意向，委實不想
絕離於社會羣眾，　反而是走入羣眾中，　以便喚醒個人的生命自
覺。這就充分表現了，蘇格拉底是一個社會改革者，一個倫理的
先知先覺者。

2.

再者，祁克果也認爲，確實，蘇格拉底本人並不想自己被人
讚揚成一個天才，而是「只要做每個人能做的事，只去了解每個
人都能了解的事。」所以，他才緊緊的盯住每一個個人，繼續不
斷的逼他，並且使用「普遍性」來激惱他。因此，祁克果便說：
蘇格拉底是一個「牛虻」，因爲，他不斷運用個人的激情，來刺
激眾人，不讓他們怠惰，一心只會作柔弱的羨慕；反而是向他們
「要求自己」（《日記》・一八四六年二月七日）。這可再次肯
定了，蘇格拉底的言行舉止，完全是關切著個人的倫理的事務；
而且，這也當是祁克果一而再、再而三提述蘇格拉底之重視倫理

的主因。

　　然而，談到蘇格拉底對倫理的「反省」一事上，祁克果卻說：
「反省」並非始自蘇格拉底，而是始自當時的「辯士派」❹；儘
管這樣，蘇格拉底卻一直有「某種東西」與他們一樣（《反諷》‧
部一）。當然，祁克果所指的「某種東西」，應該是指蘇格拉底
個人的倫理自覺，也就是，祁克果所詮釋的「主觀反省」。這種
主觀反省，就是把一個人的注意力，內向地轉至「主體」，而
且就在這種內向的強化之中，以便去理解真理（《附筆》‧第二
書）。

　　蘇格拉底在他所關切的倫理與宗教事物上，確是充分運用了
這種主觀反省。因此，祁克果本人也大肆發揮主觀反省的功能與
效益。像他就說：

> 一個人具有何種情感、知識或意志，最後，都以他具有何
> 種想像而定；這就是說，要以他用怎樣的方式，來反省這
> 些事而定。
> 想像之為一種反省的方式，它的性質是輾轉無限的。⋯⋯
> 自我就是反省，想像也是反省。想像是未落實的自我的暗
> 示（呈顯出潛在的自我）；這種暗示，即是自我的可能性
> （或說：是和實際存在的自我，對照下的可能性的自我）。

---

❹　這一詞，是源自希臘文的 sophistes，亦即自稱能促使一般人聰明
　　的人。最早是指涉西元前五世紀的一羣教師集團。他的言行，無論
　　是在方法、興趣與目的上，完全有別於古希臘宇宙論學者。換句話
　　說，當時的辯士派，多把他們的興趣，集中在語言、修辭學、教育
　　與其他社會哲學的問題上，對實用性與功利性的重視，多半大於對
　　智慧本身的追求上。

想像是一切反省的可能性（是在可能性裏所存在的反省）；
它強烈的程度，　就是在可能性裏自我強烈的程度（《死
病》·部一）。

祁克果在此旨在明確表示，　想像之具有無限性，　才是促使
「反省」成爲可能的基礎；而「反省」的結果，便可以確定一個
人，是已經具有了何種的情感、知識與意志。蘇格拉底本人因爲
對倫理已作了反省，所以，結果就是：他具有一種倫理的情感、
知識與意志。他反省倫理暨宗教的事物，因此，他便具有一種關
於倫理暨宗教事物的情感、知識與意志。

3.

既然蘇格拉底的偉大，　誠然是繫於關注一般人所能夠做的
事，以及盯住一般人所能夠理解的事，也就是，關注一些很「平
凡」的事物；那麼，　他偉大的基本原因，　在祁克果存在的解析
下，也便是：他能夠做出一項人性基本的工作——「區辨他已理
解的，以及他所不曾理解的事物」（《憂懼》·刊頭語）。這也就
是指，蘇格拉底早已區辨了自己的「無知」與「有知」不同，一
如先前所述者。因爲，一旦有了這項區分，便表顯出蘇格拉底人
格的無限精神：要每個人眞正成爲一個「在存在中的」思考者，
亦卽強調一個人的「存在」的重要雋永性與決斷性涵，而不是
要作一個每次遺忘自己「存在」的人。

談到一個存在的主觀的思考者，祁克果在《附筆》的第二書
裏，就曾說過：他是一個處在和「眞理」有其存在關係的人（有
如他是積極性的，而眞理卻是消極性的一般）。因爲，凡是作爲

一個具體的、存在的或主觀的思考者，他就已經不斷處在生成變化的歷程中了；也就是指，他是一直要在自我追求之中。就此而言，這一種「追求」卻是什麼意思呢？祁克果說：

> 存在本身，亦即正存在的行動，即是一種追求。在同一層面上，它既是悲情的，又是奇妙的。
> 它是悲情的，是因為：追求是無限的，也就是說，它導向著無限，是無限性的一項實現，是蘊涵最高悲情的一項轉化。
> 它是奇妙的，是因為：這樣的一種追求，蘊涵著一種自我矛盾。
> 從悲情的觀點看來，單單的一秒，便具有無限的價值；從奇妙的觀點看來，千年僅是一小點，就像已逝去的昨日。畢竟，存在的個人所生存的時間，全是由這些單位所組成的（《附筆》·第二書）。

又說：

> 存在，就是生自無限與有限、永恆與暫世之子；因而，是一種持續不斷的追求，這是「蘇格拉底的意思」（《附筆》·第二書，英譯，頁 85）。

這裏已清楚的顯示，祁克果乃承繼著蘇格拉底有關倫理「存在」的觀點，也就是，一個人是在不斷生成變化的歷程中的；他要從暫世通往永恆，從有限馳向無限以作不斷的自我追求。對這

一點，他也作了進一層的闡釋：

> 「存在的主觀思考者，是不斷的專注追求」這項原則，並
> 非意謂： 在有限意義上， 他擁有一個他所追求嚮往的目
> 標，以及在他早已達到這個目標時，他就將要結束。不！
> 他乃無限的追求，是正不斷的在生成變化的歷程中（《附
> 筆》·第二書）。

4.

以上， 乃是祁克果讚賞， 並且詮釋蘇格拉底的「倫理」、
「反省」與「存在」觀點的所在。然而，就當祁克果本人接觸到
基督教的時間觀與原罪觀，並且對這兩者作過深入的探討以後，
他卻發現，深受希臘悲情意識影響下的蘇格拉底哲學，確是有其
不足的地方；而就在這裏，我們將可看出祁克果是如何在進行改
造蘇格拉底的思想，以轉化成他個人自己的哲學論點。茲詳述如
下：

祁克果曾在《哲學片簡》裏說道： 「希臘意識的悲情，是使
自身關注到追憶；而我的設計的關懷，則是專注於瞬間。」這似已
涵示，祁克果頗重視時間三向度中的現在與未來，而並不重視過
去。因為，一談到「追憶」，當然是指針對過去已發生的事物的
回憶；至於談到「瞬間」，當然是指迎向未來的各種可能性，而
當下作出這一種、或另一種的選擇。一個人是一個在生成變化歷
程中的存在者，自然就「不（完全）是歷史的事物」（《附筆》·
第二書）。而且， 如果一種事物在本質上乃是隸屬歷史的， 那

麼，它必然就是過去了的。祁克果認爲，儘管「一切知識，都是追憶」這個命題，曾經是蘇格拉底的哲學命題，而且蘇格拉底雖然不像柏拉圖，曾把它當成通抵思辯企業的一個線索，而遺忘了存在；但是，就以追憶所指涉的時間範疇，亦卽過去而論，蘇格拉底卻是未曾發現在時間中乃有關乎一個人決斷的雋永性 (the decisive significance)，也就是「瞬間」 (the moment) 的存在。在此，祁克果當是指涉基督教向宙世所呈示的「絕對困思」 (Absolute Paradox)❺ 的特殊事件。

祁克果本人便由這種永恆者 (the Eternal) 契入暫世 (the Temporal)時間的角度，來審視蘇格拉底對倫理暨宗教上的「罪」(Sin) 問題的定義。換句話說，基督教隨「絕對困思」所帶來的啟示，尤其對「罪」的眞象的啟示，當然，不是蘇格拉底由（希臘）知性的角度，去追憶「罪」的種種意涵所能夠比擬的。所以，祁克果在《死病》‧部二裏便指說：蘇格拉底之把「罪」定義成「無知」，乃是一種「缺失」。祁克果說：

> 由於我心裏存有基督教的界說，我想運用這種界說，清晰
> 的呈顯出蘇格拉底定義裏晦暗的部份〔因爲，他的定義，
> 具有「眞正的希臘性」（按：指一切的知識，卽是追憶)〕，
> 好讓這種定義，就像其他一切（在嚴格意義上）非基督教

---

❺　這是祁克果在《哲學片簡》裏所提出的一種語詞，用以指涉基督教所言神「道成肉身」(Incarnation) 的事件。祁克果認爲，一位至尊的神，屬乎永恆與無限的神，能夠進入有限與暫時的世界，確是人的理性 (reason) 所無法理解的盲點，故以「絕對困思」來形容它。

的界說，亦卽所有偏執的界說，暴露出它的空泛。

在這段引文裏，實已明確顯示，祁克果當是由基督教的觀點，來反省並批判蘇格拉底所秉具的眞正「希臘性」的罪觀。蘇格拉底把「罪」界定成一種「無知」；它的缺失究竟是在哪裏呢？祁克果認爲，蘇格拉底定義的缺失，乃是在於：他不曾確定「無知」究竟應怎樣的詮釋，以及它的來源何在……等；而且，他對於與「罪」有所關聯的心（智）和意志的相互關係，也全無所知。所以，他根本未處理後者的問題。因此，單就這一點而言，蘇格拉底便「不是」宗教上的倫理教師，而且也不像基督教的倫理教師，而是一個教條主義者。基督教則是把「罪」的開始，當成「原罪」來探討的。

當祁克果批判蘇格拉底的「罪卽無知」的定義之際，他又附帶說明：這種定義，欠缺了意志，「卽挑戰的意志。由於希臘人的心智，『太過素樸，太過感性，太過嘲諷，太過機靈，……太過罪惡』，因而無法理解：一個人明知是善，卻無法爲善；或明知是對，卻仍犯錯。希臘的精神，乃肯認了一種知性的範疇令式。」（《死病》・部二）因此，蘇格拉底的定義，雖是經過了「反省」過程，不過，它卻是「知性的範疇令式」下的一種產物；也就是一種追憶下的產物，亦卽本質上欠缺挑戰的意志與「困思」性的界說。

儘管祁克果迭次指明蘇格拉底的定義，有其若干的缺失；但是，就在人性的角度上，蘇格拉底的憑恃「無知」，卻能在每個時刻戰勝現象，應是可以想像的。因爲，別人並無法像蘇格拉底很能夠在「反諷的滿足」中，享受到這種自由的快樂。所以，

《反諷》‧部一爲此則說，蘇格拉底也是藉「可能性」的形式，達到了「罪」理念的無限性的第一個倫理學家（《反諷》‧部一）。反而，祁克果則藉助基督教的罪觀念，便改造又轉化了蘇格拉底的「理念性的」罪定義，而瞄指向具體的、存在的時間範疇中（按：瞬間）的主體的感受；這種感受，乃包涵了意志的挑戰性、困思性，以及能對基督教有關原罪的啟示、赦罪或救贖……等的接納上。

5.

　　我們從「倫理暨宗教的反省」與存在這個角度，談論祁克果如何深受蘇格拉底與基督教思想的影響之餘，卻也不可忽略「蘇格拉底之死」本身所透顯出來的訊息。

　　先談一下「死亡」；「死亡」在祁克果的作品中，乃是一個既嚴肅、又具有決斷性的課題。就在一八四六年出版的《對哲學片簡之最終非學術的附筆》裏，祁克果曾提出幾點值得人們深省反思的事。他說：死亡專屬於個人；人們難以參透死亡的奧秘，因爲它具有一種未確定性；人們必須首先發現死亡的倫理性意義；一旦思考死亡，這便是一種攸關個人的主體性之知與「行」的行動，而且它也是屬於一種生命的工作（英譯，頁148-152）。而在一八四九年出版的《死病》裏，祁克果更對死亡的心理學意涵，作出一種震攝當代人心的剖析；簡單的說，他指出了人的心靈疾病，亦卽自我的疾病，就是一種「絕望」。而這種「絕望」的疾病，便是導使人類走向死亡的主因（《死病》‧部一）。

　　這兩則內容，刻正反映祁克果在一八三九年一月三日所寫成的日記，之對死亡所作的喟歎；他係引述《聖經》詩篇八十二篇

第八節的內容，指說它是一種「可怕的眞理」：

> 我曾說，你們是神，都是至高者的兒子。但，你們要死，
> 與世人一樣；要仆倒，像王子中的一位。

　　儘管祁克果具有如此懾人的感受，他卻認爲，懷抱理想而死
的人，才是眞正「完美表現了自己的理念」的勝利者（《日記》‧
一八三六年三月）。緣於此，我們當能聯想到在祁克果心目中，
乃有兩個眞正是爲理想而犧牲的「個人」：一者是耶穌，另一者
就是蘇格拉底了。至於談到蘇格拉底的犧牲，祁克果也曾表示，
蘇格拉底的死，乃是「英烈的死」（《現代》）。儘管他又說，
當時蘇格拉底的立場是「諷刺的」，而且他之成爲一種犧牲，雖
然是一種悲劇的命運；不過，在實質上，蘇格拉底的死，卻不是
一種悲劇。何以不是呢？祁克果有他一項獨特的看法：

> 因爲，就法而言，希臘政府過遲對他的死作判決；它也未
> 從它的執刑上，導衍出若干的敎化；因爲，對蘇格拉底而
> 言，死並不實在。
> 對於悲劇英雄而言，死就具有有效性；它是最後的鬥爭與
> 最末的激情。由於這個緣故，他企想摧毀的時代，就能報
> 復它那憤懣的激怒。畢竟，很顯然地，希臘政府並未藉著
> 蘇格拉底的死，得到這般的滿足。因爲，他靠著他的無
> 知，早已驅散了一切和死亡有意義的溝通。
> 悲劇英雄，當然是不畏懼死亡；只是，他卻知道它是一種
> 苦難，是一條艱辛而困難的道路。就這個程級而言，在他

被宣判死刑時，它就具有有效性。不過，蘇格拉底却全然
一無所知；而就這個程級而言，它就是對政府的一種反
諷。……（《反諷》・部二）

6.

　　我們若從異教與基督教這兩種角度衡之，祁克果當是認爲，
蘇格拉底是一個有足夠的道德勇氣，肯去冒險，亦卽去冒生命的
危險之人；而且蘇格拉底當然也是充分體驗到「倫理」眞諦的生
命鬥士。因爲，倫理可教示一個人去冒險；亦卽教示著「無」，
要人去冒一切的危險。旣然要冒一切的險，所以，他可能成爲一
個「無」，而棄絕歷史世界的一切諂媚（《附筆》・第二書）。
蘇格拉底在祁克果心目中，就是這麼一個能「空無自我」，自視
爲一個「無」，以爲至善、至美的眞理，而犧牲個人自我的殉道
者。

　　難道一個殉道者的犧牲或死亡，就一了百了嗎？不！在祁克
果個人的認知，凡從人的立場看來，死亡雖是一切的結束；而從
人性的立場來說，人雖僅在活著的時候，才有希望；不過，他却
又說，從基督教的觀點而言，死亡却「絕不是一切的終結」。死
亡，它「只不過是一件小事，是永生裏的一件小事；而永生，才
是一切。」（《死病》・引言）祁克果至此，似乎已提升了蘇格
拉底的死亡蘊義，認爲「永恆」已肯定了他爲眞理所奉獻的一
切；而其中最大的就是死亡。這當然也是祁克果本人由異教的冥
思，轉向對基督教的發現所找到的死亡的眞實蘊義，以及它的代
價之表徵。所以，他會由基督教的觀點，來發抒人生一切的苦

痛，尤其，包括生命之中最大的挑戰——死亡——的表徵：

> 由基督教的觀點來看，在死亡裏的希望，却是無限大於生
> 命中的希望；且單從人的立場而言，生命卽使彰示非常的
> 康健與活力，如果欠缺永恆，那麼，哪有希望可談？
> 因此，從基督教的觀點來說，卽使死亡，也不是死病，遑
> 論世上任何短暫的痛楚，就如：匱之、疾病、不幸、哀
> 傷、辛勞、折磨、心靈的苦悶、憂慮與愁煩……等。（《死
> 病》·引言）

　　從而可見，祁克果在最後的詮析裏，便提出神來保證殉道者
的犧牲蘊義：他的報償，就是「永生」。而由反面的效果而言，
祁克果則認爲，殉道者有如：蘇格拉底、耶穌這類人物的舉動，
實已「強迫了人們的注意」。並且，「神也知道，他們已注意
了；他們處死了他。不過，祂卻同意這件事：祂不認爲死是工作
的結束。祂了解死是祂工作的一部分。其實，祂的工作，是因爲
他的死，而得到第一步開展。」（《觀點》·部二）
　　總之，祁克果這種結合死亡與永生、殉道者與神的工作的死
亡觀，確實在他一生著述的行誼中，乃發揮了極大的效果。而
且，由於在對蘇格拉底之死所作的反省上，他銜接耶穌的死與復
活事件，而更加肯定了「思考死亡」的優位性。筆者認爲，祁克
果委實已由反省、思考、轉化與銜接這一連串的運思進程，凸顯
出了誇勝死亡的存在死亡觀；而這種存在死亡觀，對當代的存在
哲學家，尤其德國馬丁·海德格的存有死亡觀，更是造成了極大
的影響。的確，這一系絡的理路發展，誠然值得今人的注意。

第二節　柏拉圖與祁克果

談到希臘大哲柏拉圖對祁克果思想所構成的負面影響，亦即後者批判的傳承、轉化以及改造了柏拉圖哲學的觀點，大約可以由存在、眞理、追憶、時間，以及靈魂不朽……等課題暨角度來理解。換句話說，祁克果乃是憑藉他對基督教福音訊息所作的存在反省與存在體驗，輔以他對西洋哲學傳統批判的認知，而綜合地處理了柏拉圖所面對的若干的問題。

根據祁克果《哲學片簡》一書的註釋者尼爾斯‧瑟斯綽普 (Niels Thulstrup，二十世紀）的探究，祁克果早在高中時代，便首次接觸到希臘文版柏拉圖《對話錄》中的〈克利多〉(Crito，按：論知識）以及〈優底夫隆〉(Euthyphro，按：論虔誠）這兩份作品；而一直要到一八四〇年七月，祁克果才特別參考到〈美諾〉(Meno，按：論德性）的作品；這在他的《日記》(Ⅲ A5) 裏，全都有詳細的記載。自此以後，由於祁克果開始對希臘觀念論的反省與探討，加上，他也透過當時兩位反黑格爾哲學家之一特倫德能堡 (A. Trendelenburg, 1802-1872) 的引介，不但一方面欣賞到了特氏的文獻學造詣，而另一方面，則經由後者對希臘哲學，尤其對柏拉圖與亞里斯多德哲學的理解，而引發他對西洋傳統觀念論與基督教兩者之間的關聯的興趣。當然，此間德國觀念論者黑格爾所留下的絕對觀念論的體系，也在在引起了祁克果本人的注目。甚且，一直到一八五二年爲止，祁克果對古希臘哲學以來各階段發展的了解，也是透過黑格爾的《哲學史講稿》(*Vorlesungen über die Geschichte der Philosophie*)，以及

其他人的作品，才得知它的梗概的。總之，祁克果心目中的柏拉圖思想，乃是具有什麼樣的特色呢？祁克果又是如何的加以改造與轉化呢？試由兩個角度以作說明：

一、「知識即追憶」原則與存在

1.

祁克果在一八四一年九月十六日出版的文學碩士論文：《論反諷的概念——特別參照蘇格拉底》裏，曾談到一般哲學的預設，並且也論及柏拉圖與蘇格拉底兩人之間對哲學預設的不同觀點。簡單的說，祁克果係認為，蘇格拉底的哲學乃是始自他的「一無所知」（按：無知），也終止於一般人全都一無所知。但是，柏拉圖哲學，卻是始自思想（thought）與存有（者）(being)直接的合一（《反諷》‧部一）。由於有這兩種極大的差別，遂導使祁克果對蘇格拉底與柏拉圖這兩人有其不同的評判：不管實際上的蘇格拉底，與柏拉圖思想中的蘇格拉底這兩者之間究竟是否有別，而且儘管蘇格拉底又是一個遍在於柏拉圖心目中的老師輩的人物（《反諷》‧部一）；但是，就「存在」的角度而言，由於蘇格拉底已肯定存在主體的內向性，以及由「存在」透顯永恆實質真理的內存性，祁克果因而認定，蘇格拉底實質上才是一個專注於存在並強調存在的存在者，而柏拉圖，卻以「一切知識，都是追憶（recollection）」這個哲學命題或原則，來作成他通抵思辯企業的一個線索。所以，柏拉圖根本上是一個遺忘存在，而且也把自己迷失在思辯中的抽象者。換句話說，祁克果認定，蘇格拉底哲學的無限精神，便是要成為一個「在存在中的」

思考者，而非一個遺忘存在的思辯哲學家（《附筆》‧第二書），
至於柏拉圖卻反其道而行。

2.

再者，儘管依據柏拉圖的觀點，財富與貧窮全都是 "Eros"，
也就是愛、或存在的本性；但是，祁克果卻寧願襲取蘇格拉底對
「存在」的理解，亦即存在乃是生自於無限與有限、永恆與暫世
之子（《附筆》‧第二書）；甚而，即是前述的財富與貧窮、存
有與生成、特定本性（或：必然性）與自由之冒險的整合者或綜
合（者）。這無疑是肯定了：一個人的存在，乃是在一種持續不
斷的追求歷程之中，同時，也凸顯出「思考中的主體，即是一個
存在的個人」的觀點（《附筆》‧第二書）。

從此可知，祁克果乃斷然揚棄了古希臘世界之專注「追憶」
的悲情意識（《片簡》），也就是在批判柏拉圖抽象的思辯哲學所
賴爲據的思想原則，而透顯蘇格拉底所體認、並把握的「存在的
主觀思考者，是不斷地專注追求」這種原則的優越性。這一種原
則，據祁克果本人的自述，乃具有下述的特性：

> 這種原則，並非意指：在有限的意義下，他擁有一個他所
> 追求嚮往的目標，以及在他早已達到這個目標時，他就將
> 要結束。不！他乃無限的追求，是正不斷的在生成變化的
> 歷程中。……
> 生成變化的這項歷程，就是思考者本人的存在。打從存
> 在，始確實能以作抽象思考（不過，只是頗輕率的），以
> 便成為客觀者。（《附筆》‧第二書）

　　詳細的說，這一種原則，乃是牽涉到眞理（永恆的），以及時間（包涵瞬間）的向度的。祁克果曾反省這種原則，因而也將之銜接上蘇格拉底的存在眞理觀，以及基督教的永恆眞理觀與（永恆者暨無限者契入暫世的）弔詭時間觀。

二、永恆眞理與存在

1.

　　如果我們能夠設定人類生存的宇宙，卽是一個有限的宇宙；那麼，在時、空範疇的意涵上，它便指涉一種有限的時間（卽暫時），以及有限的空間（卽有限者）。至於超離這有限的時、空範域，便可用無限的時、空，亦卽屬乎永恆或無限者的畛域來指涉。祁克果的「存在」觀點，旣然也承襲自蘇格拉底的見解，而且也輔以他對基督教所作的存在反省；那麼，他對時間性的看法，自是肯定了永恆時間的存在，以及相信永恆眞理的永存與它在時間中的臨現。換句話說，存在、時間與眞理這三者，是具有一種內在脈絡的關聯的。所以，祁克果在《對哲學片簡之最終非學術的附筆》裏，便作這樣的主張：

> 存在的主觀思考者，他是處在和真理（有如他是積極的，真理是消極的）的存在關係中。正如他擁有實質的悲情，他也擁有極大的幽默。他是不斷處在生成變化的歷程中，也就是說，他是一直的在追求。……
> 旣然存在的主體，據有存在（這是全人類的共同命運，除了那客觀者與在它裏面擁有純粹存有者之外），那麼，它必

導致: 他是處在生成變化的歷程中。(《附筆》‧第二書)

這引文中所談到的「實質的悲情」,是指謂著什麼呢? 單就這一點,祁克果本人也有所表述: 它當然是指一個存在的人,時時刻刻要在他的生成變化歷程中,作不斷的追求,而且也要在他自己的思考中, 來反省這件事; 這就是指一個存在者的「實質的悲情」。 再者, 一個主體的存在, 旣然是正在存在中的行動(者),又是一項追求;那麼,它就不僅是悲情的了,而且也是奇妙的。這是爲什麼呢? 我們從下述的論點裏,乃可看出原始基督教的觀點,實已導使祁克果脫離柏拉圖的永恆時間觀與永恆眞理觀,而直契蘇格拉底對存在本義的發現:

> 存在本身,……卽是一項追求; 在同一層面上,它旣是悲情的,又是奇妙的。
>
> 它是悲情的,是因爲: 追求是無限的;也就是說,它導向著無限,是無限性的一項實現,是蘊涵最高悲情的一項轉化。
>
> 它是奇妙的,是因爲: 這樣的一種追求,蘊涵著一項自我矛盾。
>
> 從悲情的觀點看來,單單的一秒,卽具有無限的價值; 從奇妙的觀點看來,千年僅是一小點,就像已消逝的昨日。
>
> 畢竟,存在的個人所生存的時間,全由這些單位所組成。
>
> (《附筆》‧第二書)

祁克果曾不斷的提及, 「 存在 」 就是一種持續不斷的「追

求」；這表示他肯定蘇格拉底的心意即在於此（如前所述）。然而談到存在的悲情觀與奇妙觀時，他則透顯出了原始基督教的使徒之一彼得對時間的見解：

> ……主看一日如千年，千年如一日。……但主的日子，要像賊來到一樣。……（《聖經》‧彼得後書三：8.10）

2.

更且，他也談到這樣的一種追求，委實蘊涵著一種「自我矛盾」；因為，他同意蘇格拉底的永恆真理觀點，以及對「無知」原則作高超藝術的運用：

> 蘇格拉底的無知，是對下述原則的一種表明：永恆真理，乃關聯於一個在存在中的個人；又，只要他存在，這項真理對他來說，就必須是一個困思。
>
> 真理的困思性，就是它那客觀的不確定性。這個不確定性，乃是激情的內向性的一種表述；而這股激情，正是真理。這就是蘇格拉底的原則。……蘇格拉底的無知，對依附真理的客觀不確定性，提供了一種解說；然而，他那正存在的內向性，卻是真理。（《附筆》‧第二書）

文中所提到的困思、客觀的不確定性，就是指：個人對存在的追求，乃蘊涵一種「自我矛盾」的表明。再者，更加「荒謬」的（不只是自我矛盾！）一件事，卻是：「永恆真理，已在時間

中存現；亦卽神已臨在、已誕生、也已成長……等等，就像任何其他個別的人，而且和其他個人從無差別。」（《附筆》‧第二書）

在這裏，應已明顯表示祁克果對矛盾統一（原則）的認可。這種矛盾統一的原則，可由基督教的「絕對困思」(the absolute paradox) 事件（參前）來表明。為此，也就更加凸顯祁克果的確是由蘇格拉底而轉向於基督教的信仰，而且據以批判柏拉圖的時間觀與眞理觀的偏失。他究竟是如何進行這種批判的詮釋呢？

在較早的《論反諷的概念——特別參照蘇格拉底》裏，祁克果就已指明：蘇格拉底是已經達到了辯證（法）的理念，不過，他卻未擁有理念的辯證。（《反諷》‧部一）他在此處顯然是涵示著，柏拉圖正與蘇格拉底相反，他擁有理念的辯證，不過，卻未到達辯證的理念；故而未能參透眞理的「困思」性（意指：一與存在的個人有所關聯時，眞理才具有此一性徵；其實，眞理本身，原是不具有任何的矛盾性與困思性的）。然而，就在《哲學片簡》一書裏，祁克果卻迭次提到了柏拉圖，也就是由柏拉圖理解的眞理，卽是存有學的 (ontological) 與內存的 (immanent) 眞理角度，以討論「人是如何進入和『至高眞理』正確的關係裏？」轉而，也藉用柏拉圖的語言，來涵指、並表敍基督教所開顯的「啟示眞理」的秘意。

當然，在談到柏拉圖的眞理觀時，祁克果本人自也明瞭伊利亞學派的帕美尼德斯 (Eleatic Parmenides, ca. 515 B.C.～ca. 450 B.C.)，早就對存有學眞理所作的主張；亦卽它是唯有人靠著思想，卽由靈魂或人類精神至高的功能才可理解的，而非感官經驗與觀察所能夠把握到的「對象」。至於《聖經》的舊、新兩

約，也有相類似的論點，即指：眞神的眞體、啟示……等，便是永恆眞理的一種表現。不過，就在最後的分析裏，尤其，在《對哲學片簡之最終非學術的附筆》裏所作明確的解析裏，祁克果本人卻由蘇格拉底，回溯到古希臘的「知識即追憶」的系絡，明確指出蘇格拉底的眞理觀，乃是以主體性與（或）內向性來表徵的。然而，柏拉圖的觀念論所表顯出的思想與存有（者）合一的眞理符應理論，卻完全不具有這種特性。不過，祁克果本人則說：「（希臘意識的悲情，是使自身關注到追憶）；我的設計的情懷，倒是專注於瞬間（moment）。」（《片簡》）這似乎隱約透顯出了這件事實：在某一意義下，蘇格拉底與柏拉圖師徒兩人，他們共有的時間觀與眞理觀，實已明確缺乏永恆者契入暫世的「瞬間」意識。就因為蘇格拉底與柏拉圖都缺乏這種決斷性的「瞬間」的時間意識，反而無法理解「主體性即不眞」（subjectivity is untruth）的眞實蘊義。

當然，柏拉圖在〈帕美尼德斯〉篇中，也提及「瞬間」概念，而且根據蘇格拉底的觀點，他也相信瞬間是偶生的……等；但是，祁克果卻「特指」它乃是神啟顯眞理自體的「瞬間」。因此，在西洋觀念論傳統與基督教的接觸上，祁克果便由耶穌基督的啟示事件（即以罪身來顯示），區辨出了主體性即眞理（在蘇格拉底而言），以及主體性即不眞（在人都有罪性而言）的差別；從而，明白指出他個人持定的永恆眞理觀，即是一種啟示眞理、存在眞理，或實質的眞理觀。這當是有別於柏拉圖的眞理觀，甚且，也不同於黑格爾的、黑格爾右翼的，以及包涵盧梭原始自然主義與科學人文主義在內的觀念論哲學的眞理觀❻。

3.

祁克果究竟是如何由談論蘇格拉底與柏拉圖哲學預設的不同，而由肯定蘇格拉底的貢獻，進而銜接上基督教的訊息；據此，再反過頭來批判蘇格拉底的「主體性即眞理」的永恆眞理觀？筆者認爲，它的主要關鍵，就是在於：他對「罪意識」以及「信（仰）」的發現。詳述如下：

雖說蘇格拉底有別於柏拉圖，因爲他曾肯定主體性即是眞理，而柏拉圖卻只由主體的「追憶」，靠思辯方式來掌握眞理；但是，祁克果在對基督教論人的愁慮、不安或憂懼……的存在體驗中，卻明白指出：主體「個人」的範疇，原就是「罪」的範疇。而且，罪是「個人」的一個特質；罪的嚴重性是，它實際存在於個人裏面，不管是你或是我。（《死病》·部二）

祁克果也指明，罪愆（guilt）意識與罪（sin）意識，是有所差別的。罪愆，即是有關個人「存在」最具體的表達；而罪愆意識，則是這種關係的一種表述。因爲，罪愆也是一個「存在者」（exister）；它使主體自己和一種「永福」產生了關係。所以，罪愆意識在實質上，是一直擱止在內在性（或：內向性）之中的。一個人就在罪愆的意識中，而和某種永福保持了罪愆關係，從

---

❻ Sören Kierkegaard., *Philosophical Fragments* (Originally translated and introduced by David Swenson, new introduction and commentary by Niels Thulstrup, translation revised and commentary translated by Howard V. Hong; Princeton, New Jersey: Princeton University Press, 1974), p. 170.

而，便在實質上成爲了一個恕罪者；這乃是以同一個主體來呈現的。它的意涵就是：罪恕並未使主體成爲一個「新人」。

但是，「罪」可就不同了，它完全無法用任何抽象的詞彙來理解；所以，祁克果說過：「罪根本就不能被思考」（《死病》·部二）。不過，由於罪的範疇本是「個人」的範疇，因此，罪就不得不由個人的「存在」角度來作反省，才有可能參悟；因爲，儘管罪是無法加以理解的，但是，因它和個人的「存在」有一種實質的關聯（《附筆》·第二書·補遺）；所以，個人的「罪意識」，多少也是可以作描述的。正如在《對哲學片簡之最終非學術的附筆》的〈第二書〉裏，祁克果便有所指示：不同於罪恕意識的罪意識，乃是「對於存在的困思的轉化之表達」。

這似在表明，祁克果乃由理性的瓶頸，亦卽因思作轉出而體驗到了「信」（faith）的背反，也就是「罪」。因爲，誠如基督教新約《聖經》羅馬書第十四章二十三節裏所說的：「凡不出於信心的，都是罪」，而表詮：「罪可不是一種消極否定性，而是一種心態。」（《死病》·部二），祁克果在此卽已肯定了「信」乃可凸顯「罪」的存在性。祁克果既然說「罪」是一種「心態」中的存在，那麼，它也是一種「新的存在媒體」了。後者，乃是指罪是以預設自己，卽靠著自己存在這個事實，而進入了世界。（《憂懼》·第一章）當然，罪，它是藉著個人存在的憂懼感而進入的；代而，罪卻也帶來了憂懼（《憂懼》·第二章）。

4.

祁克果談論「罪意識」的特色之一是，他把一個人的存在，亦卽在生成變化歷程中的主體，與「罪人」作了一種等同。因

爲，作這種等同，就有別於單單講述「去存在」的語意。詳細的
說，祁克果乃認爲，如果有了這種理解，這才會使「去存在」，
亦即已進入世界中的個人，即已存現的，而且是在生成變化的歷
程中的人，有一種「更尖銳的特定屬性」。這種罪意識，並不同
於罪愆意識，好像是存在的最強烈的自我斷言，亦即它像是存在
於「內向性」裏一般。這種罪意識，正和內向性產生「決裂」：
個人要不是藉著存在（存現），而成爲另一者；不然，就是在必
須存現的瞬間中，而成爲了另一者。（《附筆》·第二書）

　　簡單的說，祁克果是指，唯有在時間中的那位神，那股權
能，已向世人作了顯明：每個人都有一種會變更主體存在的罪意
識。至於罪愆意識，乃是靠存在主體自己發現的。這兩種概念
（亦即罪愆與罪），刻正斷定了單獨的個人，之爲單獨的個人的
眞相（《憂懼》·第三章）。而且祁克果又說，世人唯有斷定並
接納救恩的「瞬間」，這才能克服罪所藉以進入，以及帶來的憂
懼（《憂懼》·第二章）。筆者要說，祁克果所說的這種「斷定並
接納救恩的瞬間」，當是涵示「或作此／或作彼」（Either / or）
的抉擇精神：或作此／或作彼，即是（一個人）進入天界的關鍵
（either / or is the key to heaven），因爲它直接指向了應被讚
頌的永恆者暨絕對者，亦即神的榮耀本體❼。所以，祁克果在
《或作此／或作彼》一書中，便強調了抉擇本身的重要性：

　　　它對個性的內容，是有決斷性的；個性透過抉擇，便沉潛
　　　於所遴選的事物裏。……而熟思的瞬間，亦即有如柏拉圖

---

❼　Robert Bretall, ed., *A Kierkegaard Anthology* (Princeton,
　　New Jersey: Princeton University Press, 1951), p. 19.

的瞬間，則未擁有存在；至少，在抽象的意義下，你們應
該會緊緊握持它的，但是，一個人愈持久的凝視，它便愈
不可能存在。

這顯然又在批判柏拉圖思辯性哲學的永恆眞理觀，乃是一種
脫離存在的產物。換句話說，就在缺乏個人主體的存在抉擇的情
況下，柏拉圖是把永恆眞理（涵指：永福），奠基在哲學的思辯
上；但是這種眞理，在祁克果認爲，乃是「不存在的」。

總之，從以上綿密的論證裏，我們乃可知悉，祁克果實已凸
顯出了基督教之教示成爲主觀或內向性之道，以及肯定「瞬間」
與「抉擇」的重要性，從而，則批判地改造並轉化了柏拉圖抽象
的、概念的永恆眞理觀，或空洞的永恆眞理觀，而植以他所發現
的實質的永恆眞理觀。爲此，他才會說：

　　僅僅因爲有了基督教，感性、暫世與瞬間，才能被理解；
　　因爲，正由於它，永恆才成爲實質的。（《憂懼》·第三
　　章）

第三節　亞里斯多德與祁克果

在祁克果一生著述與寫作的生涯裏，就若干希臘哲學家對他
的影響而論，除了蘇格拉底與柏拉圖兩人以外，再來就要推亞里
斯多德了。根據《祁克果的心靈》（*The Mind of Kierkegaard*）
一書的作者卡林斯（James Collins, 1917-1985）的指述，祁克
果乃是透過當時的反黑格爾哲學家之一特倫德能堡的作品（參

前），而非正式閱讀以了解到亞里斯多德的哲學觀點的。祁克果
在他的《日記》（1841年時期）與《哲學片簡》（1844年）裏，
曾多次論述亞里斯多德若干的哲學觀點；尤其是在關懷「存在」
的前提下，乃談論到亞氏對永恆、神、運動……等的見解，以及
他個人的主張。以下，筆者擬從兩個角度，來作一說明：

一、個人範疇與存在

1.

在先前筆者就已提過，祁克果談論蘇格拉底之時，曾肯定蘇
格拉底是一個自願深入「羣眾」裏的一「個人」；而且蘇格拉底
也是「個人」這一範疇的發明者。又，筆者也談到，祁克果自一
八四四年起，卽借助特倫德能堡的作品，進行對古希臘哲人的探
討。由於特倫德能堡本人一向對柏拉圖與亞里斯多德的哲學特別
感到興趣，並且極靑睞亞里斯多德的邏輯學說；此終而導使祁克
果在面對黑格爾本人迖對希臘哲學所作獨斷的詮釋下，不得不作
出他個人的評價。我們從《對哲學片簡之最終非學術的附筆》中
的論述，約可看出：祁克果似已認爲黑格爾的絕對觀念論體系，
確實已牴觸到希臘原有的精神——亦卽深具實在論（realism）❽
特色的精神。至於祁克果他對亞里斯多德的哲學態度，卻又是如

❽　實在論（realism）一詞，是由拉丁文的 "res"（事物）轉化而來
　　的。在西洋中世紀時期，實在論則與唯名論（nominalism）對立；
　　而論到外在世界的獨立性時，實在論又與觀念論（idealism）互別
　　苗頭。至於它的歷史發展，則淵源流長；而且，它的名稱，也具有
　　多種形式，實是不一而足。

何呢？我們從《哲學片簡》與上述《附筆》一書的內容，自可看出祁克果對於亞里斯多德已有相當的研究與了解；他除了對亞里斯多德哲學的術語加予因襲、援用與轉化以外；再來，就要是批判地發展出他個人的探究向度（也是透過特倫德能堡的啟發）：以「個人」（the individual）這一「新範疇」，來表明他向（古）希臘精神的回歸，並且也以超越特倫德能堡本人對希臘哲學的論點，不致被迫接納黑格爾的具體普遍者(the concrete universal) ❾的概念，而建立他個人的務實的哲學觀點。

　　詳細的說，祁克果既然對「個人」這一「新範疇」非常的重視；那麼，他又是如何注入他的觀點，以充實這個範疇的內涵呢？筆者認爲，這應該由兩方面來了解，才可能把握到它的重心：一是由倫理（學）角度入門，另一則是由存在物的運動變化角度來著手（在此則顯示亞里斯多德哲學的影響力；參第二款）。首先，談談個人與倫理（學）的關係。前述，祁克果推崇蘇格拉底所扮演的更正社會人心之「更正劑」（the corrective）的角色，在此又可發現它的踪跡。既然祁克果認定了「『個人』，是一個涵藏整個生命與世界的哲學思想」（《觀點》・部一）；那麼，想要找出個人與倫理（學）的關係，大概就不難了。這個關係的基礎，當是奠定在個人與宗教的關係基礎上。因爲，誠如祁克果本人的自述，亦即一個人若未理解「宗教」（按：基督教）上所談論的作爲人的意義，他根本就不了解什麼是人；同樣，他

----

❾　對黑格爾而言，理性的觀念，就是概念（notions）；這種概念，既是普遍的，又是個別的與單獨的。它們不但與其它普遍的觀念有關，而且，也和它們本身的個殊事例有關。由於概念，可自我指述與自我個殊化；所以，黑格爾稱之爲「具體的普遍者」。

自然會注意，並且贊同亞里斯多德對人類追求各種善物（goods），其中當然包括找尋個人的幸福（happiness）以及尋求神的觀點。從而，以發展出他本人對人的倫理性暨超越性（transcendence）的探究。

2.

進一步的說，祁克果基始上頗欽仰亞里斯多德對神生命的敏銳思索，以及對人類幸福之本性的探討。儘管祁克果本人並未由亞里斯多德的《尼可馬科倫理學》（*Nicomachean Ethics*），得到任何建構倫理學體系的靈感，而且他也認識到亞里斯多德有關幸福的教訓，乃是奠定在理論智慧（theoria）的基礎上；但是，基於他對黑格爾玄理思辯（哲學）體系的厭惡，若比起亞里斯多德的倫理哲學，他反而更會推許蘇格拉底的倫理觀的——亦即存在的個人，不斷對永福作謙遜的與個人激情的追求；而，這可頗符合基督教徒的觀點。再者，蘇格拉底的神觀，的確也較亞里斯多德的神觀——在理念上，視神是「第一不動原動者」（the First Unmoved Mover）——，更具有一種人情味，甚且也較毗近基督教的神觀。就因爲有這種在宗教上對「神」本性不同的理解，自然也將導使祁克果在理解、引用、改造與轉化亞里斯多德的哲學觀點時，會有出自他個人思想所作的批判的定位。最明顯的是，亞里斯多德係以哲學方式來論述個人的幸福；但是，祁克果卻寧願捨棄概念式的探索，直接去面對「羣眾」，以解決實際的倫理及幸福問題。所以，他使用的方式，應該是一種存在的辯證（the existential dialectic），亦卽從個人的存在意義與問題出發，以探尋個人在倫理意涵上的實在（reality），作爲他倫理訴求

的指標。

　　因此，既然想捨離概念、思辯、體系……等方式，代以存在的溝通方式，直接探求個人的倫理定位，祁克果自必會找出一種能夠取代「理性」(reason)之角色的東西，來證成個人的倫理性暨宗教性的終極目標。這種東西，便是「激情」(passion)，也就是一個人理性發動的唯一根基與始源。這種「激情」，是與「困思」(paradox)相關的，甚至也是由困思所激發出的。那麼，理性、激情與困思這三者，又如何牽連到一個人的「存在的」追求呢？再者，祁克果的這種觀點，又會與亞里斯多德有何種的關聯呢？關於這兩者，我們可以思考一下祁克果在《哲學片簡》中的自述：

　　　　人不應輕微的思考「困思」；困思是思想家激情的來源。
　　　　思想家若沒有困思，就會像一個沒有情感的意中人，一個
　　　　無價值的凡夫一般。
　　　　只是，每股激情的最高點，却一直願求它本身的墜落；所
　　　　以，尋找一種碰撞，……也就是理性無上的激情。
　　　　一切思想無上的困思，便是企想發現思想所無法想到的某
　　　　一事物的企圖。這種困思，打從基始，就存在於所有思
　　　　想，甚至，在有關個人的思考中。是以，人在思考中，即
　　　　是參與某一超越他自己的事物。

3.

　　這一段話，應已涵示出一個人理性活動的進程：存在的主體

→困思→思考→突破思想的困境；而且它也指出一個人追求的動力與追求的指標； 動力當然是指： 困思， 而指標就是企想突破思想的困境 。 又， 這個進程， 雖然已預設一種在時間中的運動 (motion) 歷程——主因就是： 存在即運動——， 而且一旦論及了運動， 又勢必牽涉亞里斯多德首先對運動的界說；但是， 祁克果卻寧願由關注亞里斯多德對一種物理因 (a physical cause) 的探討， 而轉移到重視一個人的行動與自由這類的課題 。 這一種強調的改變， 自然凸顯出了一個人行動的動機原則， 那就是「激情」；有如巴斯噶 (Blaise Pascal, 1623-1662) 會說「心」(heart)，以及盧梭 (Jean-Jacques Rousseau, 1712-1778) 會說「情感」(emotions) 一般❿ 。

　　詳細的說， 亞里斯多德乃強調，事物在實現的運作上則需要一種物理因， 由而以造生出一種新實現的存有；但是， 在祁克果而言， 他卻返歸個人的存在基礎， 認為存在內向的「 激情 」，才是一個人畢生矢志作自我努力與自我追求的根本動力。筆者認為， 這當是祁克果接引、並且轉化亞里斯多德的運動觀，以建造成他個人思想觀點的關鍵之所在。

　　再者， 儘管亞里斯多德曾區分「實現的存有」與「潛能的存有」， 祁克果也曾加以援用；但是， 祁克果卻也附加上他個人的意見：「一種具體本性的終極行動，即是存在本身的行動。」⓫為此， 對祁克果來說， 存在也便是由潛能的存有到達實現的存有的一種歷程；實現的存有既是一種存在的東西， 當然， 它也可說

---

❿　Collins, J., *op. cit.*, 頁 115。

⓫　同上，頁 249-250。

是一種有原因來引生的東西了。所以，祁克果便認爲，一種事物的存有模式，乃有一種第一因，或暫時間的綿延。這種第一因，他也指涉作神；至於暫時間的綿延，他則指涉作存在的史實性 (historicity)。

二、「運動」實意與存在

1.

祁克果本人對亞里斯多德哲學的理解，一如他對柏拉圖哲學的理解一般，最早乃是透過第二手資料入門的。又，誠如他在一八四三年的《日記》中的提述，他在柏林的時期就聽說過謝林的一段自白：亞里斯多德早就說過，推動萬物的神，本身乃是不動者 ($\dot{\alpha}\kappa\acute{\iota}\nu\eta\tau os$)。爲此，我們若要探討亞里斯多德對運動的看法，當然就必須涉及運動本身與神的關聯性，以及順便也了解，這類的觀點究竟是如何對祁克果造成了正反兩面的影響。

首先，我們擬先談論亞里斯多德某些的哲學觀點，然後，藉此才論及到運動的實意，以及祁克果如何以運動的角度來詮釋「存在」。

亞里斯多德在《形上學》(*Metaphysics*) 的第一章裏，便開宗明義的指出：「人天生下來就想知道……」；並且也一再認定，哲學原是始自人類「驚奇」大自然的情懷，而非始自於「懷疑」。關於這一點，祁克果本人在他一八四一年的《日記》裏，就已明顯的提及，並且也表示贊同。祁克果之會有這種「善與人同」的態度，乃是閱讀到赫曼 (K. F. Hermann) 的《柏拉圖哲學的歷史與系統》(*Geschichte und System der Platonischen*

Philosophie, 1839）一書而獲得啟發的。就因為哲學「是」始自對大自然所產生的驚奇之情懷；在這之中，所蘊涵的認識並理解大自然真象的基礎，似乎就要以感官知覺為最優先。而亞里斯多德早先所指出的事實──即大自然中的一切事物，都是在運動之中──，便是透過感官知覺來把握與稽定的。換句話說，想要了解萬事萬物的變異與運動，「純粹思想」是無能為力的；而特就這一點而論，祁克果應已同意亞里斯多德的這種「具體的」運動哲學觀。

2.

再者，若根據祁克果《哲學片簡》一書的註釋者瑟斯綽普（Niels Thulstrup，二十世紀）的觀點，他在談論亞里斯多德的運動哲學與祁克果論點之間的相互比較時，他卻很肯定的表示，祁克果顯然也讀過泰能曼（W. G. Tennemann，十八世紀）的《哲學史》（*Geschichte der Philosophie,* 1798），而明白柏拉圖早就用過了「運動」（$\kappa\iota\nu\eta\sigma\iota\varsigma$）這個語詞；只是，亞里斯多德早已把這種只限於空間中的任何變異、或運動意涵，作一種擴大的使用，而指謂在空間中所發生的一切事物的變異。而且，在空間中產生運動與變異的任何事物，全都是具有質與量某種特性的實體（substance）[12]。換句話說，任何會變異的事物，要不是就它

---

[12]　「實體」（substance）一詞，來自拉丁文的 sub（在……下）與 stare（站立）的合成。它指涉變異所設定的基礎，或支撐的根基。當然，它也包涵個別變異主體的觀念。以亞里斯多德而言，則指涉「第一實體」，即述詞的主詞；以及「第二實體」，即能稱述「第一實體」的其它指涉。

本身，就是就它的質與量，或者就位置而有所改變。除此以外，並
沒有其它種類的變異存在。因爲，在任何事物之中，所謂可能性
與實現性乃是不同的。爲此，若說從可能性朝向實現性的轉變，
就是一種變異，或一種運動；那麼，它當然就包涵了一種質的改
變（qualitative change）⓭。亞里斯多德的這種形上學實在論，
應該已影響到祁克果對運動的理解。因爲，在祁克果的作品裏，
他論及運動與存在的關聯，就經常借助於可能性（或潛能）與實
現性的觀點。譬如，他就說過：

> 在什麼意義上，那進入存在之中的已有所變異？或者，那
> 進入存在而屬於會「變異」種類的性質是什麼呢？所有其
> 它的變異，都預設了那變異者的存在；卽使這項變異，已
> 不再存在。……
>
> 如果一個正要出現（按：進入存在）的計劃（被實現、或
> 實行），本身正在變；那麼，要出現的就不是這個計劃。
> 倒是，如果它毫無變異的出現了，那麼，正要出現的變異
> 究竟是什麼呢？所以，這種進入存在的變異，並不是在本
> 質（essence）上，而是在存有（being）上的一項變異；

（續）中世紀時則區分出「實體」與「附質」。實體又分成第一實體，卽
　　具有存在與本質特徵的；以及第二實體，卽單指本質而言。而近代
　　哲學時期，笛卡兒則以實體源自主體（subject）觀念，具有性質、
　　屬性……等特徵。此外，許多哲學家則各以獨自的觀點，來作詮
　　釋。因此，使「實體」一詞的涵義，有多重性的指涉。參照 W. L.
　　Reese, *Dictionary of Philosophy and Religion*, 頁 555-556。
⓭　同❻，頁 235-236。

它也就是一種從非存在到正存在的移轉。

倒是，這個非存有（卽進入存在之主體所留在後面的），必須自身具有某種的存有。不然，「正進入存在的主體，在進入存在的變異之際，是不會一直保持不變的」；除非它從來全不存在。所以，正進入存在的這項變異，就另一理由來說，是和每一種別的變異絕對不同的；因為（緣於每項變異，一直預設著某一會變異的事物），它全然不會變異。

不過，像這樣的存有者（它依然是一個非存有），正是可能性那個東西；而一個身為存有（者）的存有，確是一個實際的存有，或實現。至於正進入存在的變異，也就是從潛能到實現的一項移轉。（《片簡》）

又說：

所有進入存在者，卽是一種苦難（suffering）。而必然者（按：不受限於時空者），則不會受苦。它不會經受現實者的苦難：它就是潛能（不僅是一個被排逐的潛能，而且也是被接納的潛能），在它變為實現的一刻裏，把自己彰示成空無；因為，實現使潛能變為空無。（《片簡》‧插曲）

以上所作的引述，顯示祁克果幾乎是以亞里斯多德的運動觀點，來詮釋「存在」的變異，亦卽由非存有朝向存有作一種移轉；這當是他正面受到亞里斯多德的影響之所在。至於亞里斯多

德依循著類比邏輯的方式， 繼續論究運動的最後動因， 也就是
「第一因」是神， 也是具有形上學思辯特性的 「第一不動原動
者」時，祁克果在此乃立即作出了毫無保留的批評。因為，在祁
克果看來，亞里斯多德的這種「神」觀，或者神學理論，是有違
於他從基督教所獲得有關「神」的觀念與屬性的。在基督教而言
（祁克果所認定的），神乃能從無中創造出萬有；神也能夠使一
切事物都有可能；神只有在神蹟裏，才會向世人啟顯自己；神是
感恩者在至福信仰中的朋友，是軟弱者在聖禮中的慰藉，是焦慮
者在秘密安慰中的庇護（《日記》·一八四六年）；神只為那存
在的人而存在；神就是愛；神全然是秩序的友伴，祂是遍在者；
神不思考，但祂創造，神不存在，但祂是永恆的（《附筆》·第
二書）；以及神是永不改變的（《不變性》）……等等。

3.

就因為基督教對「神」的體悟與領會，完全不同於亞里斯多
德只把神當成運動的第一因來看待，祁克果這才據以批判亞里斯
多德的「神」觀， 乃過於帶有「形上學的」色彩。 儘管這樣，
《黑格爾：他的意願與他的作品》（*Hegel: sein Wollen und sein
Werk*, 1928-38）一書的作者特多·赫林（Theodor Haering）卻
頗不以為然；他反倒認為，祁克果確實已接納下亞里斯多德實在
論的矛盾原則：「人並不同於神，或不同於他所熟知的事物。」[14]
就這個原則而言，人誠然是有別於神與事物的；但是，就亞里斯
多德《論詮釋》（*De Interpretatione*）裏所談述的「A≠～A」的

---

[14] Collins, J., *op. cit.*, 頁 286。

邏輯矛盾原則而言，祁克果他在《哲學片簡》裏所表明的態度，似乎卻是以柏拉圖的形上學觀點，亦即認為屬於本質的、永恆的與不可改變的觀念，乃不同於暫時的存有以及變異的現象界，來取代亞里斯多德形式邏輯的「推論」**⑮**。

其實，不論祁克果是如何以正、反兩面的態度，來對待亞里斯多德整體的運動觀點，我們可以肯定的是：祁克果確實已由亞里斯多德的運動觀，轉向於對「存在」本身的專注與反省；從而，更由「存在」的角度出發，據以批判思辯的哲學家，包括黑格爾在內之企圖以觀念論、或形上學的角度，來混同「思想」與「存有（者）」的差別。所以，祁克果在《對哲學片簡之最終非學術的附筆》裏，便三番兩次的提到：

> 存在使思想和存有者分離，它也破除了它們在理念上的合一。

「存在」對祁克果而言，正如同他的自述：「就像運動一樣，乃是一個很難涉理的範疇；因為，如果我一思考它，我便取消了他。從而，我就未思考它。」（《附筆》·第二書）由此可見，祁克果是頗關心「存在」的動態面、弔詭面與辯證面的；一個人的「存在，乃構成了存在個人最高的興趣；他對自己存在的興趣，便構成了他的實在。實在的真象，則是無法用抽象語言來表達的。」（《附筆》·第二書）。在這裏，似已顯示，存在個人的內在激情、自由與行動，才是「存在」的動態性相。這不但是黑格爾本人所忽略的，而且也是絕大多數的思辯哲學家經常會

---

⑮　同**❻**，頁 237。

誤解與曲解的。由此可知，祁克果是援引了、改造了並轉化了亞
里斯多德的運動觀，而成就了他自己的「存在」的主張。無怪
乎，撰述《祁克果與古典哲學》(*Kierkegaard and Classical
Philosophy*, 1940) 的作者韋爾德 (John Wild, 二十世紀) 會明
確的指出，祁克果已回返亞里斯多德的實在論的運動理論，並且
也據此批判笛卡兒學派─洛克學派之只會關注「運動觀念」，而
忽視「運動中的事物」（按：當然也涵指存在的個人）❶。而且
就當克洛內 (Richard Kroner, 二十世紀) 在《國際哲學論評》
(*Revue Internationale de Philosophie*, 1952) 中，發表：「是祁
克果乎？或黑格爾乎？」，以攻擊祁克果偏袒亞里斯多德與亞奎
那視神才是永恆的、非暫時的存有時，卡林斯 (James Collins,
1917-1985) 就在《祁克果的心靈》一書裏，便立即駁斥克洛內的
疏失，而祖護祁克果的觀點❶。

第四節　奧古斯丁與祁克果

就在祁克果若干的作品裏，包括《死病》與《憂懼的概念》
在內，我們可以看到祁克果也深受奧古斯丁影響的痕跡。祁克果
之能夠步武奧古斯丁若干宗教的與哲學的觀點，多半是透過研讀
馬丁·路德的作品而得到靈感的❶。至於奧古斯丁究竟是在哪方
面影響過祁克果？有關這個問題，我們則擬以下述兩方面來作
答：

---

❶　Collins, J., *op. cit.*, 頁 282。

❶　同上，頁 299。

❶　同上，頁 244。

一、「信仰的神」與存在

1.

　　祁克果被公認是「十九世紀最偉大的新教的基督徒」，以及「自奧古斯丁以來，……有關宗教生活心理學之最深邃的詮釋者」❶。原來，祁克果之重視宗教生活的意義與價值，自然與他對《聖經》知識本身的理解，以及對奧古斯丁有關神的體悟不無有關。然而，奧古斯丁又是如何體驗到信仰上的神的存在呢？而且，祁克果又如何青睞奧古斯丁的觀點，而將之轉化並吸收進他自己的宗教哲學、乃至宗教心理學裏呢？詳述如后：

　　據卡林斯在《祁克果的心靈》一書中的提述，指稱奧古斯丁本人乃相信神是永存 (is) 的，但並不是「存在」(exist)；然而，祁克果的觀點，卻也是如此。因爲，祁克果相信神的永不改變性 (divine immutability)，乃是祂有異於一般存在物的獨特性徵；至於後者的存在，則必須經歷時空的轉變，所以，會呈現更迭與變化的現象。再者，由於奧古斯丁也曾警示道：一個人轉回歸向於神時，乃必須同時轉回以歸向自己，而與自己和好；祁克果對「人」與「存在」的反省與理解，也是如此。所以，我們很有理由，可以找出其間相關的「論述」，以指明祁克果確實是奧古斯丁「宗教心靈」上的繼承者與發揚光大之人。譬如，對於「人」，祁克果在《恐懼與顫怖》一書裏，就講到：

　　　沒有誠信的愛神者，只反省他自己；

---

❶　Robert Bretall, ed., *op. cit.*, p. XVII.

存有信心的愛神者，只會反映出神。

又，他在《對哲學片簡之最終非學術的附筆》裏，則如此的
說明：

> 實質上，唯有「與神有關係」，才使一個人成為一個人；
> 然而，人都欠缺這項關係。
> 如果人們早已遺忘在宗教上的存在意義，無疑，他也早已
> 遺忘什麼是做為人的意義。這是必須提出的重要事情。

至於有關「存在」的論點，祁克果則這樣說道：

> 如果一個存在的個人，想實現和某種永福一項悲情的關
> 係；他的存在，就必須表現出這種關係。（《附筆》‧第
> 二書）
> 所有進入存在者，即是一種苦難。而必然者（按：不受限
> 於時空者，可指涉神），則不會受苦；它不會經受現實者
> 的苦難：它就是潛能（不僅是一個被排逐的潛能，而且也
> 是被接納的潛能），在它變為實現的一刻裏，把自己彰示
> 成空無。因為，實現使潛能變成為空無。（《片簡》‧插
> 曲）

2.

祁克果心目中的「神」，即是一個存在的主體，亦即個人在

主觀上所認知的與意識到的神。當然，這一位神，就是基督教信仰中的神；不過，祂卻有兩種面向，有如當代中世哲學權威吉爾松 (Etienne Gilson, 1884-?)，曾對祁克果與奧古斯丁兩人的神觀所作的比較研究與發現：祁克果曾區分「神的永恆存有」(the eternal being of God) 與「神—人的存在」(the existence of the God-Man) 的不同，而此並不亞於奧古斯丁早已對「作爲永生之神」(God as He Who is)——即永恆的與永不改變的存有——，以及「作爲亞伯拉罕的神」——即爲了人類的救恩，以肉身化現在這短暫的與瞬變的時空秩序裏的神——的反省❷。不過，卡林斯本人卻認爲，祁克果業已融合了下述這兩個問題的精神：神是否以一種眞實存有(Deum esse)的身份存在著？以及：神存在、或神眞實存有的意義與內在本性，究竟是指謂什麼呢？因爲，在祁克果看來，後者實乃超乎了我們人類天生的智能；所以，我們並無法「證明」前者。故而，祁克果便把「神子的道成肉身」(the Incarnation of the Son of God)，認同作上述第二個問題的內容❹。

　　不管怎麼說，就「『信仰的神』與存在」的關係角度而言，祁克果的神觀，確實已同意奧古斯丁的看法；亦卽當由「（個）人」的觀點與需求作出發點以找到神。因爲，（個）人乃是「具體的存在者」，是「存有與認知的綜合」❷，是「無限與有限的

---

❷ Collins, J., *op. cit.,* ⑬ 轉引卡林斯對吉爾松作品的研究結果；吉爾松的作品是： *Philosophie et Incarnation selon saint Augustin,* 1947 年，出版於加拿大蒙特婁的「中世研究機構」(Institut d'-Etudes Médievales)。

❹ *Ibid.*

❷ *Ibid.,* pp. 246-247.

綜合、暫世與永恆的綜合、自由與必然性的綜合」❷。用 "inter-esse" 這一詞 (認知—存在; 卽 interest 一字的原意),卽可作一說明。然而,自這種具體的、存在的、現世的與實在的基礎 (指個人) 而論,祁克果所把握到的神觀,也應該是具有「實在論」(realism) 的意味的。不過,這種肯定神的「永恆存有」的神觀,卻早在多瑪斯‧亞奎那的精心設計下,已成為形上學中所謂「神現實存在的存在之實現」(His subsistent act of existing)❷的主要依據。

二、「永恆眞理」與存在

1.

祁克果在論述「永恆眞理」之時,他心目中的「永恆」內容,乃是指涉一個屬於能夠超乎暫世 (暫時) 的永恆界域;這個界域,亦卽是神的存有, 卽神的永生 (eternity) 的居處, 但是它對於世人而言,卻只能夠用暫世、或「存在」(existence) 來形容。筆者認為,這一種論點,似乎也可追溯到奧古斯丁本人曾對永恆與存在的存在模式,所作的不同的解說❷。

再者, 由於祁克果本人一向對「主體性」(subjectivity)、個人 (individual) 與「內向性」(inwardness) 非常的關注;

❷ Sören Kierkegaard., *Sickness unto Death*, Part I. (Translated with Introductions and Notes by Walter Lowrie; Princeton, New Jersey: Princeton University Press, 1941).

❷ Collins, J., *op. cit.*, p. 251.

❷ *Ibid.*, p. 131.

這種關注，乃是超乎觀念論與經驗論常作的知識論層次的探討，而重視其所具有的道德的暨宗教的內涵。當然，這也就是在肯定主體個人，乃是一個倫理的主體或宗教的主體。就由於有了這項認知，此自必預設主體個人，即是倫理眞理暨宗教眞理——關乎永恆眞理——的發現者與保存者。無怪乎，祁克果在《附筆》的〈第二書〉裏，曾如此明確的強調：

> 主體性就是眞理；主體性就是實在。
>
> 大自然，即受造物的整體，乃是神的作為。然而，神却不在那兒，倒是，在個別的人心裏，存有一種潛能（在潛能上，人是靈）。在內向性中，即喚醒了它，以便成為一種「（和）神（有）關係」；從而，在各處便能看到神。

又，祁克果在《憂懼的概念》‧第四章裏，也說：

> 內向性，就是永恆（性）；或者說是，存在於一個人裏面有關永恆（者）的限定物。

祁克果之會有如此的見解，據卡林斯的推證，它應當是受到了奧古斯丁哲學的啓發所使然；因為，後者曾把神指涉成「內心的教師」(magister interior)。因而，「眞理即內居於人心中」(in interiore homine habitat veritas; truth dwells in the inner man)一語，便成為奧古斯丁「內在之人」(homo interior)論的詮釋之基調❷⑥。

---

❷⑥ *Ibid.*, p. 141.

但是，祁克果對內在性、或內向性的重視，應該是指：對一個人內在心靈的更新與變化的關注。而，一個人心靈的更新與變化，則當以永福 (eternal happiness) 為依歸；否則，便永不得安寧。像這類的論調，可說也與奧古斯丁所云的：「人心唯有棲息於神處，始得安寧」(the inquietude of the human heart until it comes to rest in God)，作了前後的呼應。

2.

又，祁克果所談的心靈，當然，是指能夠統合、或綜合一個人的肉身 (body) 與 (靈) 魂 (soul) 的第三者——靈 (spirit)。人就因為擁有這種「靈」，他才會想到追求 (striving for)，即在時間生成變化的歷程裏，追尋永恆安定的棲所；這個永恆安定的棲所，即是「永恆真理」棲止的所在。祁克果既然同意《聖經》本身的提述，以及奧古斯丁個人的闡釋，他自然會接受下（個）人乃具有接納永恆真理的一種可能性。至於這種可能性的獲得，則端繫賴一個人的存在之洞見與決斷；所以，祁克果就說：

> 有個可能性，就是神的暗示；人要追隨它。在每個人裏，潛藏著最高的可能性，人也要追隨它。（《日記》‧1848年）
>
> 一個自我，如果不具有可能性，便陷入絕望。（《死病》‧部 I）
>
> 可能（性），正對應於將來。對於自由，可能（性）就是將來；而對於時間，將來就是可能（性）。（《憂懼》‧第三書）

又說：

> 真理，這一個字，通常是意指：「永恆的真理」，只是，
> 政治……等却和「永恆的真理」無關。……真理的溝通
> 者，只有單獨的個人能承當。再者，真理的溝通，也只能
> 引向個人。因為，真理正包涵在個人所表現出的生命概念
> 裏。如果沒有神——祂本身就是真理——的眷祐，沒有祂
> 的幫助，沒有祂的參與作為媒介，真理便無法溝通，也無
> 法被接受。（《個人》·1859 年）
> 真理並非從外部引進個人裏，而是在他裏面的。……（《片
> 簡》）
> 如果真理是靈的話，它便是一種內向的轉化、一種內向的
> 實現。（《附筆》·第一書）
> 真理是內向性，並沒有客觀的真理；真理，係繫於個人的
> 取用。（《附筆》·第二書）
> 惟有具教化性的真理，「對你」才是真理。這是一項有關
> 真理卽主體性實質上的屬性。它那決斷性的特質（卽「對
> 你」，也就是對主體而言，是教化性的），則構成了它和
> 一切客觀知識，有著實質上的差異。
> 在此間，主體性本身，便成為該項真理的標記。（《附
> 筆》·第二書·補遺）

　　以上，筆者所引述的祁克果的「永恆眞理」觀點，或存在眞
理觀點，在本質上，乃是認定它可具有了內向性，以及辯證的、主
體的與弔詭的特性；因為，它已認同基督信仰的基石：卽「永恆

真理」不只活現在人的心中，而且也「親自」進入到我們人類所居住這個短暫的存在世界裏。這就是指說，「永恆真理」已化現於世 (incarnation)。這「永恆的真理」，便是神之道 (Word of God)，亦即是個人獨一無二的教師與救主。為此，人類的整個歷史，也就平添了幾許的雋永意涵與尊嚴。祁克果的這種永恆真理觀、或存在歷史觀，自是希臘哲學中的「追憶」(recollection) 理論力所不逮者；因為，它只在意於求取含容一切雋永意涵的「空無時間」(empty time)，而疏忽了一個人的存在抉擇與作自由設計的可能性❷。的確，祁克果與奧古斯丁兩人，應可說是宗教心靈一脈相通的人物。

第五節　亞奎那與祁克果

談到在基督教哲學傳統中，能與奧古斯丁同列為重要思想柱石之一的亞奎那，他之對於神與世界問題的關懷，以及有關存在與真理的探討，會與在他五、六百年之後的祁克果幾乎有若干脗合之處，據《祁克果的心靈》一書的作者卡林斯的推斷，這唯一可解釋的是：他們兩位的觀點，之具有「間接的」(indirect) 關聯，乃是因為，他們兩人都非常景仰亞里斯多德的「形上的實在論」(metaphysical realism)，以及相當欣賞希臘哲人探討「存有（者）」與「生成」這類問題的方式❷。而，筆者個人的觀點是，祁克果很有可能透過第二手資料，亦即經由泰能曼（W. G. Tennemann，十八世紀）的《哲學史》(*Geschichte der Philo-*

❷ *Ibid.*, p. 167.
❷ *Ibid.*, p. 244.

sophie, 1798)一書,而了解到古希臘哲人(包括亞里斯多德)的哲學的探究方式[29],以及也由其它方面,接觸到基督教哲學家(如前述的亞奎那)的哲學。至於祁克果本人是否確實受到亞奎那哲學的影響,這眞象就有待有心人士的努力與印證了,在此不贅。

一、「自由心靈」與存在

據卡林斯的觀點,他認爲祁克果在《恐懼與顫怖》(*Fear and Trembling*)一書裏,迭次提到猶太人「信心之父」——亞伯拉罕——的沉默與信心表現,從而便轉移到對「眞理」問題的關懷與重視上;祁克果這種對亞伯拉罕的推崇與景仰,可雷同亞奎那道德哲學的課題之一:對亞伯拉罕的「沉默」進行探討,轉而也重視對人心靈內在的奧秘與自由決斷的研究[30]。

至於,《祁克果》一書的作者漢內(Alastair Hannay,二十世紀)則認爲,祁克果在《對哲學片簡之最終非學術的附筆》中,以「克里馬古斯」(J. Climacus)作筆名的個性表現,便是以追尋「至高善」(the highest good; summun bonum),當成人性最大的滿足。這誠然「頗類似於」(closer affinity)多瑪斯主義者的觀點;不過,克里馬古斯倒是由人類學的(anthropological),而非神學的(theological)觀點出發[31];這乃是兩者之間較顯著的差異。

---

[29] Sören Kierkegaard, *Philosophical Fragments*, pp. 156, 235-239.

[30] Collins, J., *op. cit.*, p. 96.

[31] Alastair Hannay, *Kierkegaard* (London: Routledge & Kegan Paul, 1982), p. 210.

　　如果我們從漢內的角度來分判，即祁克果儘管有若干的思想觀念，頗雷同於亞奎那，但是，那卻也是有所「歧異」的。這一種歧異，也就如同卡林斯本人所作的評斷：亞奎那本人是一個專業化的神學家兼哲學家，總企圖把自己的若干見解，予以形式化與知性化；至於祁克果，則始終保持爲一個「非正式的宗教思想家兼詩人」❷，且有意使自己的「思想─實驗」或心理學實驗（《哲學片簡》之用語），永遠停留在非知性的、非理論化的模式裏。就因爲這樣，祁克果的「存在」哲學觀點，可不像多瑪斯主義者的實在論，那麼的強調「形上學化」；而且他本人對「存有（者）」的看法，乃把它當成可以從很實際的「意志決斷」作起始，即透過對「存有（者）模式」(modes of being)的觀察，終而發現作爲「神的存有」的永生，則與作爲「有限的存有」（人）的存在，確有實質上的差別❸。

　　至此，若談到祁克果對其傳統思想家的傳承與改造，那麼，唯一能夠作說明的便是：祁克果也曾討論前人所關心的若干問題，而且也隨同前人根據希臘哲人的思考方式，在討論若干重要的哲學課題；不過，他一向的出發點，仍然是很「素樸的」，很具體的以及很眞實的，亦即都從他個人的存在思考出發，絲毫不在意如何使之理論化或系統化。因爲，在祁克果看來，一切攸關存在的思考與知識，這才是實質的知識；否則，便都是偶然的、或空幻的。因此，在這種知識二元化的原則下，我們探討祁克果會與亞奎那思想有所雷同、或者相似，那就不足爲奇了。當然，

❷　Collins, J., *op. cit.*, p. 244.

❸　*Ibid.*, pp. 123, 127, 130.

筆者實無意指說，祁克果若有不同於亞奎那處理哲學的（思考）方式，這並不就在涵示，亞奎那的討論哲學，全都是未攸關存在的實質知識；而勿寧要說，祁克果乃比較重視他個人非系統學化的思考方式或「成果」罷了。至於亞奎那的哲學觀點，是否屬乎純粹的「存在哲學」的內涵，那就有待專家學者進一步的深究了，在此實非筆者所欲進行討論的課題或範圍。

二、「多瑪斯主義」與祁克果的存在思想

就卡林斯個人比較的結果，他認爲祁克果與亞奎那哲學，計有下述五項共同點——

（一）是雙方都重視「事實」（fact），即爲存在者從事認知與理解周遭世界的出發點：就此而論，祁克果當雷同傳統基督教哲學思想家（奧古斯丁與亞奎那）對個人所關懷的課題——神與世界——的思考（參前）。所以，祁克果應該是有意於回返實在論，以及追逐一種有神論的「神觀」：認定神即是無限者暨超越者。不過，就所留下的資料看來，祁克果本人卻未對實在論作過任何完整的發現，而寧願只停留在對「個人」不斷的探討上[34]；至於他對神本性的研討或把握，也只框限在攸關於「個人」存在眞象的體悟與探究上。

所以，無怪乎，祁克果本人會非常重視個人的「興趣」（interest），亦即對個人的永福（eternal happiness），作私人的、無限的與激情般的追求。這「興趣」一詞，乃是從丹麥文的 "interesse" 轉譯而來；後者則包括了認知（knowing）與存有（being）

---

[34] *Ibid.*, pp. 245–247.

的意涵,或者涵示了存在主體的參入,而可存在於其中之意。對於
這個問題的詮析與釋明,祁克果作品的現代譯述者勞銳(Walter
Lowrie,二十世紀),則佔有極大的功勞與貢獻。

再者,談到祁克果雷同多瑪斯主義對「經驗事實」的重視,
這或許可以指出 (如前所述), 祁克果已接納亞里斯多德的主
張: 眞實的變異, 首先是由感覺經驗把握的 , 而不像黑格爾所
云,是由「純粹思想」(pure thought)所單獨產生的; 不過,
對個人的魂(soul)與體(body)的結合,祁克果似是無能爲力
的❸。 所以,祁克果便請出靈、或精神(spirit),以爲最高的綜
合;然而,這個靈的本質,卻是在運動中的,亦卽是正在從事一
種「靈的運動」(spiritual movement):企想由今生今世,以把
握超越今生今世的永恆者(the eternal)暨無限者(the infinite)。
我們從下述若干的引語之內容,便可知曉其中的梗概:

> 人是個靈;什麼是靈?靈是自我。但是,自我又是什麼?
> 自我是一種關係。……(《死病》・部一)
> 存在,是無限與有限的綜合;正存在中的個人,則旣是無
> 限,也是有限的。(《附筆》・第二書)
> 主觀的存在思考者, 在他的靈魂裏, 一直擁有著無限。
> (《附筆》・第二書)
> 成爲主體(主觀)者的工作,可以認定是最高超的工作;
> 它對於每一個人,也可說是最高貴的份內事。相應地說,
> 這最高的賞賜,卽是一種永福,僅對身爲主體者才存在,

---

❸ *Ibid.*, pp. 247-248.

或勿寧說，對於成為主體的個人，它才呈為存有。（《附筆》・第二書）

　　每項無限性的運動，均發自激情。（《顫怖》・補註）

　　激情，對於一個存在的個人而言，則是存在的極致；我們也都是在存在中的個人。在激情裏，存在的主體，能以想像的表象之永恆性來產生無限。

　　對於一個存在的個人而言，（靈的）運動目標，就是要達到一個抉擇，並去更新它。永恆是持續性的主因。……在存在個人裏的一種具體的永恆，就是他的激情的極高點。（《附筆》・第二書）

　　（二）是雙方在探討「存有（者）模式」的出發點上，乃有相當的類似：祁克果既然能欣賞亞里斯多德的「經驗主義」的觀點，當然，他應該也能夠接納後者處理「存有（者）」的方式：區分出實現的存有（者）與潛能的存有（者）的不同。只是，在祁克果看來，作為一個存在的事物，和作為一種緣生的事物（a caused thing），並無任何的矛盾存在❸。因此，「存在」的本意，據祁克果本人的論述，也是有第一因的以及有一種時間上的綿延（即歷史性）關係；像他在《哲學片簡》的〈插曲〉中就這麼說：

　　每種已進入存在的事物，實質上是屬歷史性的。因為，即使它並未接受進一層的歷史屬性，它依然會接納一種決斷

---

❸　*Ibid.,* pp. 249–250.

> 的歷史屬性：它已進入了存在。……
> 另一方面，沒有歷史，便是永恆（者）的完美。尤其是，
> 單單永恆者，絕對沒有歷史。（《片簡》·插曲）

又說：

> 在什麼意義上，那進入存在之中的有所變異？或者，那進
> 入存在屬於會「變異」種類的性質是什麼？所有其它的變
> 異，都預設了那變異者的存在；即使這項變異，已不再存
> 在。……
> 這種進入存在的變異，並不是在本質（essence）上，而是
> 在存有（being）上的一項變異；它也就是一種從非存在到
> 正存在的移轉。……
> 至於正進入存在的變異，也就是從潛能到實現的一項移
> 轉。（《片簡》）

在以上的引語裏，我們談到祁克果所說的：「單單永恆者，
絕對沒有歷史。」這一句話正反映出祁克果似已區分出作爲「有
限存有（者）」的「緣生事物」，係與作爲「無限存有（者）」
的「無歷史者」，亦即永生神有所不同。因爲「神不存在，祂是
永恆。」（God does not exist, He is.）這種陳述，不但表明了
《聖經》的觀點，即「在神並無轉動的影兒」（in God there is
no shadow of alteration），也就是指神是昔在、今在、永在，
而且永不改變的神；而且也映現了奧古斯丁的見解，即神的永不
改變，乃是祂的獨特屬性；更且也呈現出亞奎那類似的見地：神

是「非存在者」（non-existens），因為，在神並沒有變異與因果性。神的永恆存有，在亞奎那形上學的觀照下，便是其現存的存在實現（his subsistent act of existing）❸。

總之，據卡林斯的分析，他認為祁克果乃相信「存有（者）的層級」（hierarchy of beings）說，亦即「存有（者）」具有潛能的與實現的、存在的與永恆的存有（者）之分。如果這種說法可以成立的話，這無非也是傳統基督教哲學的一種反應或重現。

（三）是雙方對思辯與系統知識範圍的限制，都採取異曲同工的步調：祁克果對「存有（者）」與「存在」的觀點，基本上是具有反黑格爾的，即反思辯的與反系統的特性。因為，在祁克果看來，「哲學」業已退化成了黑格爾的「純粹思想」；頂多，也只是保留在對「本質形式」的分析層面上❸。所以，祁克果便以存在的、主觀（體）的、具體的方式，重新關注「存在」的意義問題。

而就卡林斯的論點而言，他卻認為亞奎那早就注意到了「存在」問題，因為，亞奎那曾把它當成一種可作為形上學討論的「存有（者）哲學」。為此，後者便區分了本質（essence）與存在（existence）的不同：一種存在事物，如果在存在的次序上，有了「存在的實現」（existential act），那麼，它才可稱作是一種「存有（者）」。不然就不是「存有（者）」；而能夠決定與確保這種存在事物的知性結構者，便是它的「本質」❸。循乎

---

❸　*Ibid.*, pp. 250-251.

❸　*Ibid.*, p. 253.

❸　*Ibid.*, p. 254.

此，卡林斯又說，多瑪斯主義已表現出了「存在溝通」(existen-
tial communication) 的兩種特徵：一是用嚴格的理論兼系統方
式，在精構「存在」學說；另一則是鑑於眞實世界的存在性，而
框限了思辯與系統思考的範圍。所以，他便規避開了祁克果不斷
對黑格爾所作嚴重非難的「模式」：只會重視思辯的與系統的思
想，而「抽象化了」存在❹。

總之，在祁克果看來，存在哲學當是一種開放性的、可能性
的思考「歷程」，而非一種封閉性的或循環式的思想「結果」；
換句話說，有關「存在」的構思，乃需要不斷接受修正與更正
的。因爲，「存在，卽正存在的行動，便是一項追求」（《附
筆》・第二書）；「存在，就像運動一樣，是一個很難處理的範
疇。」（同前）。所以，祁克果在《附筆》中要說：「邏輯系統
是可能的」，而「一種存在的系統，是不可能的。」

（四）是就「整個人」而言，雙方都具有相類似的觀點：據
卡林斯說，多瑪斯主義有關「人」的理論，乃是經由若干存在原
則的應用而循序建立的；換句話說，人之作爲人，卽是由潛能的
與實現的原則所限定成的「實現的存有（者）」。因此，人是一
個有限的存在者，亦卽是具有由本質與存在（而非由質料與形
式）所構成的有限性 (finiteness)，以實現的一個存在者❹。

至於對祁克果而言，他也認爲：人是有限的（如前所述），
也就是一個由魂與體所結合（最後，乃由靈來綜合）成的整體，
或者是一個激情的受造者。這當然頗類似於基督教最初的使徒保

---

❹ *Ibid.*, pp. 254–255.

❹ *Ibid.*, p. 258.

羅的「人」觀：人是由靈、魂與體所構成的。至於亞奎那在他的
《神學大全》（*Summa Theologiae*）中，也有類似的主張：人的
理性靈魂，同時既是一種靈魂，也是一種精神；這種人的靈魂，
乃擁有它自己存在的模式，而非依賴「質料」才得以存在。就這
意義而言，卡林斯認為，亞奎那哲學因為具有亞里斯多德形上學
的色彩，而不像祁克果將它放在人文主義（humanism）的層面
上來討論❷，因而便構成了他自己的存在哲學的特色。祁克果就
因為有這層不同的涵義，亦即寧願把「人」當成倫理的個人、或
宗教的個人來看待，而有意輕忽它的形上學意涵，所以，祁克果
的「人」觀，也是和亞奎那有所不同的。

　　總之，在祁克果看來，人確是一個「激情的」存在，即先前
所提述的一個「激情的受造者」；或者，有如亞里斯多德與亞奎
那一向指稱的「理性的欲求」者、或「欲求理性」者❸。不過，
據卡林斯本人的研判，祁克果因為重視道德及宗教生活，而鮮少
談及「人身的激情」（bodily passions）；頂多，也只是對憂慮、
絕望與誠信……等這類「精神的─激情的狀態」有所描述；所
以，多瑪斯主義的「人」觀，應該是介在於祁克果與當代自然主
義者的論調之間的一種折衷學說❹。然而，不管卡林斯的評斷是
否允當，筆者認為，祁克果本人的觀點，確實是相當弔詭的，就
像他自己所說的，約可見證一二：

　　　人是無限與有限的綜合、暫世與永恆的綜合、自由與必然

---

❷　*Ibid.*, p. 261.
❸　*Ibid.*, pp. 262-263.
❹　*Ibid.*, p. 263.

性的綜合；總之，他是一個綜合。綜合是兩個因素的關
係；以此而言，人尚非自我。（《死病》・部一）

從永恆觀點看來，人無法犯罪，也無法永遠預設他一直是
在罪惡中。所以，人是因為進入了存在（原因是，主體性
即不真，是它的伊始），才成為一個罪人。人並非在下述
的意義上，即在他生前，預設他是一個罪人，而成為一個
罪人；反而是，他是生在罪中，才成為一個罪人。（《附
筆》・第二書）

又說：

人的肉感性，是因為罪而被假定為有罪性；所以，它比禽
獸更低級。然而，這卻是更高級生命肇始的所在；因為，
現在已肇生了靈。（《憂懼》・第三章）

　　（五）是就「信仰與理性」而言，雙方也保有類似的態度：
據卡林斯的看法，祁克果的確很少用人的方言(human tongue)，
來談論基督信仰；但他卻會用假名，即「約翰・克里馬古斯」
(Johannes Climacus)的托名，指出教義、或者對信仰提出哲學
的解說，係和「存在溝通」有所不同；這「存在的溝通」一詞，
是祁克果本人基於其主觀的存在體驗，而用來指涉屬乎「靈」、
「主體性」、「內向性」或「激情」的「基督教」的本質內涵的
（《附筆》，英譯，頁 31 和 339）。
　　至於多瑪斯・亞奎那，他本人也曾區辨證道 (sermons) 與
神學論文 (theological treatises) 的不同。再者，亞奎那也主張

過，神學乃是一種兼具思辯的與實用（實踐）特性的學科；甚而，他也充分應用理性，來檢視信仰的內容❹。當然，較早的奧古斯丁與安瑟姆（Anselm, 1033-1109），他們爲信仰與理性兩者所釐定的關係模式──即：「我信，以求理解」（I believe so that I may understand.），以及「我理解，以便相信」（I understand so that I may believe.）──，已可在亞奎那的哲學系統中找出若干雷同的痕跡；只是，亞奎那對啟示與自然理性（natural reason）的關聯性，卻也作出很哲學化的安排。而這在祁克果看來，乃勿寧關注意志與誠信的重要，而極力批判「理性主義神學家」（rationalistic theologians）過分偏重理性能力的缺失。

因此，我們可以說，激情、意志與「有興緻的理性」（interested reason）──而非「自然理性」──的重新定位，當是祁克果本人對「信仰與理性」互動關係的一項回應❹；像他就說：

> 誠信是一項奇蹟，然而，却沒有人能排除它。因為，藉以使所有人的生命在它裏面統合的，乃是激情；誠信便是一種激情。（《顫怖》‧補註）

又說：

> 因思，是思想家激情的來源。思想家若沒有因思，就會像一個沒有情感的戀中人，一個無價值的凡夫一般。……

❹ *Ibid.*, pp. 264-265.
❹ *Ibid.*, p. 266.

一切思想無上的困思，便是企想發現思想所無法想到的某
一事物的企圖。這種困思，打從基始，就存在於所有思
想，甚至在有關個人的思考中。……（《片簡》）
在客觀上，興趣只傾注著思想內容；在主觀上，則是貫注
在內向上。在它的極點，這個內在的「怎樣」(how)，便
是對無限發出激情；這對無限發出激情，就是真理。（《附
筆》·第二書）

總之，在祁克果的心目中，激情卽是誠信，卽是主體性，卽是
內向性，卽是靈的內向運動、無限的運動，亦卽是個人對永恆眞
理或永福的不斷的追求。所以，出乎激情，出自對「無限(者)」
產生興趣的一種興緻，便構成了「理性」的終極指標、或存在的
極致：「永福」的實質內涵。所以，在此一意涵下，信仰應已超
乎了理性，凌駕了理性；信仰就是理性活動能力的一種基始性的
預設。因爲，誠信（信仰）本就是一切運動的本源；誠信也就是
一種激情。

第六節　笛卡兒與祁克果

1.

在探討祁克果對哲學思考的緣起上，我們能找出若干近代的
思想家曾對他有所啟迪，可說不是不可能的。其中之一就要推
「近代哲學之父」——笛卡兒了。不過，這種的啟迪，卻是具有
一種批判義的或反省義的。因爲，在祁克果看來，笛卡兒的「我

思」(Cogito)，始終與作爲存在的事物，亦即自我與世界，保持了某種的距離。所以，笛卡兒努力要把他自己的存在，奠定在抽象的及理論思考的行爲上，終究應當是一種不可能成功的事。像他在《附筆》的〈第二書〉裏，就這麼說：

> 真正的主體，並不是認知的主體；因爲，在認知中，他是游移在可能性的界域裏。真正的主體，乃是倫理（學）上存在的主體。
>
> 一個抽象思想家的存在，是確實的；不過，這件事實，比起其它的東西，對他倒是一項諷刺。因爲，一個想靠「他思考」這件事實，嘗試來證明他的存在的抽象思想家，可是一椿很可笑的矛盾。原因是，就在他做抽象地思考這個層級上，他正抽象他自己的存在。在這方面，他的存在，便彰顯成他企求割絕的一種預設。畢竟，抽象化的行動，對於他的存在，可成爲一種頗奇怪的證明；因爲，如果他完全得逞，他的存在就會中止。
>
> 笛卡兒的「我思故我在」，經常被人複誦著。假如作爲「我思」的主體的這個「我」，意指一個個別的人；那麼，這個命題，便沒證明什麼。我正在思考，「『因而』」，我存在；畢竟，如果我「正」在思考我「存在」這個疑慮……這個斷言，乃早已被完成了；又，第一個命題，甚至比第二個命題多說了些什麼。
>
> 不過，如果在「我思」中的這個「我」，被解釋成：意指著一個個殊的存在的人，哲學就會叫出：「多麼笨呀；你的自我、或我的自我，這兒根本沒有問題。有的，僅是純

粹的自我。」畢竟，這個純粹的自我，沒別的，簡直就只擁有一種純概念性的存在；那麼，「因而」，又是意謂著什麼呢？這兒是沒有結論的。因為，這個命題是個套套邏輯(tautology)。

　　顯然，祁克果就在對笛卡兒的「我思」的「反思」中，他已發現「可能性」(possibility)的重要，甚至對個人「實在」之蘊義的重視；所以，他又說：

> 從詩學與智性觀點，可能性是高過實在；審美與智性的存有，則感到淡漠。僅僅有一種興趣，即對存在發生興趣；因此，不感興趣（按：漠不關心），便是一種對實在的淡漠。在笛卡兒的「我思故我在」中，便遺忘了這項淡漠。這句話，乃把一種困擾人的元素，注入到智性的漠然性中，並且侮辱到思辯的思想，好像它就是得到其他某種東西的工具。
>
> 我思，「故」我思；只是，不管在一個實現(actuality)的意義上我是存在，還是它存在（所以，「我」意謂著一個個別的存在的人，而「它」，則意謂著某一明確的特殊的東西），它都是一種無限淡漠的事。（《附筆》‧第二書）

2.

　　總結以上所言，笛卡兒的哲學思維，亦即基於「懷疑」(doubt)方法與二元論(dualism)的思考模式所奠定成的哲學理論，乃企圖尋求一個阿基米德點 (Archimedean point)，以建立一

種不可懷疑的眞理體系。但是，這種學究取向，卻仍然是屬乎「思辯的」，而不像祁克果由「存在」基礎所找著的「實踐的」眞理❼。當然，無怪乎，祁克果要藉下述的論點，來區辨他與笛卡兒截然不同的企圖：

> 證明任何事物的存在，乃是一件困難的事。……因此，不管我是否是在易於感知的事實領域中，還是在思想的吟域中移動著，我始終是從存在出發，而不是朝向存在來作推論。譬如，我就不證明一顆石頭的存在，我乃是要證明：某種存在的事物，就是一顆石頭❽。

總之，由近代笛卡兒開展出注重「主體」的認知，以致德國觀念論者對主體性自我的抽象界定，終而有祁克果批判地凸顯出「存在」的整全性意涵，亦卽涵容了主、客體內容的存在思考；這確實已清楚顯示：祁克果當是在批判地、反思地傳承，並且改造了前人的思考模式，而奠定他自己的構思基礎與出發點。

第七節　巴斯噶與祁克果

1.

就關切個人心靈的自由、修持、激情與選擇的可能性角度而言，祁克果確實是承續著自奧古斯丁所開創，以及由路德與巴斯

---

❼　*Ibid.*, p. 275.

❽　Sören Kierkegaard, *Philosophical Fragments*, pp. 49–50.

噶……等人所引伸出來的心靈傳統。其中祁克果思想與巴斯噶的
關聯性，也頗值得人們的注意。

就如在一八四六年九月七日的《日記》裏，祁克果則提到了
巴斯噶：

> 巴斯噶說：信仰是如此困難，原因是，忍受痛苦是如此的
> 困難。

而在一八五二年的《日記》中，他也再次提到巴斯噶這個
人：

> 在晚近的時代裏，被牧師與教授們應用，且提及到的次
> 數，有誰多於巴斯噶？他的觀念被強據佔有；不過，他的
> 苦修與苦修用的馬毛襯衣却被忽略。不然，就是將它解釋
> 成他那時代特有的標幟，而和我們不再相關。
> 妙哉！巴斯噶在所有事上都具有創生性，惟獨此事例外。
> 但是，苦修在他那時代，是否真如此普遍？抑是：在很久
> 以前，便已過時，而需要巴斯噶在整個時代面前來重新肯
> 定？

由上述引文可知，祁克果本人不但頗爲熟悉約與笛卡兒同時
代的巴斯噶一生的行誼，而且，也極力推崇他對苦修與勇於向時
代表白信仰的持執情懷。當然，我們如果從祁克果的理性時代背
景，來看待他重視巴斯噶而甚於笛卡兒的程度，當可明白其中是
事出必有因的。因爲，祁克果一生所努力與執著的，乃不外乎是

高倡一個人生命的尊嚴，心靈的自由，以及對存在作出明智選擇。在這個神聖的人生目標與人性原則下，他曾批判黑格爾思辯哲學的僵化、抽象化、空疏性與脫離激情的人生信念；由而，自然而然，便會欣賞在十七世紀則能與當時理性主義的大師——笛卡兒——相抗衡的巴斯噶。原因是，在某一意義下，笛卡兒也同黑格爾一樣，都是在遺忘「存在」這個變動基礎上，在從事哲學知識或眞理體系的建構；同時，更是在浮誇理性，一味強調客觀思辯與認知，因而疏忽個人內心的激情感受，以及道德—宗教意識的提昇之情況下，在從事全無關乎「存在」意義之建立的哲學構思。

　　無怪乎，《存有與若干哲學家》（*Being and Some Philosophers*, 1952）一書的作者吉爾松（Etienne Gilson, 1884-?），就在該書 142～53 頁的所在，會把祁克果與黑格爾的關係，比附成伯納（Bernard of Clairvaux, 1090-1153）對亞伯拉德（Peter Abelard, 1079-1142），以及巴斯噶對笛卡兒的關係來排列看待。

2.

　　祁克果的一生遭遇，也頗類似巴斯噶：隻身一個人；同時，也身爲一名作家。祁克果本人相當欣賞巴斯噶個人的才華，以及對人的「有限恩賜」（finite gifts）的倚重[49]。當然，祁克果本人不僅了解巴斯噶的偉大，而且，也同情他的不幸遭遇。巴斯噶嚴斥笛卡兒欲以理性「證明」神存在的事蹟，足堪促引祁克果藉主體心靈的存在證悟，去批駁黑格爾思辯哲學的狂傲與無知。所

---

[49] Collins, J., *op. cit.*, p. 25.

以，在這個義理脈絡下，《祁克果的心靈》一書的作者卡林斯，便推崇祁克果應可躋身歐洲偉大的道德哲學家傳統之林，而與巴斯噶、杜思妥也夫斯基 (Fyodor Mikhailovich Dostoevsky, 1821-1881)，以及尼采 (Friedrich Nietzsche, 1844-1900)……等人同享其名。因為，他們全都深知：「創痛乃深遠，然而能公開創傷以等待康復，總強如在暗地裏，任使腐敗傷口無限潰爛」之道❺。這自是涵指了，祁克果和上述這些人士，共同在診視西方文化的病變，而施以其個人的救治藥方；為此，允稱他們都是西方的「文化醫生」，實乃相當得宜。

再者，由於祁克果能夠在理性與信仰、理性與激情的互動關係上，強調「信仰」與「激情」的無限價值；這也極類似巴斯噶之對於「內心」(heart)，以及盧梭 (Jean-Jacques Rousseau, 1712-1778) 之對於「情感」(emotions) 的偏重，而成就其對人心自由活動作縝密描述的貢獻。像祁克果本人，就曾說過：

> 個人，是一個靈的範疇，是靈的覺醒的範疇。(《個人》‧則二)
>
> 主觀的存在思考者，在他的靈魂裏，一直擁有著無限。(《附筆》‧第二書)
>
> 誠信（信仰），是在人心裏最高的激情。(《顫怖》‧結語)

又說：

---

❺ *Ibid.*, p. 29.

誠信，事實上是有兩項工作：在每一瞬間裏，關切著去發
現那不可能者，即因思；然後，用內向性的激情去固執
它。（《附筆》‧第二書）

誠信，就在它和不可能者與因思的關係中，是自我主動
的；就在發現裏，也是自我主動的；而就在固執它的每個
瞬間內，更是自我主動的——，為的就是要相信。

抓住那不可能者，僅是要求著所有無限的激情，以及它對
自我的專注。（同上）

　　總之，從以上的引述裏，祁克果對個人「生命」內在的自我
體悟，以及對道德—宗教生活的重視，誠然應可說是十七世紀巴
斯噶心靈的再現。從而，我們應可作出如下公允的判斷：祁克果
的心靈意識與證悟內涵，無非是與巴斯噶能作遙相契合的。

第八節　康德與祁克果

　　祁克果與德國批判哲學家康德的關係，則可以由祁克果本人
對倫理道德思想，以及對神的存在暨尊嚴的重視明顯看出。換句
話說，在某個意義之下，祁克果乃是康德批判神學觀念（即神），
一個很親密的學生[51]。不過，若能允當地說，實情應該是：祁克
果對康德的倫理哲學觀點，乃有其批判的傳承、轉折、改造與轉
化。原因分述如後：

---

[51]　*Ibid.*, p. 148.

一、「倫理思想」與存在

祁克果在《日記》、《憂懼的概念》、《重述》與《哲學片簡》……的作品裏，都有關於倫理道德思想的陳述，而在這類陳述當中，又多牽涉到他本人對康德倫理哲學批判的省思。筆者按照《祁克果的心靈》一書的作者卡林斯的析述，綜合整理祁克果本人對康德倫理思想批判的紹承，計有下述的論點。例如：

1.

祁克果曾接受康德的道德哲學，可作為一種典型的道德主義的見解；不過，康德的這種「形式主義」（formalism）的倫理觀，卻不是祁克果本人眞正關切的所在。因為，祁克果本人一向關切與專注的，勿寧想用道德方式來詮釋「存在」，以及呈現「神」在這種詮釋中所應佔有的位置[52]。換句話說，祁克果並不像康德有意建構一種形上學式的倫理學理論，反而，只以「與人交通」（dealing with people）之直接的、實際的問題，作為其唯一訴求的目標。所以，在這個意圖與脈絡下，我們當可知悉「個人」的問題，對祁克果而言，乃大於或重要於抽象的、概念的倫理理論的問題；而且「神」的尊嚴與神和人類行為有關的課題，自也構成其倫理構思的主要中心。像他就說：

> 「個人」，以宗敎觀念來說，則是這個時代、所有歷史與全體人類必須通過的範疇。（《個人》·則二）

---

[52] *Ibid.*, pp. 87–88.

> 在蘇格拉底的觀點裏，每一個人就是他自己的中心，而且
> 整個世界也薈集在他裏面；因為，他的自我認知，也就是
> 對神的一項認知。因此，蘇格拉底認識了自己；他也認為
> （即依照這種瞭解，他詮釋了他和每個具有同等謙遜與同
> 等矜持的個人的關係）：每個人必須瞭解他自己。（《片
> 簡》）

　　既然個人的問題，即個人的倫理存在的問題，乃是祁克果一
心關注的課題；那麼，由「（個）人」範疇的角度衡之，祁克果
儘管是著重個人倫理存在的問題，但是在與康德的企圖——要把
人安置在絕對完美的層界，以及普遍法則的層次上 —— 相較之
下，祁克果卻不認為人的德性（美德，virtue）本身，乃是一種
目的（end）——在康德而言，則是如此——，而且普遍的道德法
則本身，也必須往回指涉立法者本人。緣於此，祁克果便很嚴正
的區分出一個人所具有的道德律的實際傾向，當與個人的實際目
的（至福）有所不同，而且一般流行的道德律理論，也與道德完
美時有差別❸。

　　關於這種區分的嚴謹性與必要性，祁克果在《恐懼與顫怖》
一書裏，則有相當精闢的闡釋。它的大意是：個人為倫理實踐
的主體，當然，個人的倫理實踐行為，則當以一般的（普遍的，
universal）倫理原則、或道德律為依準。不過，個人一旦面臨
「誠信的困思」（paradox of faith）之情境時——有如：亞伯
拉罕（Abraham）聽到神的召喚，要把他的獨生子以撒（Isaac）

---

❸ *Ibid.*, p. 92.

獻上爲祭——，他所面對的道德抉擇情況，就不是一般的道德律
所能夠根本解決的。在此一兩難的情形下，據祁克果本人的分
析，亞伯拉罕毅然獻上獨生子的「道德行爲」，儘管牴觸了一般
倫理所要求「你不可殺人！」的規範，但是看在他無限地、絕對
地「服從」道德律的唯一發佈者——神——之事上，亞伯拉罕本
人卻正是在從事一種倫理的冒險行爲；他這一種動機與由之所構
成的行爲表現，卻是超乎了一般常人的能力（知性）範疇之外。
祁克果又說，然而這種行徑，確實是出乎亞伯拉罕「個人」決斷
的一種表現❺。所以，最後亞伯拉罕不但沒有失去以撒，反而因
此而博得了神的喜悅——悅納他的絕對順服——，而重獲以撒以
及隨之而來偌大的福氣。

據祁克果的道德評析，他認爲亞伯拉罕才是世上眞正的「偉
人」，理由就是：

> 有人是靠自己的權勢而成爲偉人；有人是靠自己的智慧而
> 成爲偉人；有人是靠自己的希望而成爲偉人；有人是靠愛
> 人而成爲偉人。不過，亞伯拉罕卻比這些人還偉大：他是
> 靠自己的權勢而偉大，但它的力量是無能；他是靠自己的
> 智慧而偉大，但它的秘密却是愚拙；他是靠自己的希望而
> 偉大，但它的形式却是瘋狂；他是靠愛心而偉大，但它却
> 要恨惡自己。（《顫怖》）

❺ Sören Kierkegaard, *Fear and Trembling and the Sickness
unto Death* (Translated with Introductions and Notes by
Walter Lowrie, Princeton, New Jersey: Princeton Univer-
sity Press, 1941), pp. 81-82.

　　祁克果不僅這般的推崇亞伯拉罕，他更且指明：「亞伯拉罕所最熱衷發現的，就是他最難以發現的」；亞伯拉罕再度雀悅能和以撒在一起，這是因為：「他憑藉他靈魂一切的無限性，靠他自己的力量和自己的責任心，已履行了『認命』的無限性運動；就僅僅這麼做，在苦痛中便保有了以撒。」（《顫怖》）

2.

　　由上述看來，祁克果涉論「個人」的道德行為之動機，最終乃直指永生之神，並且視神才是「個人」實現道德行為的終極目的。祁克果既然在詮釋個人的倫理存在（性）上，重視「神」所扮演的角色，在這個前提下，也應可令人清楚的知悉：祁克果的倫理觀點或者道德觀點，在倫理—宗教的涵義與脈絡下，又是不同於康德的，甚至是「改造」了、或轉化了康德的倫理見解。因為，康德曾用理性主義者的方式，在處理「基督教的概念」，或者說，在處理「基督徒的信仰」；這乃極可能混同後者與俗世存在（secular existence）的階層關係，以及剝奪基督教的超越性徵❺。再者，嚴格地說來，康德強調遵守普遍道德律的理論，至終乃必將拒棄神，以及擯除道德律本身所秉具的無條件的與神聖的性質。

　　又，祁克果當然會拒絕承認，神的永恆真體(eternal reality)，就是康德的「理性的限制概念」(limit-concept of reason)。因為，作為一個罪人 (sinful man)，他在本質上，應是有別於神聖的神的。為此，祁克果雖然不同意康德倫理哲學中對「神」

---

❺　Collins, J., *op. cit*, p. 78.

的安排，但是，他本人卻也未因此而作出知識論的或形上學方面的解決；致使，他本人所主張的「存在眞理」的困思（性），便構成他對康德倫理哲學唯一的回答。這當可由上述祁克果本人在《恐懼與顫怖》一書中的析論，明確的看出。

二、「本質」與存在

1.

祁克果對「存在」的看法，是不同於前人，有如黑格爾或笛卡兒的觀點；不過，他卻能夠接受康德對思想與存在（存在者，being)之間、現象事物與本體之間的區分❺。再者，祁克果也隨同康德、或謝林……等人一樣的認爲，「變異」(change)，卽存在於時空範疇中諸事物的變異，並非一種邏輯的前提（有如黑格爾的主張），而是一種眞實原因。這種變異對「存在」而言，乃是意指著：從非存在到（正）存在的移轉，也就是從潛能到實現的一種移轉（《片簡》）。

至於談到「本質」與存在的關係，祁克果則指出了康德的發現：懷疑古代哲學與中世紀哲學唯一的假設，卽「思想擁有存在（實在，存有者）」（《憂懼》・導言）。在祁克果看來，思想（本質）實是有別於存在的；而且，「存在乃使思想（本質）和存有（者）分離，存在也破除了它們在理念上的合一」；「存在，並不等同於『在永恆形相之下』的存有（本質）」（《附筆》・第二書）。不過，祁克果向所關心的，卻是如何的把握個人的存

---

❺ *Ibid.*, p. 124.

在並實現個人的存在，而不屑於對「存在」（一般的）作本質主
義式的探究；這自可由下述的引文約略看出。他說：

> 作為空間秩序的大自然，僅有一種直接的存在。不過，就
> 時間而言，認可一項辯證的萬有，却是受到某種的二元性
> 所貞定；而就在它業已呈現之後，它就存留下來而為過
> 去。
> 在本質上為歷史的，總是已呈過去的；而且，就其為過去
> 的而具有它自己的實現。因為，它業已發生這件事實，是
> 確定又可靠的。只是，它之業已發生，在另一方面，却是
> 一項不確定性的基礎（原因）。（《片簡》・插曲）

又說：

> 歷史知識的實證性，乃是幻覺的；因為，它是一種近似性
> 的知識。思辯的結果，就是一種欺妄。……在歷史知識
> 中，主體能夠學到許多有關世界的東西；只是，對於他自
> 己却一無所知。他不斷游移在一個近似（性）知識的領域
> 裏，或游移於他所假定的實證性中；該實證性係以一種確
> 定性的類似物來欺騙他。……
> 畢竟，確定性只能在無限（者）中獲得。（《附筆》・第
> 二書）

2.

祁克果排除了人對「存在」有一種本質的、預前的認知；因

為存在，即個人的存在，乃是身在變異之中，或在變動之中的，亦即本身為「生成變化這一個歷程」；或者說：「存在本身，即正存在的行動，便是一種追求。」在這個觀點下，他便影射「存在」，也就是有如康德所云的：人的純粹理性所無法思考的「物自身」(Ding-an-sich；Thing-in-itself)❺。

這種對「物自身」無法作思考、或理解所表徵的特性，便是指：有一種事物，實在是令人困思的，是不可理解的，而它就是「存在」本身。不過，祁克果又說，康德在討論「根本惡」(radical evil) 的理論中，卻未表明「不可解」、「困思」即是屬於「存在」本身的範疇；所以，這便是康德的一項「錯誤」(《日記》·一八四七年)。祁克果自然認為，這種「不可解（困思）」，乃是一種範疇，乃是一項存有學上的界說，以表示「存在的認知精神，之對永恆真理的關係」(同上)。

由此而言，如果捨棄「本質」可決定「存在」內涵的觀點，當是符合祁克果的存在哲學精神；那麼，我們應可指陳：「存在先於本質」，才是祁克果存在哲學的實質蘊意。因為，他一向重視個人的體驗 (individual experience)，並且視個人的存在即是一切思想行動的根本基礎與終極預設。所以，他會說：

> 我必須存在，以便作思考；我且必須能思考，譬如（思考）善物，以生存在其中。(《附筆》·第二書)

❺ Kierkegaard, S. A., *Concluding Unscientific Postscript to the Philosophical Fragments* (translated by David F. Swenson, completed after his death and provided with Introduction and Notes by Walter Lowrie; Princeton, N. J.: Princeton University Press, 1941), p. 292.

又說：

> 存在，給予了存在思考者思想、時間與場所。（同上）

　　祁克果這種重視具體存在，卽不可被概念化約的存在——從以上的探討脈絡裏——，應當反映出他是同情地理解、或者能支持康德的主張的；不過，自他強調經驗上存在的實現（行動）（empirical act of existing）之角度看來，卻又可指出，他確是不同於、或者有意超越康德（批判）理性主義式的見解。因為，祁克果在根本上，已放棄了知識論的進路，而把有關「存在」眞相的探討，嵌定在倫理一宗教主體性的層次上。所以，這可構成了祁克果何以有別於，或者正在改造及轉化了康德倫理哲學的關鍵之所在。

第九節　萊辛與祁克果

1.

　　萊辛和他當代的一位哲學家兼神學家哈曼（Hamann, Johann Georg, 1730-1788）❸，同樣對祁克果均有過極深刻的影

---

❸　哈曼為一德國人，生於柯尼斯堡（Königsberg），早年曾鑽研神學與法律，接受英國哲學家休謨（David Hume, 1711-1776）對經驗所作的分析，並且認為對語言的專注，卽可解決康德對感性與悟性、質料與形式的二元區分。其思想曾影響赫德（Herder, Johann Gottfried von., 1744-1803）、雅各比、哥德（Goethe, Johann Wolfgang, 1749-1832）以及黑格爾等人，當然，在後來，也影響了祁克果。參同❶，頁 207。

響。特別是在《附筆》一書第二部分（Part Two）的第一節裏，祁克果——以 J. Climacus 假名——便以兩章的篇幅，對萊辛本人有一番頗詳盡的提述。

萊辛這個人，乃比雅各比大十四歲，在啟蒙運動時代，則和當時德國的沃爾夫（Ch. Wolff, 1679-1754）、康德……等人，同爲該項運動主要的代表人物，而且他又是當時「文化樂觀主義」的贊同者。祁克果在《附筆》一書裏，曾明指萊辛是一個主觀的、存在思想家的「原型」（prototype）。因爲，萊辛的「必然眞理」（necessary truth）觀，乃構成祁克果主張「誠信之跳越（leap; Springet）」的靈感來源之一。換句話說，祁克果也曾承傳萊辛對「眞理」的觀點，但是，他卻將它加以改造而轉化成他自己的見解。像他就說：

> 萊辛已說過：偶然的歷史眞理，絕無法充當理性永恆眞理的證明；所提可據以把永恆眞理奠基在歷史見證上的轉移（轉變），（本身）就是一種跳越。（《附筆》・八六頁）

據《祁克果》一書的作者漢內（Alastair Hannay, 二十世紀）的考證，以上萊辛自述的原句應該是：

> 偶然的歷史眞理，絕無法成爲理性必然眞理的證明。……

而，祁克果爲了闡述基督教的眞理，便自稱已在萊辛的理性主義與《聖經》批判中，找到了「支持」；這個支持就是：用「永恆」一詞，以取代萊辛原句中的「必然」一詞，而儼然建立

了他自己的「誠信之跳越」觀❺❾。

2.

原來，在思想上，深受萊布尼兹（Leibniz, Gottfried Wilhelm, 1646-1716）影響的萊辛，曾認為數學先天的（a priori）命題這類「理性的眞（理）」，乃是有別於歷史知識的（偶然性）。但是，在祁克果看來，這種有別於歷史眞理的「理性（必然的）眞理」，卻是在指涉超時間之外的眞理本身；根本上，它就在指涉「宗教的眞理」。換句話說，對萊辛而言，在任何有關實際經驗、或歷史陳述的累積，與理性必然（或永恆的）眞理之間，乃存在著一種邏輯的距離，亦即「邏輯的裂溝」。而，在該裂溝彼岸的眞理，就是「理性的眞理」。它可是指涉數學上的某項眞理，但是，對祁克果而言，它當然就是指「宗教的眞理」了。因為，祁克果認定，基督教的眞理，本就無法奠基在所謂的「歷史」與「哲學」的「近似方法」該間架上的❻⓪。循乎此，萊辛所指謂的「邏輯的裂溝」，在祁克果便是指：「歷史所呈示的適然性，與宗教信仰所得到的絕對、或無條件確定性之間的裂溝。」

誠然，上述祁克果重新詮釋萊辛的「理性眞理」觀，無非當是想指明「介於一種歷史眞理與一種永恆決定之間」的裂溝。所以，他會作這樣的表述：

　　萊辛已說過：如果神的右手裡握有一切的真理，左手握有

❺❾　Alastair Hannay, *op. cit.*, p. 98.
❻⓪　*Ibid.*, p. 43.

對它終身的追求，他一定會選擇左手。（《附筆》·九七
頁）

　　由此約可看出，祁克果本人對於「眞理」何以會有如此存在
的洞察：「眞理是關乎成爲『靈（精神）』的」（《日記》·一
八五○年十一月十三日）；「『眞理』這個字，通常是意指：
『永恆的眞理』」（《個人》·一八五九年）；「眞理的溝通者，
只有單獨的個人能承當；再者，眞理的溝通，也只能引向個人。
因爲，眞理正包涵在個人所表現出的生命概念裏。」（《個人》·
一八五九年）；「如果眞理是靈的話，它便是一種內向的轉化，
一種內向的實現。……靈的運動是內向的，眞理便是主體在自己
裏面的轉化。」（《附筆》·第一書）。又說：「眞理是內向性，
並沒有客觀的眞理；眞理係繫於個人的取用。」（《附筆》·第
二書）；「眞理的定義是：主體在一種最激情式內向性的近似歷
程中，所固執一種客觀的不確定性；這便是眞理，它是一個存在
的個人所能夠證得的最高眞理。」（《附筆》·第二書）以及：
「眞理，即是主體用它對無限發出的激情，所遴選一種客觀不確
定的冒險。」（《附筆》·第二書）

　　總括以上所言，祁克果確曾極力推崇萊辛的偉大發現；祁克
果本人更且表示了：「跳越」這個詞，也用另一種方式和萊辛的
名字發生關聯；因爲，萊辛使我們（按：指祁克果當代的人們）
「生動地」想起了希臘人簡潔的語言、溫雅的專注自己（如蘇格
拉底的諺語：「要認識你自己」），以及要人們以關聯於某一問
題而作自我反省。（《附筆》·第二書）

第十節　雅各比與祁克果

1.

　　儘管萊辛指出：對神手中握有一切眞理，矢志作「終身追求」，乃是其個人奮鬥未來的目標，而曾喚醒祁克果明白「存在」的眞相——卽是一種生成變化的歷程——，而發出了「一種邏輯體系是可能的」，但是，「一種存在體系卻是不可能的」豪語；不過，正與萊辛同時影響祁克果對神「存在的認識」的雅各比，卻被祁克果指述成：「可能是最後成爲發現（誠信之）跳越的人」。祁克果言下之意，當然是指：雅各比的「信仰哲學」——以十六世紀德國馬丁·路德的「因信稱義」作爲奠基石——，雖有它的貢獻所在，可是，他所談論的「信仰（誠信）」之跳越，卻欠缺了「明確的」方向；所以，祁克果在《附筆》一書裏，會作出下述的批判：

　　　雅各比對這種跳越之實質上的歸處，並沒有清晰的觀念[61]。

　　再者，儘管祁克果涉獵過雅各比若干的哲學作品與私人書信[62]，但是，由上述看來，祁克果仍然是有他個人的主見的。這個人的主見，當可由他論述「信仰（誠信）」與「存在的史實性」

---

[61]　Kierkegaard, S. A., *Concluding Unscientific Postscript to the Philosophical Fragments*, p. 92.

[62]　Collins, J., *op. cit.*, p. 146.

(historicity of existence) 的關係清楚顯示出。譬如，祁克果在《片簡・插曲》中，就指出：

> 誠信並不是和本質，而是和存有〔歷史的存在〕有所關聯；神存在這項假定，乃是永恆而非歷史對祂作了限定。對於一個當代人，歷史的事實是：神已「進入了存在」；對於後一代的人來說，歷史的事實是：神透過「已進入了存在」，便已經臨現了。在這裡面，正擱有矛盾。從來沒有人，能夠直接和這件歷史事實同處一時代，……它乃是誠信的對象。因為，它關切著「正進入存在」。(《片簡・插曲》)

祁克果認為，誠信之跳越的歸處，並非一個模糊的所在，而是「荒謬」；這個荒謬，乃是「誠信的對象，也是可以相信的唯一的對象」(《附筆》・第二書)。當然，由於祁克果有這種的「誠信」觀，終而不免會受人物議，認為：祁克果要人們不帶理性的 (甚至，反對理性的) 信奉，這樣，則極易導使人盲目的「躍入荒謬」❻❸。其實，依筆者個人的看法，祁克果心目中的「荒謬」一語，當是針對「(那) 已進入存在 (者)」而言的，也就是針對著那位永恆 (者) 暨無限 (者) 進入時、空中，而作一種冒險的接受之意。所以，他會說：「對眞理的界定，就是對誠信作相同的表述。欠缺了冒險，就沒有誠信。誠信正是針對個人內向性的無限激情與客觀不確定性之間的矛盾。」又說：「誠

---

❻❸ Jolivet, R., *Introduction to Kierkegaard* (translated by W. H. Barber; London: Frederick Müller, 1950), p. 55 ff.

信，事實上是有兩項工作的：在每一瞬間裏，關切著去發現那不可能者，即因思；然後，用內向性的激情去固執它。」（《附筆》‧第二書）

2.

在這裏，顯然可以明瞭祁克果對「知識」的態度了：信仰（誠信）的能力，乃超越了理性。根據卡林斯的分析，祁克果應已區分出三種「認知」的觀點（針對存在與歷史知識而言）：一是經驗論者（主張高等批判與實證主義）；二是觀念論者——直覺論者（謝林與雅各比屬之）；三是觀念論者——辯證的（黑格爾屬之）[64]。儘管祁克果認爲前兩者，可以讓人獲得對一般事物的認識，不過，它們卻無法掌握事物本身之生成（becoming）與變化的「知識」；這種知識（後者），乃是由非存有與存有辯證的綜合所形成的。而第三者，更不用說了，因爲，它的整個預設，就是思想與存有（者）的同一（identity of thought and being）。然而，眞相便是：事物的歷史存在性，乃當由存在的偶然性（contigency）與自由角度來領悟的[65]。

總之，雅各比的「信仰哲學」，確實曾經影響過祁克果，但是，祁克果本人卻作了他自己「存在地」批判；而批判的結果

---

[64] Collins, J., *op. cit.*, p. 169.

[65] 祁克果在《片簡》一書的〈插曲〉中，曾經指說：「所有（進入）存在者，乃是自由的發生，而非因於必然。」這當是針對黑格爾所言：「必然性」乃是歷史形成的主因的一項反動。而且，事物一旦存在了，它實質上便是屬於歷史性的，即偶然、生成、變化所構成的「歷程」，乃作爲它的「本質」眞相。

是：他愈加肯定能夠「表明在存在中認知主體的情境」之知，才是存在知識或本質知識，也就是眞知；否則，一切均將屬於虛妄或幻覺。（《附筆》·第二書）簡言之，祁克果乃相信：歷史存在（者），包括神（的道成肉身，而成爲因思對象，即信仰之所對）與人的存在，終究是無法作「哲學分析」的。因爲，這種「歷史存在」，實質上是一種超凌語言、概念，或者抽象思考所能夠範含的「對象」。因爲，它正是生命本身，是「靈的運動」的主體本身❻❻。

第十一節　斐希特與祁克果

1.

德國倫理觀念論者斐希特(Fichte, Johann Gottlieb, 1762-1814）的作品，也曾引起年輕時代的祁克果的興趣❻❼。尤其，祁克果曾閱讀斐希特的《人的天職》（*Vocation of Man*）一書，而促發他對有關詩人與哲學家的思索。終而，他自忖的發現：（個）人不僅是一個知性主體，而且也是一個道德主體；並且，就在道德的實踐上，人乃應追求一種能眞正爲我（for me）的眞理，以作爲他個人終生奉行的最高目標❻❽。

斐希特也曾影響法國哲學家布隆希維克(Léon Brunschvicg,

❻❻ Alastair Hannay., *op. cit.*, p. 3.

❻❼ Collins, J., *op. cit.*, p. 26.

❻❽ *Ibid.*

1869-1944）的觀念論思想❻；斐希特的哲學，主要是要發展「創造自我」的理論；這一種理論，當然，也提供斐希特本人有關道德的靈感與思考。祁克果在《或作此／或作彼》一書的第Ⅱ冊裏，即曾經使用斐希特的「設定」（Setzung；positing）此一概念，而多所發揮。不過，祁克果本人卻不認爲，人類的道德生活，將會是限制神創造的自由的一種表示。因爲，一個人——作爲有限的自我——的創造性，乃是一種參與的創造性；人類自己乃須爲他自由的自我塑造加以負責❼。

　　至於祁克果的宗教性思考，之把對道德的構思提昇到對信仰的追求上，筆者認爲，這多少也是受到了斐希特的「啟發」。原因之一是，祁克果在《死病》的部Ⅰ裏，曾經談論到斐希特對「想像」的表述；這種表述，當然已涉及了對「宗教自我」的想像與反省。像他就說道：

　　　　一個人具有何種情感、知識或意志，最後，都以他具有何
　　　　種的想像而定；這就是說，要以他用怎樣的方式來反省這
　　　　些事而定。
　　　　想像之爲一種反省的方式，它的性質是輾轉無限的。因
　　　　此，老斐希特說：想像是一切範疇的本源；即使和知識的
　　　　關係，也是這樣。

　　又說：

---

❻　布氏是一批判觀念論者，曾主張：眞實（reality）即是思想的一種
　　功能，而且人的進步，乃是指向精神價值的一種發展。著有：《精
　　神生活導論》（1900）與《論自我認識》（1931）……等。Collins,
　　J., *op. cit.*, p. 83.
❼　*Ibid.*,

自我就是反省，想像也是反省。想像是未落實的自我暗示
（呈顯出潛在的自我）；這種暗示，卽是自我的可能性
（或說：是和實際存在的自我，對照之下的可能性的自
我）。

想像是一切反省的可能性（是在可能性裡所存在的反省）；
它強烈的程度，就是在可能性裡自我強烈的程度。

2.

祁克果誠然充分運用了自我想像與自我反省，把想像的方向
與自我反省的目標，瞄向了終極「眞理」的探求上。這種眞理，
當然就是指涉「宗敎的眞理」（參前），亦卽是可被主觀的自我
反省者暨存在者所取用的一種實質的知識。

從上述看來，斐希特對「想像」能力的探討與發現，多少應
已促發祁克果對「反省」（無限）能力的思索，進而，以構作出
他個人以「反省」爲主題的哲學思維。因爲，祁克果就曾經說
過：他都把每件事件，「納入了反省」；「溝通者的性格，亦是
反省的，因之，他是消極的。」；「反省是具有『無限的』此一
值得注意的性質；畢竟，說它是無限的，等於是說，它無法被自
身所制止。」**㉑**。

詳言之，祁克果在談論反省的無限性時，自是已預設存在的

㉑ Kierkegaard, S., *The Point of View for My Work as an Author* (translated with introduction and notes by Walter Lowrie, edited with a Preface by Benjamin Nelson; New York: Harper Torchbooks, 1962), pp. 19–22.

主體（卽個人），乃是具有無限性的；否則，「反省」便無基礎可言。因此可指說，祁克果在析述「反省」的能力與特性時，當是瞄指存在主體實質上卽是「靈」本身，亦卽是屬於「永恆」與「無限」的一個靈。因爲，唯其如此，始可保證存在（者）的運動變化，以及反省活動本身之具有「無限」的發展可能性。而單就此一推斷而言，斐希特的「創造自我」觀點，已然深深影響過祁克果，是不容置疑的。

第十二節　史萊馬赫與祁克果

史萊馬赫是西洋十九世紀新教圈中一位頗出色的系統神學家兼哲學家；在神學上，因主張感受（feeling）的宗教體驗觀，而對十九世紀初德國神學的動向，造成相當大的影響，由而則贏得「十九世紀的神學教父」的美名 ⑫ 。至於他在哲學上，因爲提出以探討「理解」現象爲主的「普遍詮釋學」（General Hermeneutics），以別於傳統的「專業化詮釋學」（Specialized Hermeneutics），而博得了「近代詮釋學的創始者」的聲譽 ⑬ 。儘管史萊馬赫有如此顯赫的身份與地位，但是，他對祁克果究竟是有怎樣的影響呢？據《祁克果：傳說與來源》（*Kierkegaard, The Myths and*

---

⑫　Zahrnt, H., *The Question of God* (New York: Harcourt Brace Jovanovich, Inc., 1966 & 1969), p. 37.

⑬　Friedrich Schleiermacher, *Hermeneutics: The Handwritten Manuscripts* (Edited by Heinz Kimmerle, Translated by James Duke and Jack Forstman; Missoula, Montana: Scholars Press, 1977), p. 15.

their Origins, 1980) 一書的作者黑林‧芬格 (Henning Fenger,
二十世紀) 的指稱：在一八三三年的九月二十七日，史萊馬赫曾
經參觀過哥本哈根市；隔夜，即在當地的學生聯誼中心 (student
association) 接受了款宴；而他在二十九日，也曾經假聖彼堂教
會作晨間禮拜的證道。想必就在此間，祁克果應該也一睹過史萊
馬赫個人演講的風采❼。

　　不過，不管怎樣，祁克果對於思想和黑格爾同樣具有泛神論
傾向的史萊馬赫❼，終究應該不致很陌生；因為，在一八三四年，
祁克果的私人教師馬天生 (H. L. Martensen, 1808-1884)，就
向他介紹過史萊馬赫於一八二一～二二年所寫成的《基督信仰》
(*The Christian Faith*) 一書；在這本書裏，史萊馬赫則向當時
的新教神學，重新引介了奇蹟、人道觀念、直接實在論 (direct
realism)，以及自康德與啟蒙運動以來所欠缺的對「個人經驗」
的尊重之思想❼。

　　由於有了此一層面的認識，祁克果就更加了解到他本人和基
督教與德國觀念論的關係。譬如關於宗教信仰，祁克果在一八三
六年十月八日的《日記》裏便這樣寫道：

　　　史萊馬赫所説的「宗教」和黑格爾所説的「信仰」，在根

---

❼　Henning Fenger, *Kierkegaard, The Myths and Their Origins*
　　(translated from the Danish by George C. Schoolfield,
　　1976 & 1980), p. 93.

❼　他們兩位的共同特徵，就是：相信生命一切的對立物，都可化為和
　　諧圓融，而用一種較高層次的統一予以消解。

❼　Collins, J., *op, cit.*, p. 101.

底上，就是一切事物的第一直接條件——生命的汁液——，是我們所呼吸的精神空氣。因而，這些字彙，還不能很正確地指示它。

一、「個人感受」與存在

　　祁克果應該也知道，史萊馬赫所說的「宗教」，乃是指涉一種個人「直接的意識，即意識到一切有限的事物，都是透過無限者而存在；一切短暫的事物，也都是藉著永恆者而存在」❼。而且，他也能熟悉史萊馬赫在神學上所指涉的「主體性」（或：主觀性 subjectivity）的內涵，亦即在個人內在意識中所能夠找到宗教真理的工具、或判準的傾向❼。不過，祁克果因在基始上即否棄了泛神論，他當然不會全盤的接受史萊馬赫的這種「主體性」觀點；反而將他個人的興趣與注意力移向個人的「存在」模式上，以探究「主體性」與「真理」（宗教真理）的關係。所以，他會說：「真理即主體性」（《附筆》）；真理就是個人的「內向性與其向（自己）存在主體中的轉入」；或者真理就是：「主體在一種最激情式內向性的近似歷程中，所固執的一種客觀的不確定性」。（《附筆》・第二書）

---

❼ Friedrich Schleiermacher, *On Religion: Speeches to its Cultured Despisers* (Translated by John Oman with an introduction by Rudolf Otto; New York: Harper & Row Publishers, 1958), p. 36.

❼ Reidar Thomte, *Kierkegaard's Philosophy of Religion* (Princeton, New Jersey: Princeton University Press, 1948 & 1949), pp. 113-114.

祁克果所談到的「主體（性）」，當然是指倫理暨宗教的主
體（性），也就是存在個人（主體）之內向的取用歷程。由此可
見，它應該是有別於史萊馬赫所論述的主體性、或個人的體驗
（即與無限者暨永恆者冥合的體驗）。

二、泛神論宗教與基督教（宗教心 B）

1.

再者，儘管祁克果在《反諷》一書的部 I 裏，也曾引用史萊
馬赫的觀點，在論述蘇格拉底的「無知」哲學觀念；但是，他也
是有所批判與省察的 ❼❾。另外，根據卡林斯的看法，他則認爲：
雖然祁克果熟悉史萊馬赫有關「生命之抉擇」(life's choices) 的
理念——夥同黑格爾的「精神」(mind) 之辯證哲學——，不過，
祁克果本人卻是依據對自己的經驗的反省，而提出人類活動的三
等級（階段 stages）說：感性的、倫理的與宗教的存在等級（模
式）。特別是在《或作此／或作彼》一書裏，即有如此的區分；
而在《重述》一書裏，又重新批判了「感性」（美感）生活觀，以
及在《恐懼與顫怖》裏，乃明顯表示倫理生活觀，乃不足以深入
理解、或領悟宗教信仰的眞諦（眞實；眞體；realities）。由於有

---

❼❾　像祁克果就說，史萊馬赫已發現蘇格拉底是一個相當懂得辯證法的
　　　人，並且指說：「蘇格拉底是辯證法的創始人」（史萊馬赫語），
　　　因爲蘇格拉底在論述「無知」的背後，想必已曉得什麼是「知識」
　　　的意涵。
　　　不過，祁克果本人的意見却是：「蘇格拉底是已達到辯證（法）的
　　　理念，然而，他却未擁有理念的辯證。」

上述作品的舖敍與建構，祁克果便爲《生命途中的階段》與《附筆》二書中對「宗教領域」的界定，作出了有力的顯示⑳。

卡林斯不僅有上述的意見，他也認爲，祁克果對史萊馬赫當是有所批判與超越的。因爲，祁克果並不認爲史萊馬赫所提出的宗教「感受」或體驗觀，能夠確保基督信仰與一般宗教態度的獨立性㉑。卡林斯又說，作爲對理性主義者所強調「理性」(reason) 至上的一種反動，史萊馬赫的羅曼主義 (浪漫主義 romanticism) 乃極雷同知識主義 (諾斯底教 Gnosticism)，同樣把人的有限性 (finiteness) 視同作人的有罪性 (sinfulness)。這樣一來，便揉和了神的自由 (與神性) 以及人類的自由。只是，祁克果並未看出史萊馬赫如何能夠避免把惡 (evil) 歸咎於有限性質的作者 (author)，或者在原罪的影響下以保有人類的命定論 (determinism)㉒。

由於史萊馬赫的宗教觀極具泛神論的傾向，祁克果便批判前者乃把基督信仰誤解成一種原始的自然情況，或一種生命的流出 (vital fluid)㉓。然而，且由於祁克果本人極端厭惡形上學或觀念論體系，他對史萊馬赫宗教哲學的批判與反省，並未提出一種有力的「神學理論」；當然，他也是未能夠對基督信仰中的理性與感受，提出一種積極的調融方式㉔；這當是可想而知的一種「結果」。

㉚　Collins, J., *op. cit.*, pp. 43-44.

㉛　*Ibid.*, pp. 101-102.

㉜　*Ibid.*, p. 102.

㉝　轉引《日記》，entries 78, 125 (頁 30, 45)。

㉞　Collins, J., *op. cit.*, pp. 102-103.

2.

總括以上所言，祁克果對史萊馬赫的批判，乃有如他對黑格爾的批評，是不贊同他們逕把人類的內在感受、或人類本性的依賴性向，視同作（倫理暨）宗教的信仰。在祁克果看來，宗教的本質乃是奠基在困思、不確定性、困阻與荒謬性上的；所以他會說：

> 一種啓示，是靠奧秘來符指；幸福是靠苦難；誠信的確定性，是靠不確定性；困思暨宗教生活的安適，是靠它的困阻；真理，是靠荒謬。除非持守這個秘訣；否則，就會攪和美感與宗教，而混淆了兩者。（《附筆》·第二書·註）

因而，祁克果便把宗教區分成：宗教心A與宗教心B這兩種型態；基督教乃屬乎第二者[85]。因爲，它是具有困思性的，而且能夠對介於悲情（pathetic）與辯證（dialectic）之間的差異，作出更細密的界定；尤其是，能夠對「永福」（eternal happiness）作出更嚴謹的限定。

詳言之，祁克果心目中的「永福」，乃是由「信仰（誠信）」來界定的；這種永福，即具有眼目不可測知的荒謬性與困思性。所以，祁克果會如此「自信」地表示：

> 維持和「永福」有一層關係的誠信的確定性，是透過它的

---

[85]   Kierkegaard., S., *Concluding Unscientific Postscript to the Philosophical Fragments*, p. 494.

不確定性而決定的。（《附筆》•第二書）

　　這裏的「誠信的不確定性」，就是指「永福」爲「不可見的事物」。人如果能摒除一切而相信它的存在，更且執著它，這便是「有福」的。祁克果的這種永福觀、宗教觀或誠信觀，當然是受到基督教《聖經》的啟廸的；因爲，《聖經》說到：「信就是所望之事的實底，是未見之事的確據。」（〈希伯來書〉十一：1）而祁克果在《作爲》裏則說：「信能抓住不被見到的事物。」

第十三節　謝林與祁克果

1.

　　在祁克果感性與知性成長的過程裏，德國的美學主義(estheticism) 者謝林——思想有別於斐希特的道德觀念論（moral idealism) 以及黑格爾的辯證體系(dialectical system)——，如同當時的語言學（文獻學）家特倫德能堡（A. Trendelenburg, 1802-1872)一樣**⑧**，在反黑格爾觀念論哲學體系的陣營裏，曾給予祁克果莫大的啟發。

　　謝林是祁克果在一八四一年十月十一日與蕾琪娜•奧爾遜解除婚約以後，轉赴德國柏林尋求哲學的慰藉所碰到的一位德國觀念論思想家。

---

⑧　爲一反黑格爾哲學的文獻學家暨哲學家；思想主張囘歸亞里斯多德。由於嫻熟古希臘哲學，特別是柏拉圖與亞里斯多德哲學，而對祁克果有頗大的影響。

祁克果在一八四一年十月二十五日前往柏林，似乎與馬克思 (Karl Marx, 1818-1883)同時聽習謝林反黑格爾哲學的演講[87]；當時，祁克果時屆二十八歲，謝林已是六十六歲的老人。原來，祁克果離棄蕾琪娜之際，他發現到他自己所選擇的，不僅是「死亡」，而且也是他文學的生涯[88]。據他自述，蕾琪娜教他成了一名詩人與一個作家。只是，由於對宗教信念的執著和他對蕾琪娜愛慕的「衝突」，遂導使祁克果不得不在矛盾中作了唯一的選擇：用著述表明心跡，以呈獻給他心目中的一個「個人」——蕾琪娜；這份作品，即是在一八四一年十月二十五日祁克果轉赴柏林時便開始動筆，遲至一八四三年二月二十二日才輯印成的《或作此／或作彼》（以 Victor Eremita 為筆名）；此間，祁克果於一八四二年三月六日即已返抵哥本哈根，並繼續完成此一感性作品期的處女作。

不久，祁克果就在一八四三年，也分別發表新作：《重述》（一作：《重複》）與《恐懼與顫怖》（時皆為十月十六日），以企圖挽回蕾琪娜；不過，蕾琪娜卻已下嫁昔日的男友希萊格(Fritz Schlegel)。終而，使祁克果心目中保有唯一的「可能性」，完全的破滅。

就因為有此一感情方面的波濤，祁克果的存在體驗便愈加的「深刻化」；想必，就此而對謝林深具觀念論色彩的感性直覺主義極端的嫌惡。誠如祁克果在一八四二年二月二十七日（《日記》），自柏林寫給他哥哥彼得·祁克果的信函所顯示的，他對謝

---

[87] Alastair Hannay, *op. cit.*, pp. 2-3.

[88] Collins, J., *op. cit.*, p. 11.

林似乎已失望到了極點，因爲他並無法解決祁克果心靈中的苦悶：

> 謝林繼續説他的呆話，令人無法忍受。如果你想得到一點
> 概念，我將建議你，把自己放入這般的實驗中，以作為一
> 項自我折磨的懲罰。
> 試想：R 牧師正迂腐講論他漫無目標、散漫堆砌的知識，
> 而洪斯牧師在不知厭煩的表演他的學問，把他們兩人混在
> 一起，並加上一種任何哲學家前所未有的輕浮；而後，心
> 中帶著這幅生動的畫面，到監獄的工作室去。這樣，你就
> 可以得到謝林哲學與氣氛所給予人們的印象。
> 再者，為使印象深刻，他蓄意把演講的時間，拖得比平常
> 還長；因而，我決意不再像原先計畫，長久聽他的課。問
> 題是，哪個念頭比較好？……所以，我在柏林已無事可
> 作；我的時間太寶貴，不能一點一滴去啜飲那我原想張口
> 立時全部吞下的東西。
> 我年齡過大，無法聽課，而謝林太老，不能把我所要的
> 給我。他整個有關「潛能」的教訓，正顯示出極大的無
> 能。……

而後，祁克果在一八四九年的《日記》裏，又批判謝林本人
及其哲學的迂腐：

> 謝林恰如萊茵河的河口，那兒的水是停滯的；謝林已敗壞
> 為一個普魯士的「閣下」。我也説到黑格爾的哲學，成了
> 國定哲學；現在，也該輪到謝林了。

2.

儘管在以上的引述裏，可以顯見祁克果本人對謝林及其哲學的不滿，但是，祁克果多少也有受到謝林哲學影響的所在；譬如說，祁克果也同謝林、或前述的特倫德能堡……諸人一樣大肆批判黑格爾哲學的抽象性、思辯性與體系化。在此一前景下，祁克果自也是在批判地省察，或傳承、或改造、或轉化謝林的哲學觀念與思想。詳言之，據卡林斯的觀點，他認為祁克果在下述兩方面，確曾受到謝林哲學有力的影響：

（一）在批判黑格爾哲學方面

謝林曾在《神話哲學導論》（*Introduction to the Philosophy of Mythology*）❽裏，提出極為有名的區分原則，即區分否定哲學（negative philosophy）與肯定哲學（positive philosophy）的不同。當然，謝林由於把黑格爾的哲學當成一種「內在論」——指：神內在於宇宙中——，而且這種理論，也完全是以一種純邏輯的、否定的或消極（負面）的方式，在探討「眞體」（眞實 reality）的系統，也就是認定一切眞實的哲學，必須始自對諸概念的意涵，以及其推論的關係作出相當謹愼的分析才能完成，所以，便將之歸隸為「否定哲學」。因為，它的起始點，乃是從若干眞實情況加以抽繹出的抽象物❾，而非具有變異（change）特

---

❽ 此書與《神話哲學》（*Philosophy of Mythology*）以及《啓示哲學》（*The Philosophy of Revelation*），全是在謝林死後所出版者，時間是在一八五六～五八年間，乃收入所輯印成的《作品全集》（*Collected Works*）的第 II 部分。

❾ Collins, J., *op. cit.*, p. 108.

性的存在事物本身之故。

卡林斯又說，謝林旣然認爲邏輯的（或理性的）瞬間（出發點），爲一種消極性的，他自然認定這一種方法，並不足以明確解說現實存有者（being）；所以，便指出了邏輯本身，乃需要從事一種自我批判與自我限制的計劃。接而，謝林也嚴格區分出了本質（essence）與存在（existence）的不同。由於謝林曾經指出，黑格爾的體系哲學，即是上述「否定哲學」的一個重要事例；故而，儘管這種（否定）哲學能夠處理（事物的）「本質」、或「可能的本質」問題，不過，它卻無法處理事物的「存在」、或「具體的存在（者）」❾❶。因爲，它所使用的辯證法，祇能夠觸及抽象的或思辯層面的元目；所以，對存在事物便毫無施展之力。然而，在這種論究之下，祁克果對它又有何種的看法呢？

卡林斯接著說，祁克果則與謝林同樣「搗向了實現」（break-through to actuality），並且認爲黑格爾的方法，從未廣泛處理事實世界、眞實運動以及自由的問題❾❷。不過，話又說回，就算祁克果對謝林的反黑格爾有所認同，但是，祁克果在根本上卻是不贊同謝林使用神智學的講論（theosophical talk）方式，想從神的內部來講述神原始的憂愁以及揭示宇宙的眞相。爲此，祁克果即認爲這種「肯定的」（positive）思辯法，乃是寵壞了形上學與（宗教的）教理，也就是用教理來處置形上學，以及用形上學方法來處置教理的典型事例❾❸。終而，祁克果在《憂懼的概念》以及《附筆》二書裏，乃從小斐希特（Fichte, Immanuel

---

❾❶　*Ibid.*

❾❷　*Ibid.*

❾❸　*Ibid.*, pp. 108-109.

Hermann, 1796-1879)——乃道德觀念論者老斐希特 (J. G. Fichte, 1762-1814) 之子 —— 與謝林哲學的夢魘中猛然醒轉過來。因為，他們兩人皆企圖重建一種具有體系兼思辯特性的觀念論❾。

（二）在對「大自然之變異」與「存在之自由」的理解方面

(1)

卡林斯說，祁克果相信大自然的綿延與人類的歷史之間，乃存有一種極大的差異；這應可歸功於謝林與其他觀念論者的貢獻❾。又，祁克果也依循謝林的思考路線，認為大自然中的一切事物，均受到生成暨變化法則的限制；不過，作為歷史存在的人類，卻能夠秉持與生俱來的「自由」能力，反省自己陷身時空座標體系中的情境，並且藉著記憶能力，把過去喚回到當前的現在。同時，也藉著發揮自己的想像力，以評估一種本身既難以確定，然而卻可加以決定的未來。追根究底的說，人類的存在，便是一種秉具知性與自由的存在❾，亦卽是可作自由選擇的存在，或在朝向未來的可能性中以作自我設計的存在。

(2)

先前筆者業已提過，祁克果也深受亞里斯多德哲學的影響，因而認為大自然中的一切存在物，都是偶然的，而不是必然的存在；這種偶然的存在，就是剛才所說的歷史的存在，也就是本身

❾　*Ibid.*, p. 109.
❾　*Ibid.*, p. 167.
❾　*Ibid.*, pp. 167-168.

都要經歷眞實變化（real becoming）的存在。而這種變化或變異，可不是一種邏輯的前提，有如黑格爾所從事者，而是一種眞實的原因（參前）。祁克果相信，旣然具有原因的存在，便可往前追溯，有如亞里斯多德因此而找出了第一因（First Cause），他稱之爲「第一不動原動者」(the First Unmoved Mover)，又稱之爲「神」。同樣，祁克果則認爲，變化或變異的終極原因，乃是一種自由的原因❼。

當然，祁克果同時也認爲，所有的存在物，都是自由的發生，而非由於必然（《片簡》·插曲）；或者存在物之得以存在，乃是由自由所促生的實現的變異。（同上）

至於有關「大自然之變異」與「存在之自由」的認知和探討，祁克果在《哲學片簡》一書的〈插曲〉中，則有極其令人激賞的析述；這應可看成是祁克果卓具巧思的一面。難怪，卡林斯在《祁克果之心靈》一書的第四章〈對黑格爾主義的攻擊〉(The Attack upon Hegelianism) 裏會指稱：如就歷史方面的考慮，祁克果乃能準備接受一種「實在論的形上學」(realistic metaphysics) 觀點❽。而且，卡林斯也在該書第八章的「附註」中，評析理查·克洛內（Richard Kroner, 二十世紀）在《國際哲學論評》(*Revue Internationale de Philosophie*)，第Ⅵ期，頁 79-96 的〈祁克果？或黑格爾？〉一文內（一九五二年），之對祁克果的攻擊，並指出克洛內同黑格爾與謝林等人一樣，都未能眞正了悟祁克果對黑格爾哲學加以嚴厲批判的重點所在❾。

---

❼ *Ibid.*, p. 133.
❽ *Ibid.*, p. 125.
❾ *Ibid.*, p. 299.

　　總之，謝林對祁克果本人而言，當是有所啟發的。在存在哲學史上，一般史家都公認謝林晚期的哲學作品，多少也觸及到當今許多存在主義者所關懷的「課題」⑩，諸如上述的「本質」與「存在」……等問題便是。所以，不管怎樣，謝林總是與祁克果哲學有某一種程度的關聯的；或者說，祁克果也批判地承傳，或改造、或轉化了謝林的哲學，似是可以接受的一種論點。

第十四節　黑格爾與祁克果

1.

　　西洋近代哲學末期最偉大的哲學家——德國絕對觀念論者黑格爾 (G. W. F. Hegel, 1770-1831)，當是祁克果從事宗教構思與對存在作終極關懷上的一個勁敵；或者可以說，也是祁克果大肆批判的主要對象。祁克果究竟是如何知道黑格爾這位哲學家以及他的哲學思想呢？

　　據《祁克果的宗教哲學》(*Kierkegaard's Philosophy of Religion*) 一書的作者萊達・湯姆特 (Reidar Thomte，二十世紀) 的考證，指出首先將黑格爾主義引介入丹麥哥本哈根市的，乃是黑格爾的學生兼摯友海堡 (Johan Ludvig Heiberg, 1791-1860) 這個人；後來，經由海堡與馬天生 (Hans Lassen Martensen, 1808-1884) ——這兩人的名字，即經常在祁克果的作品中出現——一前一後的努力，黑格爾主義在當時的丹麥，終於形成了

---

⑩　Alastair Hannay, *op. cit.*, pp. 2-3.

學術思想界的主流⓿。至於祁克果本人，乃是經由何種途徑以了
解黑格爾以及他的哲學思想呢？或者換另一種角度而言，祁克果
應該是從何時才開始接觸到包括黑格爾在內，近代期的德國哲學
家與神學家的思想呢？據卡林斯的意見，他認為祁克果本人的涉
獵非常廣闊是唯一主要的因素；因為，根據祁克果若干作品的
內容所顯示，祁克果自一八三七～三九年間，即已開始廣泛研究
他那時代的德國哲學家與神學家的思想了。譬如：他早就讀過了
小斐希特（I. H. Fichte, 1796-1879）有關位格（personality）
的論著；由黑格爾所註釋的羅森克朗玆（Rosenkranz）的作品；
卡爾・道伯（Carl Daub）論教理與歷史的作品；以及埃德曼
（J. E. Erdmann）有關信仰與知識的講稿……等⓲。

　　尤其是，祁克果更從小斐希特（I. H. Fichte）的《哲學與
思辯神學雜誌》（*Zeitschrift für Philosophie und spekulative
Theologie*），以及鮑爾（Bruno Bauer）的《思辯神學雜誌》
（*Zeitschrift für spekulative Theologie*）那兒，得知這兩位與黑
格爾的爭論焦點；然而，最令祁克果印象深刻的，乃是老斐希特
（J. G. Fichte)在《論當代哲學的對比、轉捩點與目標》（*On the
Contrast, Turning Point and Goal of Contemporary Philosophy,
1832-36*）一書的前半部，曾對黑格爾的泛神論、否定個人的靈魂
不朽以及過度抽象的思考模式作過批判⓳。卡林斯又說，祁克果
可全盤接受了小斐希特的批判觀點。

　　再說，就算祁克果遲至一八三七～三九年間，才開始廣泛研

⓵　Reidar Thomte, *op. cit.*, p. 6.
⓶　Collins, J., *op. cit.*, pp. 103-104.
⓷　*Ibid.*

究他當代的德國哲人的思想，不過，他對黑格爾死後所造成左、右翼學術團體諸作品的了解，應該也不致很陌生。又，儘管祁克果在一八三七～三八年間對衣爾希（Hirsch）的研究，連帶的也首次閱讀到黑格爾哲學的原典，但是，他卻能將自己的注意力集中在《美學講演》（Lectures on Esthetics）方面；一直要到一八四一年，他才眞正接觸到黑格爾本人的《哲學史》（History of Philosophy）、《歷史哲學》（Philosophy of History）與《法哲學》（Philosophy of Right）中的相關部分❶。卡林斯又說，祁克果是在一八四一年以後，開始注意到黑格爾的《邏輯科學》（Science of Logic）以及《哲學科學百科全書》（Encyclopaedia of the Philosophical Sciences）。特別是，對於後者的第一章（邏輯部分），祁克果則研究得相當透徹；而有關黑格爾邏輯的「宗教結論」，祁克果對於該《百科全書》最後一章的倚重，乃甚於黑格爾在《宗教哲學講演》（Lectures on the Philosophy of Religion）一書中的主張❶；當然，這裏的觀點想必也是祁克果攻擊最力的所在。

2.

至於在有關黑格爾哲學的反省上，祁克果除了在《日記》❶、

---

❶ Ibid., pp. 104-105.

❶ Ibid., p. 105.

❶ 例如，在一八三六年八月二十五日的《日記》裏，祁克果就談到他對黑格爾的觀感。他說：「爲什麼當歌德完成了對古典美的轉變，當代人不追隨他？爲什麼當代人不追隨黑格爾？爲什麼它沒有效果？因爲他們兩人，都把轉換局限在感性與思辯的發展上。」

《一個仍活著的人的遺稿》(*Vita Ante Acta-From the Posthumous Papers of One Still Living*, 1838, 9, 7) 與《論反諷的概念》(*On the Concept of Irony*, 在一八四一年九月十六日所出版的論文) 裏，均批判地提到黑格爾哲學的論點以外；再來，就要以他在一八四一年十月二十五日起稿，到一八四三年二月二十二日才輯印完成的《或作此／或作彼》；一八四三年十月十六日同時出版的《重述》與《恐懼與顫怖》；一八四四年六月十七日印行的《憂懼的概念》，以及一八四五年十二月三十日所發表的經典之作：《對哲學片簡之最終非學術的附筆》……諸類作品，對黑格爾都作過極端的批評與攻擊。

　　從以上形式的析述裏約略可知，儘管祁克果曾有計劃地析論、研究並批評黑格爾的哲學；但是，他倒也承認：「黑格爾是世上最偉大的哲學家」，而且他自己也不時借用黑格爾的哲學觀念，在自我解嘲；像祁克果就說過了下述的話：

　　　　我是「純粹的存有」，……我已持續不斷地被揚棄 (auf-gehoben) 了❿。

　　而從實質內容的探究裏，筆者則擬由下述三方面來探討祁克果究竟是如何批評黑格爾，以反顯他本人的哲學思想如何的「傳承」、改造與轉化了黑格爾的哲學論點。

　　(一)「系統」vs. 存在

---

❿　Robert Bretall., *op. cit*., p. 189. 引自一八四五年四月三十日出版的《生命途中的階段》一語。

(1)

祁克果對黑格爾本人及其哲學思想的批判，可由他在《附筆》‧第二書‧第一部分第二章中，論及萊辛時所提出的兩個副題（命題）明顯看出：一是「一種邏輯系統是可能的」；另一是「一種存在系統是不可能的」。關於這兩個命題的內涵，祁克果言下之意是指：人根本就不可能明白顯示一種存在的系統（體系），除非是神才有可能；因為，「對於神而言，實在（reality）本身即是一種系統。不過，對於任何存在的靈（精神）而言，實在本身便不可能成為一種系統。」● 至於藉用邏輯以建構其它方面的知識體系，則不是不可能。

在上述裏，祁克果明指神才能夠完全把握及領悟一種存在的系統，是因為神本是一個系統思想家。而，對於一個存在的個人來說，因為他是一個無止境的「或作此／或作彼」，而且對於生命（生活）的體驗，也都是一些「斷片」● ；所以，個人對存在（生命）本身根本就無法作系統的理解，更不用說可建立一種「存在」的體系了。再者，系統與有限性乃是同一物，或彼此相互對應；而個人的存在，卻因為是「靈的運動」的主體，是隸屬於無限與永恆（者），因而即是「有限性的對立（者）」；為此，也就不可能對「存在」作一有系統的理解，或為之建構某一種系

● Kierkegaard, S. A., *Concluding Unscientific Postscript to the Philosophical Fragments*, p. 107.

● 祁克果的《或作此／或作彼》（1843）一書，其另一副標題，便是「生命（生活）的一種片斷」（A Fragment of Life）；可見祁克果（儘管是用 Victor Eremita 此一筆名）並不認為「生命」可作整體地、系統地瞭解與把握。

統的理論。祁克果為了強化「存在」的不可被系統化，他在《附筆》一書的一一二頁裏，則明白指出「系統」、或「系統理念」(Systematic Idea) 與「存在」之間的矛盾性：

> 系統的理念，是主體與客體的同一，思想與存有（者）的合一；而另一方面，存在則是它們的分離。

由此可知，祁克果的「存在」觀，自是與黑格爾的「哲學」有所不同了。基本上，黑格爾的哲學體系，乃以訴求主、客體的同一，或思想與存有（者）的合一，為一大特色；也就是運用抽象的思辯原則——「……兩者都」(both...and)——使正題(thesis)與反題 (antithesis) 得在合題 (synthesis) 中加以統合。黑格爾不但將之應用在對自然歷史的解釋上，而且也將之套用在對人的存在的把握上，故而引起祁克果大力的批判與抨擊。當然，祁克果的《或作此／或作彼》一書所顯示的精神，便是要來對治黑格爾這種辯證法的哲學的：

> 或作此／或作彼這句話，開啟了雙扇門，並且顯現若干的理念——噢，蒙福之視野喲！
> 或作此／或作彼這一門徑，認可了那位絕對者——即應當被稱頌的神！
> 是的，或作此／或作彼，是打開了天國的鑰匙。
> ……兩者都，則是通往地獄之途。⑩

---

⑩ Kierkegaard, S. A., *Either / or* 收入 Robert Bretall 編, *op. cit.*, p. 19。

(2)

附帶的說，祁克果由對「存在」特性的反省與理解，批判黑格爾欲建構存在之思辯體系的不可能，進而，也牽引出他對黑格爾「倫理學」（ethics）猛力的批判。簡要的說，祁克果認爲儘管黑格爾的《法哲學》具有「倫理學」的色彩，但是，由於黑格爾視個人應追求與客觀的「理性」（reason）達到至高的合一，而作爲其頂尖的「倫理法則」；這在他看來，乃違反了存在的事實——即個人是在不斷生成變化的歷程中，而且個人的生命，也是一種永無止息（或作此／或作彼）的「工作」本身——。因爲，它即使是具有主張「……兩者都」之特性的「社會倫理學」型態，即強調集體、國家乃優位於個人的存在；可是，這種「……兩者都」恰好是導致一切倫理學的毀滅。因爲，對於個人而言，善與惡乃是絕對的難以相容，而無法作更高層次的綜合或統合⓫。

(3)

原來早在祁克果年輕的時代，因爲個性憂鬱的緣故，遂促使他投合於曾豐碩近代德國學界的羅曼主義詩人、小說家與哲學家的作品；而自一八三五年起，至一八三八年重新與其父親建立更親近的關係爲止，祁克果因爲深受諾瓦利斯（Novalis, 1772-1801；本名爲：Friedrich Leopold）、賀夫曼（A. F. Hoffmann）與希萊格（Friedrich von Schlegel, 1772-1829）……等人的影響，而了解到個人神秘的、奇妙的體驗與僵硬系統的不同；更且，也

⓫ Reidar Thomte, *op. cit*, p. 210.

發現羅曼主義學派所使用的「生命觀」(Lebensanchauung; life-
view) 此一概念，每與辯證哲學的客觀性有所差異❶，遂令他更
加確信，他對「存在」所作的反省的結果：

> 存在是無限與有限的綜合；正存在中的個人，則既是無限
> 的，也是有限的。（《附筆》·第二書）
> 存在，就像運動一樣，是一個很難涉理的範疇。因為，如
> 果我一思考它，我便取消了它；因而我從未思考它。
> 因此，像這樣說似乎是比較恰當：有一種東西，也就是存
> 在，是無法被思想的。不過，這困難卻一直留著，那就
> 是：只要思想家存在，存在本身就伴合著在思考中與在存
> 在中。（《附筆》·第二書）

　　祁克果也曾使用康德的哲學用語，來形容他所說的「存在」
儼然就是「物自身」(Ding-an-sich) ❶；因為，它是「無法被
思想的」。祁克果也說過，「存在」之為「一種追求」，它乃既
是悲情，又是奇妙的。原因是，追求即是一項無限的工作，也就
是要導向著無限，是無限性的一項實現；為此，它乃蘊涵最高悲
情的一項轉化，所以說它是「悲情的」。而且，又因為這樣的一
種追求，也蘊涵一種自我矛盾，所以說它也是「奇妙的」。
　　祁克果對「存在」的反省，其觀點當不止於以上所論述者，
而仍有其它的見解的。總之，祁克果乃堅確相信著：存在是與系

---

❶　Collins, J , *op. cit.*, p. 23.

❶　Kierkegaard, S. A., *Concluding Unscientific Postscript to the
Philosophical Fragments.*, p. 274.

統相對立的，而且又不可被化約，有如不可化約成某種邏輯的系統一般。

（二）客觀眞理 vs. 存在眞理

(1)

祁克果和巴斯噶、尼采 (Friedrich Nietzsche, 1844-1900) 與杜思妥也夫斯基 (Dostoevsky, Fyodor Mikhailovich, 1821-1881)……等人，同樣都屬於歐洲道德主義者偉大傳統中的一員⓮。由於迭對存在眞理的「執著」，祁克果於批判黑格爾的思辯體系之餘，他也跟著批判黑格爾的客觀眞理學說。

祁克果的存在眞理觀，當然，是奠基在他對「存在」的反省與體證上的；它本質上卽是一種有關於「個人與基督教的關係」之主觀的眞理觀⓯，而不是探討「基督教的眞理」，或者所謂的客觀事物的眞理觀，有如黑格爾所主張者。像祁克果本人就說過：

> 我，約翰・克里馬古斯，怎樣才能够參與基督教所允諾的幸福呢？

祁克果提出這個問題，當然是針對祁克果他自己一個人而發的；因此，這種攸關幸福的「眞理」問題，在祁克果而言，便是一種「爲我的眞理」、「教化性的眞理」（《附筆》・第二書・補遺），而有別於一切的客觀知識、或客觀眞理。至於黑格爾的

⓮ Collins, J., *op. cit.*, p. 29.

⓯ Kierkegaard., S. A., *op. cit.*, p. 20.

真理觀，又是什麼樣的內容呢？它的基礎又是如何呢？

　　據黑格爾本人所著的《精神現象學》(*Phenomenology of Spirit*; *Phänomenologie des Geistes*, 1807) 一書的內容所顯示的，黑格爾乃把人描述成「普遍的自我意識」(universal self-consciousness)⓰；並且認爲，追求傳統所云的「至高善」(the highest good)，即爲一種哲學事件。而，這可構成了作爲「一個不幸意識」(an unhappy consciousness)⓱ 的祁克果極度的不滿。因爲，在祁克果看來，追求至(高)善，或志於至善，乃是個人存在的抉擇行動，而非學理上的論究作爲。所以，他就說：

　　　　善事必須馬上做；立刻！在知道的當時，立刻去做（由於
　　　　樣樣「立刻」，在純理念裏，這項轉換就十分容易）；只
　　　　是，低等的本性力氣，卻一直要延擱事項。（《死病》‧
　　　　部二）

又說：

　　　　真正志於至善的人，對於世上暫時的得失，乃毫無掛懷。
　　　　（《一事》‧第九講）

　　可見，祁克果確實是以存在角度，在體證「真理」並玩味

⓰　G. W. F. Hegel., *Phenomenology of Spirit* (trans. by A. V. Miller; Oxford: Clarendon Press, 1977).

⓱　此一概念，在黑格爾而言，便是指：「把自我意識當成一種二元性與矛盾的存有者。」*Ibid.*, § 206, p. 126.

「至善」的妙境的；可是，黑格爾就不然了。黑格爾認爲，「眞理」僅是「一種存有學上的概念」而已；也就是「在普通語言的用法上，可歸給某種事物，而不是一種信念、語句或命題的東西。」⑩ 爲此，黑格爾談到的「眞理」，當然是在指涉有關事物的眞理；換句話說，一種事物之所以爲「眞」的條件便是：那種事物的特性，就要和它的概念、本質或功能相符合。至於論到「自我」的眞理時，便成爲了：

> 「我」……意味我自己，一個單獨、完全確定的人……。所以，「我」只是「爲己存有」；……我們能說「我」和「思想」相同，或比較明確地說，「我」是作爲一個思想者的「思想」⑲。

黑格爾的「自我」眞理觀，似乎純粹是基於一種思辯或「思想實驗」的結果；對此，祁克果在《日記》中，則作過批判地反思與指明。像祁克果就寫道：

> 如果黑格爾寫完了他的邏輯，然後在「序言」裏說：「這只是一項思想實驗」，甚至在許多地方，把未定的問題暫且當成了論據；那麼，他將是歷來最偉大的思想家。然而，他現今只是一個笑料。（一八四四年）

---

⑱ Fernando Molina., *Existentialism as Philosophy* (N. J.: Prentice-Hall, Inc., 1962), p. 6.

⑲ G. W. F. Hegel, *The Logic of Hegel* (trans, by Wallace; London: Oxford University Press, 1950), pp. 51-52.

(2)

至於祁克果是如何從基始上凸顯他的「為我眞理」或「存在眞理」，而與黑格爾的客觀眞理有所不同呢？筆者認為，這可以由他對蘇格拉底的發現，以及他與基督教所允諾的「至福」（卽：永福 eternal happiness）所建立的個人關係清楚看出。儘管祁克果本人也曾說過，他是「參酌」黑格爾來理解蘇格拉底的（《反諷》‧部一），不過，蘇格拉底卻不是一個系統學家，而祇是一個存在的個人，一個倫理的教師，亦卽對「永恆眞理」有其獨到見地的一個存在的個人而已，譬如。就請參考祁克果在《附筆》‧第二書裏的說法：

> 以蘇格拉底的觀點看來，永恆的實質眞理，它的本性絕不是困思的；只因它和一個存在個人有所關聯，才顯為困思。這可在蘇格拉底的另一個命題──卽「一切知識，都是回憶」──上，找到解說。這個命題，對蘇格拉底而言，並不是通抵思辯企業的一個線索；所以他不會追隨它的。實質上，它已成了柏拉圖的一個原則。蘇格拉底實質上係專注的強調「存在」，⋯⋯蘇格拉底的無限精神，就是去成為一個「在存在中的」思考者，而非一個遺忘存在的思辯哲學家。

祁克果在文中儘管明述蘇格拉底的人生態度，乃不同於柏拉圖，但是，他自然也在涵指一味強調思辯，本身也遺忘了存在的黑格爾這位系統哲學家。因為，黑格爾有如柏拉圖一般，也從「永

恆」，亦即在「永恆形相之下」，來觀照一切的事物。所以，黑格爾便用抽象語言，即由純粹思想與純粹存有的角度，化除了存在的選擇可能性：「或作此／或作彼」（參前）。當然，從而也跟著解消了「存在的眞理」，也就是深具「困思性」的眞理；或作：永恆的眞理、實質的眞理。這種眞理的內涵，乃是指一種「客觀的不確定性」，或是「激情的內向性（的一種表述）」。祁克果曾說：「這股激情，正是眞理；這便是蘇格拉底的原則。」又說：「永恆與實質眞理，即是一項困思。不過，永恆的實質眞理，本身絕不是一個困思。畢竟，它是因爲和一個存在個人有所關聯時，而才做爲困思的。蘇格拉底的『無知』，對依附眞理的客觀不確定性已提供了解說；然而，他乃正存在的內向性，卻是眞理。」（《附筆》・第二書）

(3)

祁克果何以指說黑格爾「化除了」存在的選擇可能性（「或作此／或作彼」），或者解消了「存在的眞理」？這也應當由前述祁克果本人與基督教所允諾的「至福」所建立的個人關係來說明。在基本上，祁克果乃接受基督教，即原始屬靈的基督教，即是一種具有困思性的宗教，或弔詭的、在戰鬥中的宗教，而反對黑格爾企圖運用主張「理性」、強調「思辯」的哲學觀念論，來消融、或解釋基督教。因爲，就實質而言，信仰（誠信）與理性乃有所不同，而且啟示與理性也有所迥異[120]。

---

[120] 這類問題，可由《哲學片簡》所欲處理哲學觀念論（當然是指黑格爾的）與基督教之間的關係明顯看出。不過，祁克果却呈顯了基督教「信仰」的困思性，而批判了哲學觀念論的抽象性。

　　詳細的說，哲學上思辯的觀念論，有如黑格爾的觀念哲學體系，乃自認為使用了理性的辯證法，便可「執握基督教的真理」；但是，就祁克果本人存在的體驗而言，他卻認為這正好誤解了基督教。因為，基督教（的本質）是內向性的、困思性的以及反思辯性的。尤其是，關於個人的「永福」（至福；或至高善），刻正要以主體個人的內向性、困思性以及反思辯的「誠信」才可確證它；其它的途徑，則完全不可能。所以他就說：

> 如果思辯哲學家同時是個信徒，誠如所肯定過的，在長久以前，他必已知覺到：對他來說，哲學絕無法像誠信一樣，能夠獲致同樣的雋永性。
>
> 他對自己的永福作無限的關注，正顯示他是個信仰者；然而，他卻要憑著信，才能確證它。……他並不把他的永福，奠基在他的哲學思辯上。……因此，如果他說他是把自己的永福，奠基在他的思辯上；那麼，他就牴觸了自己而成為笑柄。因為，哲學在它的客觀性上，乃完全漠視他的、我的與你的永恆福祉。
>
> 永福只因存在主體的自我逆覺體證 (the recessive self-feeling of the subject)，即經由他極度的努力所獲得的。（《附筆》·第一書）

又說：

> 思辯哲學是客觀的；在客觀上對存在的個人而言，真理是不存在的，有的僅是種種的近似。……相反的，基督教是

主觀的；在信徒心中的誠信的內向性，則構成了真理的永
恆抉擇。就客觀而言，真理是不存在的；因為，有關基督
教真理，或對它的種種真理的一項客觀認識，正是不真
的。（《附筆》‧第二書）

總括以上所述，祁克果對主觀的、實質的、永恆的、眞理的
「無限關注」，是可在傳統上找到它有力的支柱的；它就是：蘇
格拉底的存在眞理觀與原始基督教的永恆眞理觀。這種眞理觀，
的確乃極具困思性與反思辯性，有如上述。爲此，自然會與黑格
爾哲學所主張的「客觀眞理」，具有實質上的差異；遑論而可爲
它建構成一種客觀「系統」或客觀「理論」了。

(三) 普遍的個人 vs. 具體的個人

(1)

先前已提到，黑格爾曾把人當成「普遍的自我意識」，或者
把「自我」等同作「思想」來看待；這也表明它與祁克果「個
人」觀點的不同。在祁克果的心目中，他認爲「個人」乃是一個
靈的範疇，卽靈的覺醒的範疇（《個人》‧則一），個人也是
「一個涵藏整個生命與世界的哲學思想。」（《觀點》‧部一）。
只是，在他那個時代，人們卻「已甚少使用這個範疇（來思索基

⑫ 祁克果在《附筆》的第二書中，又說：「基督教的特徵記號，就是
困思，卽絕對的困思。一種所謂基督教的思辯，一取消這個困思，
而且把這項性徵化約成一個無常的因素時，一切的領域便混亂不
堪。」箇中所說的「絕對的困思」，當是指基督的十字架事件；卽
身爲無限暨永恆者，降生爲人，成長，上十字架，被釘死，復活，
又升天。

督教的興衰與墮落）」；爲此，他又說：「泛神論幾乎就要勝利了。」（《日記》‧一八四七年）

由此可見，祁克果對於「個人」實在是情有獨鍾的。如果我們能夠了解他本人的時代背景，那麼，他重視「具體的個人」，以別於黑格爾所看重的「普遍的個人」，就別具一番意義了。祁克果的時代背景，就筆者的研判，不外乎是在於：他那個時代，乃重視「溝通物」（科學取向），而不重視溝通者（智慧取向）；重視「暫時」、「俗世」，而厭煩「永恆」。如果用祁克果自己的一句話來說，便是：「缺乏宗教教育」；而其結果也就是：（「我們的時代）何等的非宗教性，……而向著異教（泛神論）在轉變。」（《日記》‧一八五〇年）

祁克果確實耽心宗教（心）的墮落與個人存在的迷失，而高倡「在神面前，要直接通過『個人』」的肺腑心聲。只是，由於黑格爾思辯哲學的流衍與推波助瀾，重視以「普遍性」涵蓋「個殊性」爲其倫理訴求，祁克果自然要極力的反抗；所以，即有《恐懼與顫怖》一書的問世。就在該書的 "Problemata" 裏，祁克果便使力呈顯所謂「個殊性」的優位性，而一再表明這乃牽涉到「誠信」與「困思」（宗教上）的內涵。譬如，他就說道：

　　（誠）信就是這種困思，即個殊者高凌於普遍者。
　　（誠）信正是這種困思，即作爲個殊者的個人，乃高凌於普遍者。
　　（誠）信就是這種困思：內向性高凌於外向性。

又說：

> （誠）信的弔詭就是，個人高凌於普遍者；個人藉著他和
> 絕對者的關係，乃決定他和普遍者的關係，而不是藉著他
> 和普遍者的關係，才來決定他和絕對者的關係。⑫

在上述中，祁克果所指涉的「個人」或「個殊性」，當然，
是針對亞伯拉罕獻子（以撒）祭神的個殊表現而說的。至於他對
黑格爾哲學的批判，則是集中在後者的「人」觀與「國家」論上
的。像祁克果就這樣批判道：

> 我曾不時陳示：黑格爾在基本上，已把人變成野蠻者，把
> 人變成具備理性的獸類。因為，「個人」在獸類世界裏，
> 常比種族少具有重要性。不過，人類的特殊所在，端在
> 「個人」是受創造的神的形象；因此他高過種族。（《日
> 記》·一八五〇年）

他也不滿意黑格爾遂把人嵌定在作為「真正精神整體性」的
國家中，而且認為人的真實價值，乃須以他參與國家的生活來衡
量⑬。因為，「國家」此一概念，乃攸關政治範疇的；至於政
治，祁克果說它正與宗教觀點，有其天壤之別。不止如此，就連
這兩者之間的起點與終極目標，也是有天壤之別的。原因是，
「政治生自俗世，並駐留俗世；不過，宗教卻引生自天庭，企求
解釋一切俗物，將之轉化，並提昇至天庭。」（《個人》·序言·
一八五九年）

---

⑫ Kierkegaard, S. A., *Fear and Trembling*, pp. 65–66, 80.
⑬ Reidar Thomte, *op. cit.*, p. 5.

(2)

自此，我們當可整理出祁克果的「個人」，即「具體的個人」的特殊蘊涵了：他是關聯於宗教、神（絕對者）與誠信的。換句話說，他肯認了神（絕對者）的存在，並且也明白個人與神之間的「關係」內涵。委實，這應該是祁克果的「個人」觀點，之所以有別於黑格爾的主要所在。至於黑格爾的「神」觀又是如何呢？簡單的說，他認為人性（humanity）就是神（性）；因為，耶穌曾經說過：「我與神為一。」

黑格爾在此處，乃是在作蓋括性的推廣，但是，卻忽略了耶穌私人的言論，乃單單指涉「耶穌他單獨的一個人」（the one single person Jesus）而已。所以，則必然要消弭人與神之間的差別❷。這自是迥異於祁克果本人的觀點的；因為祁克果曾堅確的主張：人類全都是「罪人」，而與神具有實質上「絕對的差異」。

再者，除了以上所述，即祁克果主張「具體的個人」內涵，實在有別於黑格爾的「普遍的個人」以外，我們也可以由另一個角度，即「精神（靈）」觀點，來指出它們兩者之間的歧異。這個觀點，就是：儘管祁克果曾運用黑格爾的手法，來談論「人就是靈」，也指出靈就是自我，就是關係，亦即魂與體的「綜合」關係（體）（《死病》・部一）；但是，在終極上，祁克果卻把這種論點，指向於「個人」，即一個獨特的自我，或個人的一種潛在性（potentiality），而非如黑格爾把它指向普遍的人，或意

---

❷　*Ibid.*, pp. 213-4.

識❿。再者，由於祁克果相當的重視「個人」，他必然也會由個人存在的生成變化歷程，來詮釋「個人」。所以，他自當重視個人的自我選擇（choose thyself）（的可能性）；而這更可呈顯出祁克果所談述的個人，卽具體的個人，乃是眞正的主體，也是倫理存在的主體❿。恰好，這正是黑格爾所欠缺的；從而構成了祁克果大肆批判黑格爾的主因之一❿。

　　總結以上三方面的論述，祁克果委實已對黑格爾作過了極大的抨擊；而其主要的關鍵點當可說是：「黑格爾總在逃避一件事，卽什麼是生存的意義？他祇知道如何說明生活（represent life）……。」❿的確，規避系統，棄絕思辯，以努力去存在、去生活，乃是祁克果個人生命的寫照；這則體現了祁克果一向秉持的生命原則，確實迥異於黑格爾的思辯哲學。我們從以上的探究裏，應可獲知：如同黑格爾談論「個人」、「神」與「精神」……等概念範疇的祁克果，他也是在談述這類的課題；只不過，祁克果的觀點與出發點，乃完全不同於黑格爾，並且別有卓見。而，單就此點而言，祁克果確實已改造並轉化了黑格爾的哲學觀點，而獨樹一幟，並爲爾後的「存在哲學」開創出一條極其生動（dynamic），又極富涵內容的研討路徑。筆者認爲，這當是祁克果本人不朽的貢獻，以及甚教今人感佩的所在。

---

❿　Alastair Hannay, *op. cit.*, pp. 49–51, 52.

❿　Reidar Thomte, *op. cit.*, p. 206.

❿　Kierkegaard, S. A., *Concluding Unscientific Postscript to the Philosophical Fragments*, p. 108. 祁克果自述：黑格爾的「絕對系統──並未包涵倫理」。

❿　轉引 Kierkegaard, S. A., *Papirer*, VIII A. 153.

第十五節　叔本華與祁克果

　　關於祁克果和叔本華的淵源關係，卡林斯在《祁克果的心靈》一書裏，則已略微提到；主要是，祁克果和尼采對個人的重視，尤其是對個人意志（willing）性質的解析，均受到叔本華的《意志與觀念世界》(*The World as Will and Idea*) 一書的影響❷。

　　詳細的說，在論述「羣眾」、「公眾」此一概念內涵時，祁克果因爲極端排斥羣眾的非人格性，而視之爲自己「爭辯的眞正目標」（《日記》·一八四七年）；像他就說過，這卽是他從蘇格拉底那兒學來的。不過，就倫理、道德觀念上來看，深受叔本華啟迪的祁克果，則自認爲他並不是一個嚴謹的道德哲學家❸，而是關心個人存在的一個宗教作家。儘管他也曾極力呈顯個人與羣眾的差別，並且促使羣眾能發現個人的「責任感」（《個人》·則一·一八五九年）；最後，他乃絕望地自述道：

　　　羣眾（並非這個或那個羣眾，也非現今存在或業已消逝的羣眾，更非有卑賤、高貴之分或貧富之別……等的羣眾），在它基本的概念裏，就是虛妄。因爲，它使一個人成了完全不知悔悟與不負責任的東西，或者至少是由於把責任切成了碎片，而大量削減個人的責任感。

---

❷　該書現有英譯本，由哈達納 (R. B. Haldane) 與凱姆 (J. Kemp) 所合譯，於倫敦由 Kegan Paul, Trench 以及 Trübner 書店所出版 (1906 年)。
❸　轉引 Collins, J., *op. cit*, p. 193.

前述，祁克果自認爲他不是一個嚴謹的道德哲學家，是因爲在基本上，他乃把道德的福祉（well-being），看成是一種品味（taste）與天性（genius）**⑬**；反而，有關個人的倫理暨宗教傾向，這才算重要。就後者而言，它所追求的精神（spirit，或靈魂 soul）的終極福祉，委實已超乎了道德的福祉。

總之，祁克果多少也是得力於叔本華哲學觀念的啟發，而能將之與其他哲學家、或神學家的觀點予以融合，而轉化成他自己的思想；這可是祁克果高明又靈巧的所在。

---

⑬ *Ibid.*

第四章 宗教思想之淵源與改造

　　祁克果的宗教思想淵源，基本上可以說是源自猶太——基督教這個信仰傳統。在這個傳統中的重要人物，諸如：希伯萊民族的「信心（仰）之父」亞伯拉罕；苦難的表徵者約伯；基督教的「創始者」神人基督耶穌；使徒約翰、保羅；早期基督教教父奧古斯丁；士林哲學家多瑪斯・亞奎那；以及十六世紀宗教改革家馬丁・路德……等，對祁克果本人的存在體驗與宗教信仰，都有不可忽視的影響力量。

　　此外，希臘異教徒蘇格拉底的「宗教」觀，對於祁克果也有相當大的啟發；只是，祁克果卻透過對原始基督教精神的理解，終而發現蘇格拉底乃是一個「純全人性的代表」❶。因為，蘇格拉底關注「存在」，肯認了存在的終極歸宿，即以回返「永恆」為人生唯一的鵠的，而推稱蘇格拉底是：「已變成了基督徒」。❷

　　綜合以上所述，聖經宗教即基督教，即是祁克果宗教思想最大的啟蒙者。不過，就祁克果作品內容所顯示的，祁克果對基督教思想的「思索」與「理解」，卻是非常不同於他當時人們的信

---

❶ Kierkegaard, S. A , *Philosophical Fragments*, pp. lxi, 11-45.

❷ Kierkegaard, S. A., *The Point of View for My Work as an Author*, pp. 40-41.

仰與信念的。譬如，我們從《附筆》一書的主題：「我——約
翰·克里馬古斯——如何才能夠成爲一個基督徒？」當可知悉，
祁克果乃是以「異教徒」的心態或身份，在反省他個人與基督教
允諾的「永福」（至高眞理）所建立的關係。以中國人的觀點而
論，這可是一種內斂之學，或「逆覺體證」（參前）的學問。以
下，筆者擬由祁克果本人對宗教（原始基督教）、神、罪（sin）、
基督（耶穌）、信仰（誠信）……諸專題，或亞伯拉罕、馬丁·
路德……等諸人物的省思，來探討祁克果如何運用他的「存在」
基調，以改造並奠定他個人的宗教觀點。

第一節　宗教（原始基督教）與體驗

1.

　　祁克果本人對「宗教」是有相當的體驗的。談到宗教，祁克
果曾指出，因人類生存的諸項限制以及人類生存的雙重性，乃導
致了人必須面對宗教與世俗的對立情態；有如下述所言：

> 在宗教意義上神所祝福的，正是在世俗意義上神所咒詛
> 者。（《日記》·一八四三年五月十七日於柏林）

　　詳言之，宗教所給予人們的「高貴」感與「解脫」感，同其
個人對一己生命理念所抱持「智性的忠誠」，可盤佔了祁克果的
一生。如以另一種角度而言，希臘民族對理性與智性的嚮往，以
及猶太民族對信仰與靈性的追求，乃深深觸動了祁克果整個人的

心思意念。尤其，對基督宗教理念的固執，幾乎可以說是一直主
宰著祁克果畢生的命運。因爲，就祁克果看來，這種基督宗教的
理念，乃超乎了一切感性以及倫理的至高訴求；它強調「你應
當」的無上指令，並且涵示它應該是全人類與神建立融洽關係的
起步。不過，這在祁克果的時代，卻是人人所鄙視的，正如祁克
果本人的控訴：

> 由於現代人已廢除人和神關係中那「你應當」的觀念（這
> 卻是唯一規定的原則），那無可置信的混亂，通常便已侵
> 犯到宗教的領域。
> 在有關宗教的每項定義裏，「你應當」應是它重要的一部
> 分；不過，人們卻把神的概念，很怪異地用作構成人類自
> 我重要性的成分，使自我的重要性來敵對神。（《死病》・
> 部二）

此外，在祁克果擡昇宗教的地位之餘，他同時也區辨出宗教
本身的類別：一是宗教心Ａ，另一是宗教心Ｂ這兩種型態（參
前）。當然，他是接納第二種型態的，並且指出基督教即屬之。
原因何在呢？簡單地說，祁克果認爲，異教即屬乎第一種宗教心
Ａ。這第一種宗教型態，並不是辯證（性）的，也不具有困思
性；它把「永福」當成某種簡單的事物看待。至於第二種宗教型
態，即宗教心Ｂ，或者「困思的宗教心」，則具有困思性的；它
不僅主張對「永福」作出更內向、以及辯證的取用，而且也更嚴
謹限定（界定）「永福」本身。換句話說，後一種乃重視主體在
存在上與「永福」的溝通關係。（《附筆》・第二書）

　　祁克果的這種觀點，直接把人與宗教上所允諾的「永福」的關係，引向於個人存在的抉擇方向；也就是要人接受「困思」這一件事實。祁克果如何講論這種「困思」呢？他說：

　　　　困思就是：基督（教）已來到世界，「以便去受苦」。
　　　　（《附筆》・第二書・結論）

又說：

　　　　基督教業已自我揭明：它是已在時間中存現的永恆的實質真理。它把自身宣稱作「困思」，也向個人求取誠信的內向性；這種內向性，和表明自己是猶太人的絆腳石與希臘人的愚拙那種東西有關。這個東西，對於悟性乃是一項荒謬。（《附筆》・第二書）

2.

　　祁克果除了用「荒謬」這樣的東西，來描述基督教本質的「困思（性）」以外，他也藉用反思辯性（參前）、個人的內向性或激情（passion）來表述基督教的屬靈特性。像他在《附筆》的第一書裏就這麼指稱：

　　　　基督教是靈，靈是內向性，內向性是主體性，主體性是實質上的激情；它在極限點上，也是對一個人的永福，做一種無限的、個人的與激情的參與。（頁三十三）

　　祁克果更把基督教此種「唯一的歷史現象」（《片簡》）——
不過，他又說：無形的（基督）教會，卻不是歷史現象，因為，
人全然無法對它作客觀的觀察；理由是：它僅存在於諸個人的主
體性裏（《附筆》・第一書）——，詮釋成「呈明某一存在矛盾
的存在溝通」（existential communication），而非有關於「神與
人的一體，或主體與客體同一的教義」（《附筆》・第二書）。
何以如此呢？其實，這也當由祁克果對個人「存在」的反省與體
驗說起。

　　祁克果談個人的「存在」，如前所述，乃是指涉著一種生成
變化的歷程，即一種持續不斷的追求，也是一個「生自無限與有
限、永恆與暫世之子」（《附筆》・第二書），其中，則包涵了兩
種「矛盾」原素的統合或綜合。如果撇開「綜合」不談，光就這
「矛盾的」原素而論，便足以說明（人）存在的真實或事實了。
基督教的「道成肉身」（Incarnation）之論，即指作為無限暨永
恆者的神（或：不可知者 the Unknown，即蘇格拉底所云者），
突破有限暨短暫時空的限制，而以「人」的樣式，在世上誕生、
成長與生活，最後並在羅馬法庭的審判下被判處十字架的苦刑，
終而死在十字架上，但在三天之後，竟又奇蹟般的復活，並且升
天。這一連串的「事件」，祁克果即以「絕對困思」（Absolute
Paradox）來形容。祁克果如此的理解基督教事件，自是由「存
在」的角度出發，也就是由攸關一個人的「存在」可能性而立
論。所以，他會說，基督教不是一種教義（參前），而是關聯一
個人的誠信（跳越）之「神業已存在」這一件「事實」（《附
筆》・第二書）。

3.

祁克果抱持的這種基督教的觀點，自然有別於他當代其他人的見解，特別是迥異於思辯哲學家們、或提倡理性主義的神學家們的論點。像他就申辯道：「如果基督教是一項教義，它『因而』就不是思辯哲學的一種對反（物），反而成爲它裏面的一個部分了。」就此，他也強調，基督教「必須」與存在有關；這種「存在」，也是指涉「正存在之中的行動」。所以，他說基督教必須和存在有關，亦卽和正存在之中的行動有關。而且，正因爲基督教不是一項教義，便挺立了下述的一項原則：

在認知什麼是基督教與成爲一個基督徒之間，有一鉅大的差別。

又說：

這樣的一種差別，一和某種教義產生關聯，便無法被思考；因爲一項教義，和「在存在之中」乃本無所涉。（《附筆》・第二書）

因此，祁克果又換成另一種姿態，來形容基督教：

基督教便是：往前朝向成爲一個基督徒，以及不斷藉着這個方式，向前成爲這樣的基督徒（的宗教）。（《附筆》・第二書・結論）

至於在〈基督教界〉一文裏，祁克果又把基督教作了這樣的詮釋：

> 基督教是靈，也是靈的清醒劑，亦即是對永恆的真誠。
>
> 當大家都是基督教徒時，基督教「因此」便不存在。

總之，祁克果之體驗基督教，乃是由「動態的」(dynamic)、「辯證的」(dialectical) 以及「困思的」(paradoxical) 角度來設想的；也就是由所謂「異教徒」的觀點作起始，以追求成為一個眞正的「基督徒」作為終極目的的。這時，一個眞正的基督徒，在祁克果的理解與詮釋下，也便是「一個眞正存在的個人」；譬如蘇格拉底這個人，就可以算是。筆者認為，祁克果的這種看法，可極具爆炸性與反思性，頗當受到時下宗教界人士的矚目與理解。

第二節　神　與　人

1.

祁克果心目中的「神」，並非只限於基督教所傳誦的那一位，而是超越一切異教與基督教本身那位「從無中創造萬有」的神。然而，這一位神，就祁克果個人的體驗卻是：祂「並非遍在於宇宙（在幻想的抽象媒介中）的存在」，而是「祂僅僅只為那存在的人而存在，就是神乃只存在於（個人的）信仰之中。」祁克果言下之意當是涵指：儘管人會從永恆的觀點來度量神，神當

然是「永恆的」；不過，一旦一個存在的個人欠缺了信仰，也就
是沒有信神的一顆心時，對他來說，神便不存在了（is not，不
是永存者）（《日記》·一八四六年五月五～十三日於柏林）。

祁克果的這種說法，則招致了保羅·梯立希（Paul Tillich,
1886-1965) 的批評，認為祁克果仍然未超過傳統對神的了解。只
是，儘管有可能招致任何這類的非難，祁克果卻仍舊堅持他個人
的體證，一味深信，神即是用這種方式向前來祂面前，而且肯認
祂存在的人來「顯現」。關於這一點，我們也可以從以下祁克果
本人的自述清楚看出：

> 用我個人的存在，以及作為一個作者的存在，同時表明這
> 件事即是我的責任：每天我都重新相信，重新確定有一位
> 神存在。（《觀點》·部二）
> 神是一個主體，祂僅為在內向性之中的主體性而存在。
> （《附筆》·第二書）
> 神只有在神蹟裏，才向世人啟現自己，即當人看見神時，
> 便是看到了神蹟。但是，憑他自己是無法看見神蹟的；因
> 為，神蹟就是他本人的消滅。
> 猶太人很藝術的表現這層意義，說看到神，即是死。這樣
> 說是更真確一點：看見神，或者看見神蹟，是靠荒謬的
> 力量；因此，理性必須退居一旁。（《日記》·一八四四
> 年）

2.

我們應該知道，祁克果的一切言論，總是由個人「存在」的

角度出發的；因此，要想了解他對神的觀點時，也就必須時時扣緊他對個人存在的反省與把握才有可能。譬如，在《死病》‧第一部裏，祁克果便這樣說道：「就神而言，一切事物都有可能。」他曾指說，這是永恆眞理，而且在每一瞬間，都將眞確不移；一般人也承認，神確實是這樣的無所不能。不過，他接著又說，也就是立卽由人的「存在」角度發問：「當一個人的境況極爲惡劣之時，當就人性而言，他已絕無可能性之時，他是否還能相信這一句話呢？」

祁克果自述道，他質問這個問題的「關鍵」，就是在於：他是否相信「就神而言，一切事物都有可能？」也就是說，這問題的關鍵所在乃是：他是否「願意相信」？一個人一旦肯定自己願意相信，祁克果說：這種「願意相信」的表示，正是「喪失自己心智與理解力的公式」；「信仰正是喪失自己的理解力，以便贏得神。」（《死病》‧部一）而且又說：就神而言，一切都有可能；這就是「信仰之戰」，亦卽「藉瘋狂之力，爲可能性之戰（因爲，可能性卽是唯一有救援力的力量）。」（同上）

有人可能不禁想要問道，祁克果何以如此篤定神與人、或人與神應有這般的存在關係呢？或者信仰關係呢？關於這一種疑難，祁克果也有他自己的說詞。他的說詞是：他是以蘇格拉底式的了解，來了解一個常人與神（和基督）的關係的。他說：「蘇格拉底並不確知他是否不朽（喔！這個老不朽，因爲他了解不朽是一種靈的質定，因此它是辯證的，而超出一切直接的確定性。所以，雖然他不知在哪種程度上不朽，不過，他卻知道自己所說的是什麼）；可是，他的生命卻表現出了這件事實：有不朽，他自己就不朽。他說，不朽這件事和我是這樣的無限關切，致使我

把一切都挹住在『如果』上了。」（《日記》•一八四八年）

祁克果不僅運用「蘇格拉底式的了解」，來了解並建立他與神的存在關係，而且也用「自我的確信」，來確知神的作為：「神是愛，這是我所確定的一切；即使我或在此、或在彼處犯錯了，神依舊是愛，這是我所確信的。」（《日記》•一八五〇年）

談到神與人、或人與神的關係時，就「客觀上」而言，祁克果也說道：基督教教示了我們這一些；基督教則是以「罪」(Sin)的教義開始，也就是以「個人」為開始，不過，基督教卻非常恨惡人對神的恣肆與狎近。（《死病》•部二）

第三節　罪與罪人

1.

關於「罪」這個問題，基督教《聖經》本身應有一定的說法；不過，祁克果本人卻有他自己的詮釋與解說。像他就說：

> 罪：是在神面前（心存神的概念），陷入要成為自己的絕望，或陷入不想成為自己的絕望。這樣，罪是強化的脆弱、或強化的挑釁；罪是絕望的強化。（《死病》•部二）
>
> 罪：是心靈之物。（《死病》•部一）
>
> 罪的反面，不是美德，而是「信心」。（《死病》•部一）
>
> 罪，不是一個消極否定物，而是一項心態。（《死病》•部

二）

罪本身，就是和善分離；不過，因罪而絕望，却是第二度的分離。（《死病》·部二）

罪的範疇，便是「個人」的範疇。從思辯上說，罪，根本就不能被思考。

罪，是個人的一個特質；把作為一個單獨的罪人，當成不算什麼，可就是一種輕浮，一個新罪。……罪的嚴重性是，它實際存在於個人裏面；不管是你、是我，都是這樣。……用思辯的方式來談論罪，簡直就是輕浮。

罪的辯證性，正是和「思辯」背道而馳的。（《死病》·部二）

罪，造成人的滅亡；只有罪，才能使人的靈魂銹蝕，使它永遠滅沒。……罪是永遠脫離永恆的墮落。（《音符》）

罪，是無法完全加以理解的；至少，是斷然難以理解的。因為，它和「存在」有一種實質的關聯。（《附筆》·第二書·補遺）

罪意識，是對於存在的困思的轉化之表達。罪，是新存在的媒體；沒有了它，去存在就僅僅意謂著：已進入世界的個人，是存現的，而且是在生成變化的歷程中。如今，它意謂著：已進入世界的他，已成為一個「罪人」。（《附筆》·第二書）

罪，對思考者而言，並非一種教條，或一種教義；罪是一個存在的決定因素，也正是一種無法被思考的東西。（《附筆》·第二書）

罪，不恰恰隸屬任何的科學，它是證道所處理的課題。

（《憂懼》・導言）

> 原罪，是存在的；它是有罪性。……原罪是藉著他（亞
> 當）才存現的。……人並未企圖解明亞當的罪，而是藉著
> 它的種種結果，來詮明原罪。（《憂懼》・第一章）
>
> 罪，預設了自己；它是靠著自己存在這個事實，就這樣進
> 入了世界；罪是預設的。
>
> 罪，怎樣進入了這個世界，每個人只有單靠他自己才瞭
> 解。（《憂懼》・第一章）
>
> 罪，是靠憂懼而進入；不過，罪代而却帶來了憂懼。（《憂
> 懼》・第二章）
>
> 罪怨（guilt）與罪意識，正斷定了單獨的個人，之為單獨
> 的個人。（《憂懼》・第三章）

又說：

> （人）唯有意識到罪，才是絕對尊敬的表示；……它才是
> 入門的途徑，也才是靠著絕對的尊敬，能够睹見基督教的
> 柔和、慈愛與憐憫這個意象。（《勵練》）

　　綜合以上的引文看來，祁克果的「罪」觀，多少是不同於
《聖經》的說法的；其中最明顯的是，他把罪界定成「個人的一
個特質」、「一個存在的決定因素」，並且是「靠憂懼而進入（個
人裏面）」。當然，《聖經》並非沒有這種類似的論點，只是，
祁克果的詮釋與解說，乃極具心理學的色彩以及他個人的存在體
驗之特色，而稍稍逸出了「傳統」（正統）基督教的基始觀點。
就如：

罪是從一人入了世界，……沒有律法之先，罪已經在世上，但沒有律法，罪也不算罪。（《聖經·羅馬書》五：12～13）

沒有律法，罪是死的。我以前沒有律法是活著的，但是誡命來到，罪又活了，我就死了。（〈羅馬書〉七：8～9）

2.

原始基督教的「罪」觀，乃是認爲：在創世之前，驕傲的天使（魔鬼）因爲忤逆神，便被逐出了天界，而下凡在四處來回遊蕩。在亞當、夏娃被創造之後，便趁機引誘夏娃、亞當犯罪；這是人類始祖犯的本罪，保羅稱之爲：「罪從一人入了世界。」因爲，始祖亞當違背了神的「命令」，而使其後代、即眾人類都因他這種「過犯」而被「定了罪」。傳統基督教神學家，多稱它（過犯）爲「原罪」；原罪潛伏在每個人裏面，俟機發動，特別是在「（神）誡命」出現的時候而活轉過來。但是，頗爲公平的是，保羅也說到了：「因一人的悖逆，眾人成爲罪人，照樣，因一人的順從，眾人也成爲義了。」（〈羅馬書〉五：19）這是表示：世人一旦藉著對基督耶穌的信仰，便可脫罪重生，不再受罪的毒鈎——死亡——所轄制。至於祁克果的「罪人」（sinner）觀，則是準此而奠定的；爲此，他明白指出，每個人都是「罪人」，都是在神面前的罪人。「罪」這個東西，乃是人與神、或神與人之間的一堵高牆，也是構成神與人之間「質的差異」（qualitative difference）的事物。譬如，祁克果就這麼說：

人和神無論在哪一方面，都是有別的：人是罪人；每個人
是罪人，都是「在神面前」的罪人。……不管是用否定法
或肯定法，罪可是一種普世人所共同具有而神絕無的事
物。可以確定的是，神並不和人一樣有限；所以，用否定
法，祂是無限的。不過，肯定神，說祂是個罪人，却是一
項褻瀆。

誠如一個罪人，是因為和神之間隔著一條「本質上」的深
淵而彼此分離；很顯然，即當神赦免了人的罪，這分裂成
一條本質上的深淵，仍使神和人有所隔離。

他又說：

萬一，由於有一種逆轉的調解，神性賜給了人類；人在某
一方面，也永遠無法類似神的。因為，人沒有赦罪的能
力。（《死病》‧部二）

祁克果論說「人是個罪人」這種論點，儘管是依據前述《聖
經》的「（原）罪」觀而來，但是，筆者也說過，他個人的罪
觀，多少是不同於《聖經》的。因為，祁克果幾乎是由心理學以
及他個人的存在體驗作出發的。為對此作一補白，我們則可以由
祁克果本人的自述，得到一點清晰的輪廓。他說：

從永恒觀點看來，人無法犯罪，也無法永遠預設他一直是
在罪惡中。所以，人是因為進入了存在（原因是，主體性
即不真，乃是它的伊始），才成為一個罪人。人並非在這

個意義下，卽在他生前，預設他是一個罪人，而成為一個
罪人的；反而，他是生在罪中，才成為一個罪人。這個
罪，我們可稱它為「原罪」。（《附筆》‧第二書）

3.

祁克果在談論「罪」與「罪人」時，他是兼顧到基督徒與非
基督徒（卽異教徒）的立場的。而，這兩者之間的差別，乃繫賴
於「在神面前（犯罪）」這一不同的觀念。祁克果說，從較高的
觀點來看，我們固然可以說異教徒是生活在罪惡裏，不過，由於
異教徒（和自然人）只以「人類自我」做他們的尺度；所以確切
的說，異教徒的「罪」，並非意指「在神面前犯罪」，而是對神
絕望的無知，也就是對生存在神面前的無知。它的意義便是：
「活在世上沒有神。」（《死病》‧部一）

祁克果同時認為，罪乃具有「綿延性」，而且又有所謂舊罪
與新罪之分。就像他所說的：

> 每一種罪惡狀態或情況，都是新罪，或更確切的說……身
> 處罪中的情態，就是新罪，是罪惡加重。……保有罪人報
> 告資料的永恆（者），必會認定：身處罪中的情態，就是
> 一種新罪。

又說：

> 永恆（者）僅有兩大標題：「凡不出於信心者，就是罪。」

一切未悔改的罪，就是新罪；而且每個時辰，只要不悔
改，就都是新罪。（《死病》·部二）

至於談到與「罪」有關的事物時，祁克果也說，倫理與罪乃
有一定的關係；因為，倫理「從未由實在抽離」，反而是「更深
入了真實」，並且是「靠個人的範疇之助，在作本質上的運用。」
換句話說，倫理與罪在實質上，都是關注「個人」的存在情境，
走進了生活而為反思辯性的。如果強調這兩者的思辯性，祁克果
說：「一個人必會對『個人』轉眼不顧」，而且「用思辯的方式
來談論罪」，簡直就是輕浮。所以說，罪的辯證性，正是與「思
辯」背道而馳的。

4.

再者，祁克果談論「罪」或者「罪意識」，也是注意到它與
「罪愆」（guilt）或「罪愆意識」的差別。其唯一的關鍵，就在
於「內向（在）性 inwardness」此一觀念上。簡單地說，祁克果
堅信神是人們獲得「罪意識」的唯一來源；至於「罪愆意識」，
則是個人靠他自己（內向性）就能夠獲得的。儘管來源有所不
同，能夠斷定「單獨的個人之為單獨的個人」的主要關鍵，祁克
果說它就是「罪愆與罪概念」（《憂懼》·第三章）。

至於罪愆究竟是指涉著什麼呢？它當然是指涉一個人的過犯
（行為）。祁克果認為，它是「有關存在最強烈自我斷言的表
示」，也就是「有關存在最具體的表達」；因為，罪愆也是一個
「存在者」（exister）；它則使個人自己和一種「永福」產生了關
係（《附筆》·第二書）。

祁克果自然深信，一個人愈關注具體（的事務），也愈走向實際的人生，便會愈接近攸關「永福」的事務，同時也牽扯進罪愆（意識）的關係裏；反之，一個人若愈是抽象，他便和「永福」愈少關聯，而且也更加遠離罪愆。由於罪愆是有關存在最具體的表達，祁克果附加說道，罪愆意識便是這項關係的表達。但是，有人可能不禁要問：這罪愆意識是存在於何處呢？或者是擱止在哪一種事物（或主體）裏呢？祁克果在《附筆》‧第二書裏則直接明說：這罪愆意識，實質上即一直的擱止在「內向性」上；不過，它卻是有別於罪意識的。祁克果進一步指出：個人既靠自己獲得罪愆意識，就在這罪愆意識裏，個人則將發現他自己，也就是其主體與自己乃是同一的；但是個人若由他者（神）以獲得罪意識，這罪意識便是個人本身，也就是其主體自己的一種變更。原因何在呢？祁克果自述道：

　　（因為）在罪愆意識上，藉著和某種永福保持罪愆關係，而實質上成為罪愆者，則是同一個主體。這主體的同一，乃是指：罪愆並未使主體成為一個新人（它可具有不睦的特徵）。（《附筆》‧第二書）

　　反之，罪意識何以是主體自己的一種變更呢？祁克果則說：由於罪是「新的存在媒體」，所以人由他者（神）所獲得的罪意識，則將使個人自己發現到：存在於世界上的他，就是一個「罪人」。這就是指明，已進入世界的個人（他），原是一個在生成變化之歷程中的個人，卻因為罪意識的緣故，而發現他自己的「存現」（presence），無非就已經是一個罪人了；這便是指「主

體自己的一種變更」之意。所以，祁克果才接著指說：罪愆意識
雖然保存了「主體與自己的同一」，不過，罪意識卻使自己和內
在（向）性產生了隙裂。像他就這樣析述著：

> 在罪愆意識的整體性中，存在極強烈地自我斷言，好像它
> 能在內在（向）性裏一般；不過罪意識却和內在（向）性
> 產生隙裂。個人係指藉著存現而成為另一者；不然，他就
> 在必須存現的瞬間，而成了另一者。因為，要不是這樣，
> 那具決定的罪，便被安置在內在（向）性之中了。（《附
> 筆》·第二書）

5.

　　總之，祁克果個人在分析並詮釋罪與罪愆（意識）的起源
時，他認為真正的來源，應該是基督教而非異教。因為，基督教
有神道成肉身（他稱之為「絕對困思」）的事件，以及其它攸關
誠信之跳越的啟示事件；不過，異教卻本乎內在性（內向性），
而解消或詮釋了一切超自然（超本性）的事件。當然，所謂的
「罪」或「原罪」觀念，自然而然也就失去了它原有的意涵；更
遑論它是屬乎超本性的「新的存在媒體」。由此看來，祁克果批
判異教，說它根本沒有罪或罪愆概念，當是可以了解的。因為，
誠如其所斷言的，實質如果不是如此，也就是異教早就產生了罪
或罪愆概念，那麼，異教就會「構建出一個人也許會由於命運而
成為有罪愆的矛盾。」所以，他斷然指稱：「異教並不理解它；
由於這個緣故，異教有關罪愆概念的界定，便太過於輕率。」

（《憂懼》‧第三章）

　　總括以上而言，祁克果談論罪或罪愆意識，其唯一目的，當然旨在求取這種意識的袪除，也就是求取「克服」這種意識的援助力；他稱之為「救恩」，卽來自於基督教所提供的救恩可能性。為此，他會說：

　　唯有意識到罪，才是絕對尊敬的表示；又正是因為這個緣故，卽因為基督教要求絕對的尊敬，它才必須以及行將把自己展示成瘋狂或可怖，以便使定質的（qualitative）無限的強調，落實在下述這件事實上：

　　「唯有意識到罪，它才是入門的途徑，也才是靠著絕對的尊敬，能夠睹見到基督教的柔和、慈愛與憐憫這個意象。」（《勵練》）

又說：

　　當神的思想，使一個人想起的不是他的罪，而是罪已被赦免，以及過去的事不再是對他犯了何其多的罪的記憶，倒是罪已多被赦免時──這個人便安息在眾罪的寬恕中了。（《日記》）

第四節　基督與信仰（誠信）

1.

　　祁克果對「基督」的理解，也是透過他對《聖經》的信心與

領悟而來的。這種信心的領悟就是：人全然無法「知道」有關基督的一切，也就是人無法單從「歷史」習知有關基督的種種。因爲，基督是被人來「信仰」的基督，而不是一種純粹歷史的「事件」。就像《聖經》·約翰福音第十一章 4〜25 節裏，提到基督耶穌施行神蹟，把已死的拉撒路救活過來；祁克果則稱它爲：靠信心以睹見神榮耀的神蹟事件（《死病》·引言）。這自然可以「證明」，基督的存在，卽是「復活與生命」的存在（〈約翰〉十一：25）；這件事不僅存在於當時，而且也存在於今日與未來。換言之，基督耶穌來到世上，它永不會成爲一件「往事」，而是恆常在有信心之人的眼前出現的一個「活」事件。所以，祁克果在《勵練》一書裏，會迭次提到基督與世人的同在關係：

耶穌基督來到世上，距今已一千八百多年了（按：指距祁克果的時代）；不過，這件事却不像別的事，已成爲歷史上的遺跡，而被人所淡忘。主基督在世上，永不會成爲一件往事；只要世人還有信心，主基督就永遠活在這個世上，而絕不會成爲漸被遺忘的往事。

世人如果沒有信心，那麼，自耶穌降世爲人以後，就早已成爲往事了。但是，只要還有一個相信的人，這個人爲要達成他的信德，他便必定是、而且持續不斷確定和主基督同在，正如最初和主同在世上的門徒一樣。

這股神與主基督同在之感，確實是信仰的必要條件；嚴格地說，與主同在的心，就是信心。主耶穌基督啊！我們要與你同在，看見祢的眞體本相，好像祢在世時和門徒們起居同行一樣的見到祢。

又說：

> 祂（基督）在地上的存在，　絕無法成為一個已過去的事件；而且也絕無法愈來愈變成過去──萬一在地上可發現到信心（信仰）的話。如果不是這樣，那麼，自從祂活著那時刻以來，那的確有一段很長、很久的時間了。
>
> 不過，假如有一個誠信者在，這樣的一個人，必定已經是和祂在地上的存在，同時存現了；這正如那些（首先）和祂同時代的人們一般。這種同時代性，即是誠信的條件；而更緊密的界定是：它「就是」誠信。（《勵練》）

由此可知，祁克果如何強調基督信仰的非「知識性」，而還給它原始的本然面貌。這可是宗教與哲學唯一的差別所在；因為，後者強調客觀、邏輯、理性、思辯、實證與普遍性……的基本特質，確實迥異於重視主觀、體驗、激情、內向性、取用與決斷性的宗教精神暨內涵。為此，祁克果為了衛護《聖經》宗教的「超理性」與尊嚴地位，便批判人們想從歷史以證明基督就是神的努力。據祁克果的自述，他認為，人勉強僅能夠「證明」信仰是與理性有所牴觸的；不過，有關《聖經》提出基督的「神性」，諸如：祂施行的神蹟、從死裏復活，以及升天等；這一切的「證明」，也只是為了信仰（誠信）。換句話說，《聖經》的「證明」，其實並不是一種證明，也就是《聖經》並不想證明這一切完全契合著理性；相反的，《聖經》只會證實：它和理性衝突了，因而是一個信仰的對象（《勵練》）。

2.

　　祁克果談述基督乃爲一種「信仰」的對象之餘，同時，也如筆者早先提及的，則把基督事件歸諸爲一種「困思」。主要理由就是，基督根本全然不是「僅作爲一個歷史的人物」；再者，他又說，祂「當然是一個絕對非歷史的人物」（《勵練》）。他使用這種強烈的措辭，無非是想指明：信仰與歷史內容是有所不同的，就如同「詩」與「實在性」（歷史的）也有所謂的「同時代性」（contemporaneity）的差異。而關於後者，祁克果便曾析述著：

　　　　歷史是已真實發生過的事；而詩，乃是可能的、想像的與被詩意化了的。

然而，他卻又說：

　　　　畢竟，已真實發生過的事（過去），並不是真實的（除非是在一種特殊的意義下，有如：和詩來作對比）。因爲，它缺乏本身做爲真理（卽內向性），以及一切虔敬心決定物這個決定者：「爲了你（對你而言）。」
　　　　過去，對你而言，並不是實在（性）；對我來說，僅僅同時代性的，這才是實在（性）。凡是你能與之共時代性地活著的，這就是實在（性）。（《勵練》）

3.

　　祁克果雖然以「信仰」（誠信）立場，在談述基督這個事件；但是，他也是不忘由「存在」的角度，來詮釋基督事件與每一個人的關係。像他就指說：基督自己的話語，尤其是「每個人，都應自我省察！」這一次再次、數度向每個世人提出要求的教誨語言，乃應該受到時人，特別是基督教界的重視與回應；否則，便是對神的一種褻瀆。而且，不會因而被「絆倒」的人，若憑信心敬拜祂，他們才是基督的「同時代性者」。

　　再者，祁克果旣然從「存在」角度，來關懷「基督」與個人「信仰」的內向關係，當然，他就必須處理一種存在的矛盾性不可。這個矛盾性，便是指存在主體的變異；也就是，存在的個人，即同時旣是身陷在生成變化歷史中的主體，而且也是在世上成爲「罪人」者。這雙重的身份，也可以由人旣是存有（being）與非存有（non-being）、是精神與肉身、永恆性與短暫性、無限性與有限性、自由與必然……諸矛盾元素的「綜合體」來表明。就因爲人的存在，表現出了這種矛盾與「悲情的」關係，因而，誠信對存在主體而言，就格外的深具雋永意義了。我們何以要如此說呢？當然，這也必須由「每個人，都應自我省察！」這一警世木鐸來反思起。因爲，若非如此，存在的無限追求，就是一種眞正的「悲情」，甚至是一種眞正的悲悽與絕望了。作爲一種「存在溝通」的基督教，它所提供的信仰之道與永福的允諾，則適時爲人矛盾的存在提供了一種解決良策；它就是要人去正視存在，肯定困思，並搗破時空的藩籬，直逼「基督」的「復活與生命」本身。而，這才是能夠根本解決存在的矛盾與辯證性的唯一

法門。有人或許要問：基督教呈示的「信仰之道」，難道是具有
如此的效力嗎？而祁克果本人，又是如何的詮釋與予以取用呢？
爲了對此一疑難，作出更中肯的析論，筆者認爲，若能援引祁克
果自己若干的體證之語，應該是有所助益的。像他就說：

> 人不能從世俗歷史中，去知道關於基督的事。為什麼呢？
> 因為，人完全不能靠「知識」去知道有關「基督」的事。
> 基督是包涵神而（為）人的相反相成之道；只為了信仰而
> 有的一個「信仰對象」。……基督的事，無法靠歷史去知
> 道，只能靠信心去相信。（《勵練》）
> 信心，就是深信神正關切最微末的事物。（《顫怖》）
> 誠信不是知識的一種形式；因為，知識要不是一種有關永
> 恆者的知識，就是純粹的歷史知識。從來沒有一種知識，
> 對於它的對象會具有「永恆者就是歷史者」這種荒謬性。
> 如果我知道斯比諾莎（Baruch Spinoza, 1632-1677）的學
> 說，我因此就不會關切斯比諾莎，倒是關心起他的學說；
> 只是，在其他某個時候，我便會就歷史角度來關心斯比諾
> 莎這個人。
> 不過，門徒却是憑著信，和他的師尊緊密關聯，以便永恆
> 地關切他歷史性的存在。（《片簡》）

4.

　　以上，則是談到了信仰與知識，即歷史知識的不同。信仰乃
持定神的存在，並且相信永恆者（神）道成肉身，而成爲歷史者

（人）的「荒謬性」；這種荒謬性，便是一種困思，也就是信仰的「對象」。所以，就此祁克果會不憚其煩地複誦著：

誠信的目標（對象），就是困思；不過，困思却統合了矛盾之物；它便是：歷史者被弄成永恆者，永恆者成為歷史者。（《片簡》）

誠信正具有被要求性；因為在對信念的確實性上，一直存有一項消極的不確定性，卽：它在每一方面，均相應於進入存在的不確定性。

誠信是：相信未見的事物；它並不相信星星是在那兒，因為它肉眼可見，它倒是相信星星業已（進入）存在。對任何一個事件，同樣能夠以此為準。（《片簡》・插曲）

荒謬，由於它客觀的嫌斥，而作為在內向性中誠信的强化之尺度。……荒謬是誠信的對象，也是可以相信的唯一對象。（《附筆》・第二書）

誠信，事實上是有兩項工作的：在每一瞬間裏，關切著去發現那不可能者，卽困思；然後，用內向性的激情去固執它。（《附筆》・第二書）

誠信，就在它和不可能者與困思的關係中，是自我主動的；就在發現裏，也是自我主動的；而就在固執它的每個瞬間內，更是自我主動的——，為的就是要相信。

抓住那不可能者，僅是要求著所有無限的激情，以及它對自我的專注。因為，這不可能者與困思者，並非理解（悟性）……所能企及的。就在悟性絕望的所在，誠信就已經存現了，為的是要使絕望作為適切的決斷；為的是要使誠

信的運動，在悟性的交易圈中，不致成為一種交換。(《附
筆》‧第二書)

誠信的對象，不是一種教義；……誠信的對象，不是帶有
某種教義的教師；……誠信的對象，即是教師的實在，即
這個教師要真實的存在。因此，誠信的解答，就是無條
件的是或否。因為，它並不關切某項教義，以至於像這項
教義或是真、或是假。它乃是對某一事實的某個問題的解
答：「你是否認定它已經真正的存在？」必須記住的是，
這個答案是具有無限的激情的。……

誠信的對象，因而是指神暨人的實在。……誠信的對象，
就是神做為一個個人，在存在之中的實在；亦即：做為一
個個別的人，神業已存在這一項事實。(《附筆》‧第二
書)

又說：

誠信的思想，是一種絕妙的思想；因為，誠信是抓住那不
可見的事物。我「相信」可見之物的存在，乃是來自那不
可見者。
我見到了世界，不過，我却未見到那不可見的世界；但
我相信。所以，在「寬恕——罪」裏，也有一種誠信的關
係。……
信的人是有福的，因他相信他無法見到的事物；愛人者是
有福的，因他相信他仍然能够看得見的「遠離」。(《作
為》)

總括以上所述，祁克果的基督與信仰觀，雖然是來自於對《聖經》所作的領悟與領會，但是，祁克果仍然是有他個人的洞察與存在的反思的；所以，能夠把「信仰」（誠信）論述得如此弔詭與扣人心弦。筆者認爲，這可就是祁克果本其個人的反省與體驗，對《聖經》宗教思想加以「改造」與轉化的所在；至於其結果就是：祁克果確實取用了信仰「教義」，而轉化成他個人生命的原則以及生活之道。

第五節　成為基督徒與基督徒

1.

在祁克果個人的宗教思想裏，「成爲基督徒」（to be a Christian），乃是一個非常嚴肅以及攸關個人生命目的的課題。他之提出這一課題，除了顯示當時丹麥的國教社會，已出現所謂的「宗教危機」之外，連當時的一般信徒（羣眾），因仍舊沉迷在自以爲是（基督徒）的妄想中；所以，這才構成了眞正的「信仰危機」，而爲祁克果的關注焦點。爲對此一問題作充分的反省與批判，祁克果在其一生著作業中的分水嶺鉅構——《附筆》——，便將之引爲主要的探究核心❸。

再者，由於祁克果自始卽自許爲一個「宗教作家」（《觀點》‧自序），他的一切著述也都關聯於基督教；所以，他便把「成爲基督徒」，視爲唯一重要的課題，以就教於並詰難他所品評的兩

---

❸ Kierkegaard, S. A., *Concluding Unscientific Postscript to the Philosophical Fragments*, p. xiv. Editor Introduction.

大幻象：一是「基督教界」，另一則是「在我們所居住的土地之
上，所有自稱爲基督徒的人們」（《觀點》・自序）。祁克果何以
如此的重視「成爲基督徒」這樣的一個課題呢？難道當時已沒有
其他的生活論題，更值得他來關心的嗎？關於這類的疑難，筆者
個人的看法是，祁克果只不過是忠於他個人自己的反省性格，而
在反思或省察他個人與傳統宗教（文化）的關係而已。基於這種
內省的迫切性，祁克果必然很嚴謹的看待自己，以及與他個人有
關的周遭的事物；爲此，他重視並關切「成爲（一個）基督徒」，
而甚於關切已成爲（是）「基督徒」此一事實，應是可以諒解
的。以哲學角度而言，他就是看重「潛能」而甚於「實現」，強
調「可能性」而甚於「實在性」。用他自己個人的語調，便是：
「（他把）每件事物，都納入反省。」換句話說，他自認爲，這
整個問題，即「在基督教界成爲一個基督徒」，原本「就是一個
反省的問題」。所以，他在《觀點》的部二裏這樣說道：

> 在基督教界成爲一個基督徒，係意謂著：成爲自己原本的
> 狀態（反省的內向性，或說靠著反省而內向），或第一件
> 事就是要掙開幻象的網羅；這又是反省的修正。……
> 每件事物，都納入反省。溝通是出自反省狀態；因此，他
> 是一種間接溝通。溝通的性格，也是反省的；因而，他是
> 消極的。他不自稱靠一種特別情形而成爲基督徒；或者自
> 認爲得到了啓示（這都呼應著立即的溝通）。相反，他甚
> 至堅稱自己不是基督徒。這便是說，這個溝通者是站在別
> 人後面做消極的協助；他實際上是否能幫助他，則是另一
> 個問題。

整個問題本身，就是一個反省的問題；成為一個基督徒，……那時他就能說已算是基督徒了。

祁克果自認為這種「反省」，是一種協助他人的「間接溝通」，亦即用一種「消極」的方式、或間接方式，在向當時包括基督教界人士在內的絕大部分人們，作出一種誠意的呼籲與建議：要他們重新考量或評估「成為（一個）基督徒」，與自己當前的身份（已經是一個基督徒）的關聯性；換句話說，人唯有作出如此的自我省察，才能夠真正把握到「（已）成為基督徒」的真諦與內在意義。不過，祁克果的用意，並不是涵指：人必須靠反省的方式，以成為一個基督徒；而是要「在反省中成為基督徒」。他又說，這可意謂著：人必須棄絕另一項事物。所以，他即明白的表示：

人並不是以反省成為基督徒，而是為了要成為基督徒，就必須靠反省而使自己離棄某一事物。

又說：

在直接的環境裏，成為基督徒是最直接的事；不過，成為一個基督徒的反省表現法，它的真諦與內向性，卻必須由因於反省而必然棄絕的事物之價值來衡量。（《觀點》·部二）

2.

祁克果在上述引文中所指出的，即要靠反省以離棄「某一事物」、或棄絕「另一項事物」，究竟是指謂著什麼呢？難道是要離棄自己嗎？或離棄你、我所熟悉與居處的家庭環境？當然不是！而是：應當離開複雜的心思行徑，以走向單純的心境；也就是，既持定一種人生目標，便要從作為一個有趣、機智、深沉、詩人與哲學家的心思行徑，以轉向一種單純的心思行徑。祁克果稱它，即是一種「在反省中的運動」；也便是在「基督教界」中所從事的一種「基督徒式的運動」。祁克果認為，當時基督教界的人士，必須在反省中並離棄上述種種的心思行徑，以變得極其單純，這樣，才能夠成為一個基督徒❹。

祁克果在《觀點》（一八四八年十一月）一書寫成，並付印之前兩年內所出版的《附筆》一書中，也已經明確表示，上述的「在反省中的運動」，即「基督徒式的運動」，乃是構成該書的一種「轉換點」：他已把「（我）如何成為一個基督徒？」當成他反省與實踐的人生目標。而且祁克果又說，他在該書中所運用的策略就是：

> 用間接的攻擊以及蘇格拉底式的辯證，給予體系一個……從後面而來的致命傷；攻打體系與思辯，以便顯示那「路途」不是從單純到體系與思辯，而是從體系與思辯，再次

---

❹ 祁克果著，孟祥森譯：《作為一個作者我的作品之觀點》，臺北市，水牛出版社，民國57年6月，頁142。

返回到成為基督徒這一單純的事物❺。

　　詳言之，此間祁克果本人所提到策略運用，也就是兩種運動的靈活運用：第一種運動，就是離開詩的範疇；第二種運動，則是離開思辯。祁克果自述，前者乃「構成了其整個著作業中美感（感性）作品的全部意義」，亦即力倡務要離開詩人所辯稱的生活方式，離開與詩人所辯稱的生活方式有所關涉的狀態；至於後者，就是引用並校訂感性作品之《附筆》一書的全部意義，亦即力倡務要離棄在思辯中存在生活的虛妄與自欺情態❻。

　　至於這兩種運動所離棄的「事物」，與達到成為一個基督徒的「起點」，究竟有多遠的距離呢？祁克果說，這是一個困難的問題；不過，被離棄的「事物」，卻決定著反省運動是否有足夠的深度與意義，這乃是一件事實。儘管如此，我們也應該知道，祁克果仍然是以個人與存在的角度，在重新詮釋一般人所習知的事物，尤其是「基督徒」這個東西或稱號。為此，我們也應當以個人存在或「辯證」的立場，來探討祁克果這一類的觀點或主張。像他對「成為（一個）基督徒」這個課題的重視，又有下述的評述論點：

　　　「個人（體）」，這個範疇，歷來只被蘇格拉底運用過一

---

❺　同上，頁 96。孟祥森先生把思辯 (speculation) 譯成「思考」，
　　筆者認為不妥，而將之改正過來；因為，祁克果本人所反對的乃是
　　抽象性的思辯體系，而非出自主觀體驗的存在思考。關於這一點，
　　尤其是有必要澄清的。

❻　同上，頁 74。

次，以粉碎泛神論。在基督教裏，要再次運用它——為使
人（基督徒）們成為基督徒。這個範疇，不是傳道（者）
可用來對異教徒傳講福音的，而是要用在基督教本身，使
它有所改變 —— 這項改變， 存在於成為與變成為基督徒
中——； 即有一個更內在的變化。（《日記》·一八四七
年）

蘇格拉底預先並未蒐集過靈魂不朽的某些證據，以便藉此
而活在這般的信仰裏；情形恰好相反。他說：靈魂不朽的
存在可能性，是這樣深深盤佔我，致使我一無牽掛的把生
命投擲在它上面，視它為一切當中最確定的事物。

他的信仰，不是僅靠證據力（並藉此為生）；不！他的生
命就是證據。只當他殉道而死，他的證據才齊全。這，你
僅能看出，就是靈。……此一情況如謹慎運用，便適合於
「成為基督徒」的問題。……和蘇格拉底相比，成為基督
徒，乃具有一項要記牢的辯證上的不朽：人在和靈魂不朽
相關聯之處，只和自己與理念干涉，此外無它。不過，當
一個人全無顧忌的立即選擇相信基督，即選擇把自己的生
命把注在他身上，就許可他在祈禱裏，擁有對基督直接的
仰賴。這樣，這個歷史事件，便是信仰的因源，也是信仰
的對象。（《日記》·一八五〇年）

又說：

當基督教來到世上時，人們都不是基督徒；而困難就在於
去成為一個基督徒。

現今，成為一個基督徒的困難則蘊涵著：把一個原初卽是
一個基督徒的，主動轉變成一個可能性，以便在實在（實
際）上，成為一個基督徒。目前的困難，是那樣的奇大，
致使這項改變，必須與應該靜默的發生，卽在個人裏面發
生，而不要有任何斷然的外在行動來指示它，俾能避免落
入再浸禮敎的異端、或類似的邪說裏。（《附筆》·第二
書）

同時，也說到：

成為一個基督徒，在《新約》的意義上，就是弄鬆（卽在
下述這個意義上說：牙醫提到把牙齒從齒齦上鬆動下來），
亦卽使個人從凝結處鬆動出來；這凝結處，是他用直接性
的激情附著上的，也是它用同樣的激情附著於他的所在。
（《基督敎界》）

3.

至於作為「基督徒」，也就是祁克果一心努力要達成的目
標，又標示著什麼呢？關於這個問題，筆者認爲，祁克果也是由
「存在」的角度來立論的：一個基督徒，就是一個眞正存在的
人；「一個基督徒的存在，乃觸動到存在。」（《日記》·一八
五四年）而且，在日常存在的生活中，一個基督徒乃需時時爲了
維護信仰而作冒險的；因爲，信仰本就需要冒險，以成就信仰的
實質內涵。「欠缺了冒險，便沒有信仰（誠信）」（《附筆》·

第二書）。

　　祁克果並且認爲，只有基督徒因爲學習到對更可怕者（神）的畏敬，他才懂得「死病」（對神絕望）的意義；從而，以獲得自然人所不明瞭的勇氣。再說，這種勇氣，乃是藉著祈求（神）而得來的（《日記》・一八四一年）。有了勇氣，便擁有了一種騰昇之力，即以「棄絕」作爲它的預設，以幫助自己做出一次大大的跳躍；而且「藉此一躍，便跳進了無限」（《顫怖》）。

　　詳言之，祁克果談述「基督徒」的角色，即是由存在的勇氣來著墨的。因爲，一個眞正的基督徒，也是一個具有「原創性」的個人，即「用自己的原創性，來承負基督教的使命」的人；目的就是要成爲一個基督徒。在此，祁克果附帶說道，關於這裏所說的「原創性」，若在別處而言，即由倫理（學）角度來衡斷，便是「去賭一切、冒一切的險」（《日記》・一八五四年）。因爲，困思、信仰與冒險，乃是基督徒的表徵。在要冒犯的一切危險之中，有一種便是要追求「蘇格拉底的無知」；即在神面前，自認爲自己的無知；亦即在神的鑑臨下，承認神與人實質的差異。祁克果即稱之爲：「靠著無知，來防護信仰，抵斥思辯；嚴守監視神／與人之間實質差異的深谷，……免得像在異教裏所發生的，十分可怕地用哲學或詩……等方式，把神／與人在『體系』裏……混同爲一。」（《死病》・部二）

　　這種賭注或所從事的冒險，當然是以「贏得永恆」爲終極依歸，否則便成了一股「審美的情愫」。蘇格拉底的無知，便是一種冒險，即藉棄絕整個暫世，以求取永恆的表徵；這就像祁克果的評述：

永不要忘記喲！蘇格拉底的無知，是一種對神的敬畏與崇拜。他的無知，是用希臘人的方式，表現了猶太人的一項認識：「敬畏神，是智慧的開端。」（《死病》・部二）

　　然而，被祁克果推尊爲一個基督徒的「異教徒蘇格拉底」，因爲了追求無知，就眞的是一個「無知者」嗎？當然不是！弔詭地說，因著信（心），儘管是已棄絕了一切，不過，卻是沒有一物會被棄絕；所以祁克果便這麼說：「靠著信，我卽獲得一切。正因在這個意義上有此話說：『凡是有信心者，就像一粒芥荣種，能移山塡海』」（《顫怖》）。

　　祁克果在此乃是根據他對〈創世紀〉中有關亞伯拉罕的事例，來肯定他個人這項的信念的：

　　　畢竟，人可需要一股深具困思與謙遜的勇氣，好藉著荒謬以握取整個暫世；而這便是誠信的勇氣。
　　　藉著信，亞伯拉罕並未棄絕他對以撒的聲明；不過，靠著信，他却獲得了以撒。（《顫怖》）

　　總括以上所述，對祁克果而言，「成爲基督徒」卽是一種可能性而已，不過，眞正的「基督徒」才是一種實在性；前者是潛能，後者則是一種實現。再者，基督徒不但是一個冒險者的代號，而且更是作成「誠信之跳越」的信仰武士：在從事一種「自我棄絕的運動」，以求取眞知（智慧）、永恆之人。當然，他的棄絕，不是永遠的棄失，而是行將如同亞伯拉罕的「重獲」以撒，以重獲一切；而其中，最重要的就是：贏取永恆，證成永

福，才是其存在最終極的實現。

第六節　亞伯拉罕與「誠信之跳越」

1.

我們從《恐懼與顫怖》（一八四三年）一書的內容裏，便可明瞭祁克果如何從「存在」或「個人」的立場與角度，在理解與詮釋這位信仰的武士：亞伯拉罕。

在該書裏，祁克果把獻子（以撒）祭神的亞伯拉罕，描述成一個偉大的「誠信」者；因為，他傾聽神的聲音，而以信心支撐他走過了一生。至於亞伯拉罕的偉大，乃是靠著弔詭的「無能」、「愚拙」、「瘋狂」與「自恨」的方式而偉大，因而也大過了一切；這是祁克果本人對亞伯拉罕個人的詮釋，就如同《顫怖》一書裏的描繪：

> 有人是以信靠自己而賺得了一切；有人是以確保自己的氣力而犧牲了一切。不過，信神的人，却大過這一切。
> 有人是靠自己的權勢而成為偉人；有人是靠自己的智慧而成為偉人；有人是靠自己的希望而成為偉人；有人是靠愛心而成為偉人。不過，亞伯拉罕却比這些人還偉大：
> 他是靠自己的權勢而偉大，但它的力量是無能；
> 他是靠自己的智慧而偉大，但它的秘密却是愚拙；
> 他是靠自己的希望而偉大，但它的形式却是瘋狂；
> 他是靠愛心而偉大，但它却要恨惡自己。

亞伯拉罕因著信，即離開他的先祖之地，而成為應許之地
上的一個寄居者。他留下一物，也帶走一物：「他留下俗
世的理解，而繫帶著信心」；不然，他不會到處流浪，且
認為這是很不合理。（英譯，頁 31）

在上述的引文裏，祁克果有意以「理解」與「信心」的對比
角度，來描繪亞伯拉罕；簡言之，他認為亞伯拉罕個人乃是憑著
信靠神的堅確信心，戰勝了俗世人對普遍性倫理道德的理解與奉
行。不僅如此，祁克果更把亞伯拉罕的所作所為，詮釋為一個弔
詭的「雙廻向的」偉大人物；像他就這麼說：

一個人棄絕自己的願望是偉大的；不過，在他棄絕這個願
望之後，且又緊握著它，才是更偉大。又執握永恆（者）
是偉大的；但是，在他棄絕暫世之後，而又緊握著它，這
才是更偉大。（《顫怖》，英譯，頁 33）

2.

其實，祁克果之把亞伯拉罕描述成這種幾乎超凡入聖的偉大
者，也並非沒有顧慮到亞伯拉罕個人內心裏的掙扎與痛楚；換言
之，亞伯拉罕也如一般常人，即身處在人類某種共同生活的倫理
規範裏，必須時時以服膺某種道德法則而行事。尤其是，更會為
了實現某一種的道德理想，而同時又與個人欲望相衝突，而憂心
忡忡，有如以下所述：

> 對亞伯拉罕的所作所為，在倫理上的表示是：他會謀殺以
> 撒；在宗教上的表示則是：他會獻上以撒為祭物。不過，
> 就在這般的矛盾中，倒擁有會使一個人寢食難安的憂慮；
> 然而，亞伯拉罕並不是沒有這層憂慮的那種人。（《顫
> 怖》，英譯，頁 41）

　　不過，據祁克果的發現，亞伯拉罕會遭遇這種「試驗」，以及面臨這種人生至高、又難的抉擇困境，誠然是敬畏神者，即神所揀選者（有如亞伯拉罕）才會面臨到以及必須承受的試煉；這可是出自神的眷愛，欲使其信心接受熬煉如同精金的斷然手段。否則，便是一種試探（temptation; Anfechtung），有如魔鬼經常對聖徒所施行的伎倆❼。

　　此外，祁克果也深深感受到，儘管敬畏神之人有如亞伯拉罕者，並無不同於一般常人，但是，他卻能夠隻身面對這種「困思」的情境，並且安於困思；這才是亞伯拉罕極端不同於常人可取的所在，因而成就了其作為猶太民族「信心之父」的美譽與表徵。

　　祁克果作這類的理解與詮釋，則到處洋溢在《顫怖》一書的各章節裏，像他就說過：

> 我自認為自己是個英雄，不過，卻不會把自己設想成亞伯
> 拉罕。因為，每當我到達這個巔峯時，我便墜落了下來；
> 原因是，我在那兒所遭遇到的是：困思。然而，我全然沒

---

❼　Kierkegaard, S. A., *Fear and Trembling*, p. 42.

存心要說，誠信（信心）是低微之物；相反的，它才是最
高等的事物。（英譯，頁 44）

亞伯拉罕是怎樣存在的？他相信（神）；這就是弔詭。信，
就在料峭的涯緣保守了他，而且無法使他向任何其他人訴
明。因為，作為個人的他，把自己安置在和絕對者一種絕
對的關係上；這就是弔詭。

他這樣做是合宜的嗎？他的合宜，再度是個弔詭；因為，
如果他合宜，這並不是憑靠任何普遍的事物，倒是藉著成
為一個特殊的個人（才如此）。（英譯，頁 72）

3.

如前所述，祁克果並不掩飾他是以個人、存在的角度，在詮
釋亞伯拉罕的超倫理行徑；他反而認為，亞伯拉罕才是以作為
「一個特殊的個人」而自傲；因為，亞伯拉罕「靠自己」而做
成了這種棄絕一切事物（包括人際間的一切倫理規範，以及他一
心所鍾愛的以撒）的運動。不過，亞伯拉罕卻也靠著棄絕（一切
事物），而獲得了一種事物；那就是獲得他個人的「自我意識」。
這個自我意識，乃意識到自己就是「在永恆意識中的自己」，也
就是「以極樂之心，贊同我對『永恆的存有』之愛戀中的自己」。
（英譯，頁59）並且，就因為亞伯拉罕喜於做成「特殊的個人」，
他便超過了「普遍者」（有如倫理學的普遍規範……等），而和
「絕對者」立於一種絕對的關係。就此，祁克果言下之意是指，
亞伯拉罕這個「特殊的個人」（在他當成個別者，以屈從普遍者
之後），卻是透過普遍者，而成為以「個別者」自居，然而卻也

是超越普遍者的個人。這個「個人」，則可和作爲永恆者暨無限者的神（絕對者），立於一種絕對的關係。這也就是一種主體對主體的關係❽。不過，這種關係，或這種立場，祁克果認爲，卻是難以傳達的（mediated）。原因是，一切的傳達，乃是要靠著普遍者（有如：語言概念……等，都是普遍者，或作：共相），才有其可能。

爲此，祁克果便說，這卽是一種困思；因爲，這是針對「永恆（性）」而言的，而無法以任何一種言語或思想予以傳達。亞伯拉罕個人所面臨的人生語言與思想的困境，就是在其聽命於神的呼召，而默然憑信獻子的「事件」上充分表露了出來。畢竟，祁克果說道，亞伯拉罕則「憑藉他靈魂一切的無限性，靠他自己的力量和自己的責任心，已履行了『認命』的無限性運動；就僅僅這麼做，他在苦痛中便保有了以撒。」

亞伯拉罕的認命，有如上述，就是指無法以言語來形容與轉達這件事；針對這件事，祁克果本人更有相當動人的指述。他說：

> 亞伯拉罕不說話，他沒有對撒拉（Sarah）、伊萊莎（Eleazar）與以撒（Isaac）說；他跨越了三種倫理權威；因爲，對亞伯拉罕來說，倫理欠缺比家庭生活（family life）更高超的表現（語辭）。（《顫怖》，英譯，頁 121）

的確，亞伯拉罕不說話，是因爲他「無法」說話，也就是無

---

❽ *Ibid.*, pp. 64-66.

法說出人間的語言 (human language)；因此，便保持著緘默。又，在這緘默中，倒也並非沒有痛苦與焦慮的心緒。不過，亞伯拉罕終究卻能憑著「信」，說出神的話(a divine language)──祁克果形容他說的這種語言，乃是在「說方言」（按：屬靈話語，即舌音之語 speaks with tongues）❾。更且，亞伯拉罕也憑著「信」，做出了兩種運動：一是「無限棄絕的運動」(the infinite movement of resignation)──有如：放棄了以撒（這是一種私人的冒險，所以，沒有人能理解）；二是「每一瞬間的誠信運動」(the movement of faith every instant)。特別是第二項運動，祁克果說它乃是亞伯拉罕的「慰藉物」(comfort)，因為亞伯拉罕必是充滿了信心之語：「只是，這件事尚不致發生；不然，如果確實發生了，主一定會靠著荒謬 (absurd)，賜給我一個新的以撒。」（《顫怖》，英譯，頁 124）

4.

總之，祁克果心目中的亞伯拉罕，並不是什麼悲劇的英雄，反而是一個誠信的武士；因為，他「完全踏過了倫理，而在倫理之外，擁有一項更高超的『目的』；他因和這項目的產生了關聯，便懸擱了倫理。」（《顫怖》）

> 悲劇的英雄，為要呈顯普遍者而棄絕自己；誠信的武士，為要成為個人而棄絕普遍者。
>
> 悲劇的英雄，為要履現他的義務而放棄自己的願求；但對

---

❾ *Ibid.*, pp. 122-123.

於誠信的武士而言，願求與義務也是等同的。只是，他被
要求放棄這兩者。（《顫怖》·問題二）

總括以上所述，猶太—基督教的信仰觀念，尤其是亞伯拉罕
的信心與行徑所呈現出「（人類）生命與存在的困思」，對於祁
克果一生（包涵著作業），可具有絕對的影響；筆者認爲，這純
粹是祁克果能本於其個人的存在體驗，而對猶太—基督教的「信
仰之父——亞伯拉罕」的心思行徑，有一番反省性的理解與詮釋
之所致。說它是一種「改造」也好，說它是一種批判的「轉化」
與「取用」，也未嘗不可以。

第七節　約伯與「重述」（重複）

1.

在《重述》（一八四三年）一書裏，祁克果談到《舊約聖經》
中的苦難人物——約伯（Job）❿——的篇幅，可就不少。簡要的
說，祁克果係把約伯這個人所遭遇到的一切（一個遭受天譴的人
所面臨的一切苦難與其它際遇），詮釋成一種超乎感性（美感）
與倫理範疇的人生困境，而直逼宗教的（例外）向度與範疇。換
句話說，祁克果也是透過他對存在的立場與角度，把約伯這個人
所表徵的生命與「存在」情態，闡釋成一種深具其它存在面向與
其它存在法則的意涵⓫。至於祁克果在這同年同月所出版的《恐

❿　請參考《聖經·舊約·約伯記》。
⓫　Collins, J., *op. cit.*, p. 90.

懼與顫怖》一書，其所細膩談述的亞伯拉罕獻子的事蹟，幾乎也可算是有關此一「存在辯證」（existential dialectic）課題的持續發展（參前一節）❷。

　　詳細的說，約伯信心的例證，對祁克果個人來說，已構成了「一種挑戰」或「一個問題」；誠如他的自述：「我可要展示約伯信心的例證，以便向著我成爲一項挑戰、一個問題，就像：我是否也想要得到一顆篤信的心？」又說：「絕不准把它表徵成：我是受到邀請，去成爲這一齣喜劇的一個旁觀者，或者去扮演一個公共調查員的角色（不管實際上是現在，或者眞是現在來讚賞它）。」（《附筆》‧第二書）誠然，有人也許不禁想問：約伯到底是一個怎樣的人呢？何以值得祁克果要以「參與」的心情，或存在的終極關懷來展示他的「信心」？並且，也想把他信心的例證，當成自己個人生命的一種挑戰、或一個問題來處理？……關於這一系列的質疑，筆者認爲，它們將可在《重述》一書裏得到滿意的回答。至於祁克果本人，又是如何詮釋約伯這個人的生命事蹟呢？關於這一點，筆者自然也認爲參照〈約伯記〉的記述，以及《重述》一書對它的論評，就必可窺見一斑。

2.

　　祁克果在《重述》裏，乃把《聖經‧約伯記》中的約伯所困處的情境，稱爲一種「磨難試驗」(trial of probation)❸；這個試驗範疇，當然不是一種感性的、或倫理層次的，而是一種超驗

---

❷　*Ibid.*, pp. 90–91.

❸　Kierkegaard, S. A., *Repetition* (trans. by Walter Lowrie; Princeton: Princeton University Press, 1941) p. 128.

的宗教範疇。說它是一種超驗的宗教範疇，是因爲它把書中的主角約伯這個人，擺在「與神有一種純個人的矛盾關係上」（a purely personal relationship of contradiction to God），而來加以討論與評價的。簡單的說，這種與神純個人的矛盾關係所指涉的，乃是瞄指：約伯起先自覺到他是無辜的，他在神面前是個義人；不過，到了最後，神便在雷霆中出現，向約伯直接說話，並且責備約伯的「自義」。約伯經過神的詰難而痛下悔改之後，終獲神的接納，且重新得到神的祝福與雙倍的賞賜。關於這一反轉的情勢，祁克果（以康斯坦丁·康斯坦底烏斯 Constantin Constantius 爲筆名）在《重述》一書裏，便把它形容爲一種「重複」（repetition）❹。當然，約伯眞正經歷「重複」的時刻，就是意指在一切人爲的可能性都無法施展、一切希望都俱已成灰，以及一切事物都由其身旁消逝遠去的時刻❺。而據祁克果本人的自述，他個人可正等候這一種「存在經驗」的到臨呢！

　　原因是，就在這時候，祁克果本人的心境——即與其未婚妻蕾琪娜解除婚約（一八四一年十月十一日）之後，旋卽在同月的二十五日轉赴柏林，且在柏林蟄留近半年的期間（一八四二年三月六日又返回哥本哈根；及至一八四三年五月八日，他又轉赴柏林，同月返回）——，原已抱持與蕾琪娜重歸和好的「可能性」，奈何之後卻發現，蕾琪娜早已和她先前的男友希萊格(Fritz Schlegel)訂婚，而感受到自己早先所保留的唯一可能性（再度娶她），則已完全喪失。而且，祁克果在此間所撰述並發表的

---

❹　Ibid., p. 132.
❺　Ibid., p. 133.

《重述》與《恐懼與顫怖》，以及《兩篇訓義談話》（一八四三年五月十六日），當然，全都是想要呈獻給他心中的那一個「個人」——蕾琪娜。

經過這一番的打擊以後，儘管祁克果自認爲曾經困鎖他的那個心結，也已被打開，而且蕾琪娜「更使他成爲一個詩人」；但是，他卻能夠保持先前的期待心情（即期盼與未婚妻言歸和好一事；據他自己的形容：他正在期待一次的暴風雨——與重複呢！），作這樣的自述：

> 我又是我自己了；此間的我，則擁有了重複的情境、心緒、或諸種可能性）。我理解一切，而且存在於我而言，似乎是比以往更美妙了。畢竟，這就像一場暴風雨來襲一般……，難道就沒有一種重複嗎？我難道沒有加倍的獲得了一切嗎？我不是又找到了自己嗎？……而且和這一種重複相較之下，……重複著的俗世財物，又是什麼呢❻？

的確，祁克果此刻的心緒，應該是有如靈魂洗滌後了的一種心緒；這也表示，透過詩意的表徵與瞄指，祁克果已然走向了宗教的心靈世界，擬去挖掘並極力發現宗教層面的存在蘊意❼。

筆者認爲，談到「重複」與「宗教存在」的蘊意之關係，就必須注意到其談述過「追憶」與希臘人生命態度的關聯性。難道在它們兩者之間，可有一種類比的關係？當然是有的！據祁克果的看法是這樣子的：

---

❻ *Ibid.*, pp. 143-144.

❼ *Ibid.*, p. 157.

「重複」是一種決斷的表示，就如「追憶」對於希臘人是一種決斷的表示一般。他們教示著：一切的知識，都是追憶；同樣，近代哲學也教導我們：生命的全部，也是一種重複。……重複與追憶都是相同的運動；只是，方向有所對反罷了。因為，人所追憶的一切，都已成了過去的事，它的方向是往後重複著；其實，重複則可作恰當的指稱：即往前面的方向追憶著❸。

祁克果熟知希臘人的這項生命原則──一切知識即追憶──，並且知悉它是希臘人將之應用在追逐（往後面方向的追憶）「永恆」上的一種竅門；特別是柏拉圖，則把它當成「通抵思辯企業的一個線索」（《附筆》‧第二書），而蘇格拉底反而藉以關注「存在」，而將之展示成論證靈魂不朽以及充作證明神存在的唯一手段。不過，祁克果基於對《聖經》信息的存在體驗，卻把這個「重複」範疇，展演成往前的與漸進的通向「永恆」的心態。換句話說，祁克果乃把這個作爲一個宗教範疇的「重複」，當成趨近於「永恆」界域的一種歷程：「永恆」是一種「在生成變化中」(in becoming) 的歷程，也就是可藉（個人）生命予以實現與表現的某種歷程。

---

❸ *Ibid.*, p. 3-4. 後半段的英譯爲： "Repetition and recollection are the same movement, only in opposite directions; for what is recollected has been, is repeated backwards, whereas repetition properly so called is recollected forwards."

3.

在此，我們當可知悉的是，祁克果乃是藉助他對希臘「追憶」哲學批判的理解，而呈示出了基督教的永恆（時間）觀點：個人是向前的、趨於未來以接近「永恆」畛域的精神主體；在這同時，「永恆」也便是存在的個人趨往未來之際所呈現出的決斷歷程。其實，祁克果的本意應當是指：眞實的重複（運動或歷程），是在個人存在的自我之中所發生的「生命之變更」。所以，祁克果會說：

> 當希臘人說「一切知識，都是追憶」時，他們是在肯定一切事物，都已呈過去的了；當有人說「生命是一種重複」時，他也就是在肯定業已存在的（生命），如今就一直在變更著。
>
> 人們一旦未擁有追憶、或重複的範疇時，那麼，生命的整體便被解消成一片空虛與空洞洞的噪音。[19]

在先前，筆者曾經談到，「罪」在祁克果看來乃是「新的存在媒體」。又，儘管罪搗碎了人生命的整體性，以及破壞個人與神的直接關係；但是，罪畢竟也是可以解決與解除的，即藉著宗教信仰所產生的力量予以化除。祁克果這種關注罪意識的存在，以及展示消除罪意識的宗教途徑，應是可以教人諒解的；不過，這兒所提到的「重複」疇範或途徑，它的重要性，則似乎不亞於

---

[19] *Ibid.*, p. 34.

基督教《聖經・約翰福音》三章 4 節裏所云的「重生」(rebirth)
❷。因為，「重複」也是一種倚藉「荒謬」、或倚藉「信心（誠
信）」所成就的虔敬運動：它涵示著消除（有如藉重生的水、靈
二洗）了個人罪業的復原行動——與神復合歸為一體。

4.

　　總之，約伯個人一生的信心磨鍊，多少類同於亞伯拉罕所從
事的雙重運動——一是無限的棄絕運動，另一是每一瞬間信心的
（激情）運動——；它們的共同點是：由於人的瑕疵（不完美），
人在靜默、悔悟中愛神，也必在靜默、悔悟中蒙受神所賞賜的一
切；因為，「賞賜的是耶和華（神），收取的也是耶和華，耶和
華的名是應當稱頌的。」（〈約伯記〉一：21）。的確，就在祁克
果個人的理解與詮釋下，他同樣發現，約伯也是承受著一種有如
亞伯拉罕「信心之考驗」的苦難，而無法用人的語言來形容或傳
達；他唯一的訴求對象，也當是令其遭受此一試煉的神。所幸，
約伯就在個人的省思，以及對此一偶然事件（accident）的解釋
上，並未失落他對神的虔敬心。最後，「神就使約伯從苦境轉
回，並且神賜給他，比他從前所有的加倍。⋯⋯神後來賜福給約
伯，比先前更多。」（〈約伯記〉四十二：10. 12）
　　以上，是祁克果對《聖經・約伯記》的主角人物——約伯
——的存在詮釋，也是祁克果個人自己對它所作的存在的轉化與
取用。

---

❷　*Ibid.*, pp. 72–73.

第八節　馬丁・路德與「因信稱義」

十六世紀，西洋基督宗教的改革者馬丁・路德，對於祁克果的宗教思想，也有過不少的影響；只是，這種影響在祁克果看來，卻是正、反兩面都有。因為，祁克果乃部分地接納了路德的教義，也部分地批判與揚棄了路德（教派）的「異端」。詳細的說，祁克果的宗教思想，已批判地改造，並且轉化與取用了路德（教派）「因信稱義」的主要教理，而成就其以存在體驗為基礎的基督信仰觀。何以如此說呢？請見下文。

1.

據《祁克果的心靈》一書的作者卡林斯的研究，祁克果自小即在路德教派的基督教會裏長大；他對人的有罪性、人與神的距離、基督承擔人類罪孽的大慈大愛，尤其是基督被釘死以救贖人類的主要教義，都有過相當的了解。不過，他並不是受到一種理論的灌輸，而是藉著頗為生動的習知，以接近基督教的。當然，他後來所接觸到的摩拉維亞教派（Moravians）的主張，諸如：強調基督的受苦受難，以及能夠激發人們產生憐憫悔罪心緒的十架磔刑，在在對於心靈日漸圓熟的祁克果，也是有過相當大的影響力[21]。可是，不管怎樣，路德的教義，對於祁克果而言，終究是一種的負擔。像祁克果就會有下述的評斷：

當一個人閱讀路德的講稿時，就會得到一個印象（確是這

---

[21]　Collins, J., *op. cit.,* pp. 5-6.

樣）：他是一個具有堅定、心靈敏銳的人；是一個在說話時具有以自己的話為「權威」的決心者（〈馬太〉七：29「他說話帶著權柄」）。不過，對我而言，他的堅定裏有某股的不安；事實上，它就是不堅定。

我很清楚的知道，如果把路德的堅定和蘇格拉底相比，人們必會在自己身上劃十字。但，這不純粹是由於大多數人比較了解，並傾向於不安嗎？人都知道，路德因閃電擊死了他身邊的朋友而受到震驚；同樣，他的演講似乎總顯示著：閃電不斷的落在他身後。（《日記》・一八四五年五月十四日（抵達柏林））

路德關於〈哥林多前書〉第八章的佈道的結論——他說，信重於愛——，純粹是詭辯。路德常想用愛鄰居的愛來解釋愛，好像愛神就不是一個人的責任。

路德確實是把信放在愛神的位置上，而稱對鄰居的愛為愛。（《日記》・一八四九年二月九日）

又說：

愈研究路德，就愈清楚他攪混了一件事：他把什麼是病患，什麼是醫生混同了。

他是基督教一個極端重要的病患，不過，他不是醫生；他深具描述與表達痛苦病患的激情，但他所需要的，卻是慰藉。

畢竟，他不具有醫生寬廣的視野；如想改革基督教，首件事情：必須對基督教有一全盤的巨觀。（《日記》・一

八五四年)

　　祁克果也曾在《日記》裏指說，路德提出九十五條論題批判羅馬教廷，由於條目愈多，而顯得愈不可怕；他則提出了唯一的一條，即「基督教並不存在」(Christianity does not exist)，以顯示他本人對基督教界有一更針砭式的期許。「事情必須變革，而它將是可怕的變革。但和它相比，路德的改革，幾乎只是一個玩笑。一個可怕的改革，它的吶喊行將是：『地上是否還能找到信仰？』從千百萬人離棄基督教裏，就能認知它。這是一個可怕的改革；因為事實上，基督教眞的並不存在了。」(《日記》・一八五四年)祁克果當然認為，他從根本的批判基督教，乃是「一個可怕的改革」！

2.

　　的確，路德的宗教改革，祁克果曾經寄予深深的注意；不過，他卻大失所望(如前所引述，便可得知)。其實，最主要的理由之一是，路德曾借用「政治」勢力，以幫助他的宗教改革。可是，祁克果認為，這才是失敗之舉。因為，宗教變革的成功與否，並不在於教義的完善與否，而是端賴人心的徹底更新變化。而，這也無怪乎祁克果會一而再、再而三地在《日記》或其它地方，宣洩他本人對路德的不滿：

　　　中世紀偏重以基督為典範，並在這條迷路上愈走愈遠；之後，來了路德。他則看重另一個側面：視耶穌是一項只藉著信才能接受的恩惠。

至於別的，我愈是考察路德，愈深信他迷糊了：他拋開所
有重擔，使生活輕省；這是一種舒服的改革，很容易獲得
朋友的幫助。唯真正的改革，總意謂著使生活更困頓，要
增加負擔的；因此，真正的改革者，每每會被處死，看似
人類的公敵。

路德的「教宗，聽我！」，它的聲音，不說別的，我聽來
就滿有煩人的俗氣；……他的這項表現，恰似新聞業者的
口號。路德的混亂是：這種庸俗的政治姿態，這股推翻教
宗的渴求。（《日記》·一八四九年）

路德，你的責任的確重大。因為我愈近看，愈是瞭解：你
推翻了教宗，然而，却把羣衆捧到王位上。（《日記》·
一八五四年）

3.

　　祁克果本人並不偏向於路德派的基督教（會），也不偏向於
天主教；因爲，他由個人存在的體驗與立場出發，發現只強調
「因信稱義」的路德教派，有意玩忽善功（good works）與對信
心（信德）的嚴苛要求❷，而且教廷在「中世紀的紊亂」（《日
記》·一八四九年），亦令其不敢恭維。然而，總是以「追隨基
督」（following of Christ），作爲其復歸原始宗教（基督教）本
質的唯一進路❸。的確，祁克果的這種宗教態度，應當可以理解

---

❷　*Ibid.*, pp. 16, 236，針對這種情形，祁克果在一八四九年的《日
記》裏，則有頗巧妙的比方：「在路德教裏，信已成爲一片無花果
樹葉，葉後藏有最不基督化的人。」

的；不過，在其基本心態比較走向「原始基督教」的情況下，他與路德思想的關聯性，總比與天主教義的差別性更會受到時人注意，卻是不容置疑的事。爲對此種情況作一通盤說明，筆者則擬以下述五點來表明祁克果如何批判的「接受」路德正面的影響：

　　（一）他能接納路德使用辯證的方法，以處理「罪人卽（可成爲）信徒」(sinner as believer) 的觀點，並且將之應用在《苦難的福音》(*The Gospel of Suffering*) 一系列的論述中，以建立起懲罪、苦難與得勝信心三者之間的關係❷。

　　（二）他從路德教義熟悉著、並肯定所謂「基督教的核心」，並非意指若干理念（理想）的應驗，而是神的恩典與赦罪功能；尤其是神的寬赦之愛，乃是永無止境的❷。

　　（三）他接納路德對「使徒信經」(Apostle's Creed) 第二款的解釋：「我信耶穌基督是眞神，由永生之父所生，他也是眞人，由童女瑪利亞所生。」卽：唯有耶穌基督本人，才有資格承受「溝通者」的職分，而所有直接的溝通，全不可能。爲此，當耶穌以人(person)的身分說：「我是神」、「我與父爲一」時，這便是一種直接的溝通；不過像這類的話，一旦出自作爲一個普通的凡人（個人）的口中時，它便是間接的了；因爲，與此相應的是：作爲一個凡人，你就得作出「你是否相信他？」這樣的選

---

❷　就如他在一八五〇～五二年間陸續發表的三份作品：《爲自我省察》（一八五〇年九月十日）、《基督教中的勵練》（一八五〇年九月二十七日）以及《你自己判斷》(一八五一～五二年)，便是以「追隨基督」爲主旨。

❷　Collins, J., *op. cit.*, p. 221.

❷　Reidar Thomte, *op. cit.*, p. 181.

擇。換言之，凡人都必須以「信（心）」、藉著「信（心）」說話；因而，儘管他想說、或說出了「我是神」時，這就不是以直接溝通者的角色在發言，而成爲一種「間接溝通」了。又，這種「信（心）」的對象，對存在的個人而言，當然是指「神一人」(God-man) 這一「絕對困思」的事件。祁克果在《基督教中的勵練》裏，就指出「袪除了神一人，便是袪除了基督教。」當然，他在《附筆》一書裏，也明白表示：「基督教就是（這種）困思。」❷⑥

（四）他接納（奧古斯丁與）路德這一條主張意志 (will) 至上的論點，而把個人的存在，詮釋成是一種靈（精神）的運動主體；所謂「成爲屬靈」(to become spiritual) 的涵意，就是要獲取個人內向性的深度之意。這種個人的內向性，也是指個人作決斷的「意向性」（即道德的決斷），而使存在的個人，或個人的存在，也成就爲一個「道德的主體」或「主觀的思考者」，甚或是「主觀眞理」的擁現者。

（五）他接納路德對「信（心）」的解釋：信（心）是一種不安 (restless) 與使人心亂的 (perturbing) 信（心）❷⑦。爲此，不斷的追求 (striving)，便成爲一個誠信者的生命原則；一直要到他找到了神、即永福（至福）而安息在神的懷抱裏，內心才得以獲得眞正的安寧（奧古斯丁語）。

總之，在正面的意義下，祁克果的確可以接受路德（教派），之扮演基督教界「更正劑」(the corrective) 的角色；像祁克果

---

❷⑥　*Ibid.*, pp. 202–203.

❷⑦　*Ibid.*, p. 219.

本人就自述，他「對它（當時丹麥社會旣定的秩序）則貢獻過可稱之爲『更正劑』的東西。」❷ 不過，在負面的意義下，他卻批判這種更正劑的「典範化」與「普遍化」的危殆性。誠如他在《日記》·一八五四年裏的評述：

> 當一項更正劑（指：路德敎）成爲典範、成爲全部時，在下一代，它就因而變爲混亂之物。……一直到最後，這更正劑就和它原本的意向，產生完全的反效果。
>
> 再者，現今的景況正是這樣：用整個基督敎本身爲例，路德派的更正劑，已產生最典型的世俗智慧與異論。

　　祁克果在上述引文最後一句的批判裏，無不顯示他至終對路德敎派的厭惡。但是，誠如先前的列述，承襲歸承襲，批判歸批判，祁克果在批判中也在改造路德敎義，而予以轉化與取用成他個人的觀點，這應該是一件不爭的事實。

---

❷　Kierkegaard, S. A., *The Point of View for My Work as an Author*, p. 158.

第 肆 篇

祁克果思想的特徵與獨創性

祁克果誠然是一個思想廣袤、洞察敏銳以及反省深刻的世紀型人類性靈的先知，無論細膩的有如：人性、婚姻、詩與美……的課題；嚴肅的有如：生命、體系與辯證……的課題；加上，有關神聖與尊嚴的有如：眞理、理想與永恆……的課題等，在他雙運巨觀暨微觀批判力的檢視下，均呈現出了一種特出的圖像。由這個圖像的外廓與內涵看來，祁克果的思想確實具有異乎尋常人的特徵與獨立的風格；特別是，在與傳統思想各流派與重要主導人物的排比下，也更能凸顯出祁克果思想的特性與獨創性。

以下，筆者擬從（一）方法學方面：指出祁克果如何從其個人的存在反省與存在體驗，靈活運用「破（學）立（道）」的生命原則，以證立「存在的個人」，即是知識論上的認識主體、倫理學上的道德主體，以及宗教（價值）上的性靈主體；並且從（二）哲學方面：表詮祁克果如何從其對巨觀與微觀洞察力的技巧運作，以開顯「存在的可能性」，即是哲學訴求與探討的核心課題，而呈示祁克果思想的特徵與獨特性。換句話說，筆者在此旨在闡明：祁克果究竟是如何把西洋古哲蘇格拉底哲學的精神內

涵，卽「認識你自己」(know yourself)，轉化成「選擇你自己」(choose yourself；基督耶穌的生命理念) 的義理內蘊，以表顯祁克果之所以成爲祁克果的思想特色。茲分述如下。

第一章 在方法學上：破（學）立（道）
生命原則的靈活運用

　　談到祁克果思想方法學的奠定，首先就必須知道他的思想的
終極關懷之所在；捨此，則難以把握他的思想（方法學）的精彩
片斷與精要的表現點。至於若要瞭解祁克果思想的終極關懷之所
在，當然，就必須由他的「著作業」著手；而，祁克果何以會有
大量創作以及多產性的著述念頭呢？這則可以從他個人的自我剖
白清楚看出：

　　　　做為一個作者，　我的著作業是無可遏止的內在衝動的驅
　　　　使；是一個憂鬱者的唯一可能性；是一個卑微的、懺痛的
　　　　靈魂為做補償，在為「真理」服務之中，不逃避任何犧牲
　　　　及勞苦而造成的誠實的結果❶。

　　簡單的說，為「真理」服務，即是祁克果一生思索與著述的
重心；這裏的真理，應當是指「永恆真理」而說的（參前）。祁
克果一生為了傳達真理、闡明真理，幾乎動用了「任何可用的方
法」，以化導人類不完美的存在狀態。如其所述：

---

❶　Kierkegaard, S. A., *The Point of View for My Work as an
　　Author*, p. 6.

> 我一直渴望的是，有助於（設若可能）用任何可用的方
> 法，把更多一點的「真理」，帶進我們所生活的不完美的
> 存在狀態中❷。

不過，他又說：

> 我……的戰術是，靠神之助……❸。

這兩段應該已清楚顯示，祁克果係仗恃著神而儘量運用多樣
的方法，以傳達眞理、闡明眞理的存在。不過，從其各類作品的表
現看來，祁克果確實是充分運用了蘇格拉底式的反諷、唆動式的
詩般想像、日記、宗教論戰與評論，和由「背後」挫傷的巧藝❹，
以及集編輯者與匿名（假名、筆名）者於一身之「中國寶盒」體
系式的辯證混用❺，以安立他個人思想的方法學。不過，就實質
的內涵而言，祁克果的這種方法學，卻不是純客觀理論思維的運
作，而是極具個人主觀生命的參與和「互動」(interact) 的。換
句話說，他的方法學乃兼具了中國哲人所云「雖千萬人吾往矣」
之「擇善固執」的情懷暨色彩。原因是：他在基調上，乃明顯表
現成有如一個眞正殉道者，所採用的單靠「無能」之助的棄絕

---

❷ *Ibid.*, p. 155.

❸ *Ibid.*, p. 154.

❹ Reinhardt, K. F., *The Existentialist Revolt* (New York: Frederick Ungan Publishing Co., 1952) p. 31.

❺ Fenger, H., *Kierkegaard, The Myths and their Origins* (trans. by George C. Schoolfield; New Haven and London: Yales University Press, 1980) p. 10.

法；也就是未僭立權威，又須自我忍受苦難，不斷學習做一個學生、一個謙卑者、一個僕役、一個被貶抑者或受嘲弄者、一個懺悔者，甚至一個犧牲者，以便迫使人們對眞理的注意，並且迫使人們在當下能對自我下決斷（判斷）❻。

有了這一種背景的認識❼，要探討祁克果如何靈活運用「破（學）立（道）」的生命原則，以證立「存在的個人」，乃同時是知識論上的認知主體、倫理學上的道德主體，以及宗教（價值）上的性靈主體，便有一清晰的理脈可循。

第一節　存在（事實）vs. 知識（系統）

1.

先前提過，祁克果在《作爲一個作者我的作品之觀點》裏，曾經自述說：「（我把）每種事物都納入反省，……溝通……，因之它是一種間接溝通。」又，他在《對哲學片簡之最終非學術的附筆》裏，也曾經一再的指說：「（我們）整個時代的趨勢，簡言之，無疑必是基於這個事實：人們因知識廣泛的增加，就遺忘了生存的本義與內向性的表意。」綜合這兩段話的內容看來，

---

❻　陳俊輝：《祁克果與現代人生》，臺北市，黎明出版社，頁 132，參第二章〈祁克果的存在『眞理』觀〉一文。

❼　卡林斯便把祁克果這種「以身作則」的方法，也就是把自己當成完全「燃燒裝置」的「導師教學法」，稱作是「比一種標準程序，更是一項治療學的手段。」參 Collins, J., *The Mind of Kierkegaard*, pp. 35, 137, 123, 40.

祁克果實已「開始」發揮他「破學立道」生命原則中「破（學）」的功夫；換言之，他反省時潮的流向，反省人們的競逐知識，也反省人們因而漠視、乃至遺忘存在的原始意義和內向性的表意之可怕的生活情態。特別是，他敏銳地注意到「知識」的廣泛增加，實際上，並未裨益於一個人對自我存在意義與內向性表意的重視和發現；反而，更導使一個人的存在之遺忘與自我之迷失。這才是最攸關一個人生命的存續或滅絕的一大事件。而，這也可以從他留意到莎士比亞（William Shakespeare, 1564-1616）的《哈姆雷特》（Hamlet）劇作中的一句話——即「存在或不存在，這是個問題。」(To be or not to be that is the question)——得到充分的詮釋。因為，存在即是生命的全部，也是生命的自我展現；存在乃「大」於知識，甚至也「超越」了知識。

祁克果除了破除知識能夠大於、超越於，甚而取代存在的假相以外；在這同時，他則肯定了存在（主體）的價值性，找回了存在主體的尊嚴，以及開示存在主體個人的雋永性。這時，也就是挺立了「破（學）立（道）」生命原則中的「立（道）」的功夫。換句話說，祁克果係基於其個人對存在（及其一切內涵）的反省與存在的體驗，終而以找回自己，發現自我，才是人們為學論道、以追逐一切的本源；否則，一個人旣然遺忘了自我、失落了存在，他就算是獲得了一切知識與學問，他的人生也是毫無生趣或意義可言的。

祁克果的這種人生觀或世界觀，也就是基於其「破（學）立（道）」生命原則所奠定的存在洞察，本質上，可不是一種實用主義、功利主義，或者個人主義，乃至唯我（自我）主義的見解；而是一種眞正攸關一個人自我靈命之存續或成長的「生命洞

見」(life-view)。這種生命洞見，當然，是無法被化歸到西洋的觀念論（idealism）、或理性論（rationalism）任何一種流派之下的見解；而是超越了此兩者，以直契——藉著自我逆覺體證（recessive self-experience）法——古希臘哲人蘇格拉底的人性洞察，以及希伯萊基督耶穌的生命智慧所孕育成形的生命洞見。它不屬於任何知識與學問體系，或者理性思辯的理論之（知）見，是很明顯的了；唯恰當的說，它應當就是一種超越理性的觀照，一種統視生命整體的智慧。

2.

又，基於這種「破（學）立（道）」生命原則的運用與運作，我們也可以看到一個例證與一個「方法學的區分」（筆者所杜撰，詳情請見下述）。這個例證，即是祁克果針對黑格爾的思辯體系所明確表詮的主張：「一種邏輯體系是可能的」，而「一種存在體系（則）是不可能的」。詳細的說，這個例證，乃是承續上述祁克果看重實際存在、「輕蔑」理論知識的精神而延伸來的；這個例證，也就是指：祁克果（一心企想找出西洋思辯哲學與傳統基督教的誤解所在）❽批判——破除——以黑格爾為代表的一切思辯學說成體系，而突顯——建立——個人存在的不可化約性，以及突顯出攸關個人存在（及其意義）的「思考」方式，以匡正、甚而取代當時（甚至西洋傳統以來）所盛行忽視個人存在的本義與內向性表意的「思辯」模式，以及其一切學說理論。

---

❽ Kierkegaard, S. A., *Concluding Unscientific Postscript to the Philosophical Fragments*, p. 216.

這種攸關個人存在的「思考」方式，據《附筆》一書的提述，實質上，就是一種隨時要專注個人當下存在的原始印象、存在的體驗、存在的反省、存在的思考、存在的意向與存在的行動……之思考方式；而黑格爾式的思辯學說體系，也便是指：舉凡有關思辯的、邏輯的、概念的、科學研究的、客體的、客觀的與抽象的事物知識，或與之有關的歷史（暨世界）知識這一類的客觀知識（客觀眞理）。

　　祁克果這種區分存在與知識，乃至區辨存在反省與知識體系的不同的論點，當然有如上述，最重要是深受到蘇格拉底（與基督教耶穌基督）的影響。關於前者，祁克果卽發現「認識你自己」的理念，乃是一個極其契合一個人的生命、或存在的自我洞見；關於後者，祁克果則肯定一個人，卽存在的主體個人，乃是「靈的運動」本身，也是一個由今生通向來世，由突破有限、短暫以通抵無限、永恆的「起始點」、或「轉捩點」。爲此，個人存在也便是一個「靈的範疇」（參前），是一個攸關個人（靈命）的範疇；因而，也是一個不可被思考的範疇❾。因爲，它是一個富涵生命總體奧秘的精神（體）；更是一個不斷在生成、變化與辯證發展中的「歷程」。我們可以再問，在方法學上，祁克果到底已受到蘇格拉底（與耶穌基督）怎樣的影響呢？據《祁克果的就往眞理之途》（*Kierkegaard's Way to the Truth*, 1963）一書的作序者兼作者葛瑞格・瑪朗舒克（Gregor Malantschuk, 二十世紀）的分析，他認爲有下述四點❿：

---

❾　*Ibid.*, p. 274.

❿　Gregor Malantschuk, *Kierkegaard's Way to the Truth* (An

（一）面對俗眾：一生重視個人、存在與眞理（範疇）的蘇格拉底，日日與低層民眾爲伍，目的就是想傳達「眞理」實體的存在，而祁克果本人亦同；

（二）發現永生：蘇格拉底亟欲人們能夠對個人自我之內的永恆者（the eternal），寄予最大的注意；而祁克果本人亦同，亦卽亟欲人們都能注意到這位永恆者（基督），已在庸俗時間之中的啟現；

（三）以身作則：蘇格拉底以設身處地的方式導引他人就往眞理之途，以踐履自己存在的使命；祁克果本人亦同。就像在《觀點》一書裏，祁克果早已自述他是從下述這一種「蘇格拉底的規則」，在實踐他的工作理念：

> 如果眞正的成功，便是努力把一個人帶入某種確定地位；
> 那麼，從事這項努力的人，便必須費心找尋「他」是身在
> 何處，並且由此開始。

（四）媒介方式：蘇格拉底係使用對話（dialogue）技巧，打動對談者內心的思想，以解決其個人內心的難題；而祁克果本人則靠寫作的表達方式，呈現一般俗眾各不相同的生活情境，而且望其本人能對自我存在處境的發現，以就往眞理之途。

（續）Introduction to the Authorship of Sören Kierkegaard, translated from the Danish by Mary Michelsen; Minneapolis, Minnesota: Augsburg Publishing House, 1963) p. 115.

3.

　　總而言之，祁克果對蘇格拉底的「認識你自己」（以及耶穌基督的「選擇你自己」）的行動綱領，則有莫大的感悟與體證。尤其，祁克果對蘇格拉底的時代處境，更有「感同身受」的經驗。因為，就在蘇格拉底的時代，蘇格拉底本人的這種思考方式與思考向度，乃和時下辯士派之對外在客觀知識真理的狂熱追求，形成一幅強烈的對立與反諷的圖像；而祁克果自己也深深感受到，他當時所面對的時代情境也是如此，甚至更有加劇之勢。所以，為了忠實自己，祁克果便持定自己的存在這件事實，專注於他個人心中所認定的真理智慧，而矢作無限的、私人的與激情的追尋，以證得一個人存在的極致——「永福」❶。為此，才導生他對思考以及有關知識與真理方面，在實質上有異於常人的見解：基於存在的、個人的、主觀的、主體的與具體的思考方式，以及藉之所執握的存在的、個人的、主觀的、主體的與具體的知識，才是一種能夠和一個人的存在產生實質關聯的本質知識，或和一個人的永福能發生直接關係的倫理的、或倫理暨宗教的知識；這類的知識，如對具體的、存在的、個人的一生而言，當然也就是一種「主觀的真理」了❷。

　　至於基於思辯的、科學研究的、客體的、客觀的與抽象的思想模式，以及由之所構建成的思辯的、科學研究的、客體的、客觀的與抽象的知識，在實質上看來，則是一些和個人存在（的終

---

❶ Kierkegaard, S, A., *Concluding Unscientific Postscript to the Philosophical Fragments*, p. 23.

❷ *Ibid.*, pp. 23, 175–76, 280, 389.

極關懷；有如：永福……）毫無關聯的偶然知識，就像：邏輯、
思辯哲學、科學（系統）理論、歷史（暨世界）理論與批判神
學……等便是。儘管這類知識體本身，雖兼具了客觀性、實證
性、普遍性與有效性，甚而所謂的「確定性」；但是，它們基本
上都必須預設「運動」（因存在即是運動、即是生成變化的歷
程），卻是一件不爭的事實❸。如果一旦否認這項既存的事實，
一與必須強調主體性的所有思想產生關聯時，那麼，就很容易引
起誤解；不僅如此，也更容易漠視主體本人，甚且導離主體（暨
主體性），而使所謂客觀的知識（客觀的真理）無助於個人對存
在的本義與存在的極致——永福——的理解❹。所以，很顯然
的，祁克果之極端肯定主觀的存在，以及主觀真理的存在價值，
反而峻拒對客觀知識的累積，以及批判客觀真理的實用價值，並
不是沒有「理由」的。因此，他重視知行並重的存在知識，自
然，也將首肯「認識你自己」（蘇格拉底）的人性訴求，必可以
轉化成「選擇你自己」（基督耶穌）的性靈訴求。

第二節 主觀反省（思考）vs. 客觀反省（思考）

1.

如前所述，祁克果已明顯肯定了主觀知識（真理）的價值與
優越性，乃大於、甚至超越過客觀知識（真理）的價值與實用
性；因為，前者乃真正關聯到一個人存在的極致，即永福的證

---

❸　*Ibid.*, pp. 178, 273.

❹　*Ibid.*, pp. 67, 70, 85, 173.

得。

　　而，這種思考方式與思想向度，當然是前述祁克果對「破（學）立（道）」生命原則的靈活運用所使然。它的特殊性徵與獨創性，自不待言，是有別於傳統諸思想家及其流派的爲學方法與學理主張的。換句話說，祁克果自認爲他所追求的，乃是可以導致力行的眞理知識（卽：眞知），而非只停留於思辯層次的系統知識（卽：妄知）——因爲後者，並無益於對存在抉擇的改變與存在決斷的更新，故而只能算是一種幻覺的知識（illusory knowledge）⑮。爲此，祁克果卽秉持這種「方法學的區分」、或知識（眞理）的二元觀點，以鳥瞰他當時的世代，以及縱觀整個西方傳統的宗教（神學）、哲學、科學、社會與文化演進上的各種現象，並且判定凡是專注存在，重視個人，返回主體，離開思辯與捨棄體系的學究取向，始是屬於存在的知識、本質的知識；否則，便是一種非存在的知識、偶然的知識了。在《附筆》一書裏，祁克果就此一問題，則有其個人的洞察：

　　　　……作哲學思考，正須要以反（時潮）方向進行，卽放棄自我、喪失自己於客觀性中，而從自身消失。（英譯，頁五五）

　　這就是一個最好的說明；卽清楚點明了哲學思考的正確向度，並不在於客觀的外馳（卽強調客體性、客觀性），而是在於主觀的內求（強調主體性、主觀性）；也就是說，作爲一個存在

---

⑮　*Ibid.*, pp. 277, 75.

的個人的哲學思想家，首先就須要區辨主觀性（主體性）與客觀性（客體性）的差異，而以專注個人內心世界的探索、發現爲一職志，始是哲學思考的正途。因爲，趨內與馳外，本是兩條不同的求道路徑：一個人要麼卽運用客觀的反省，產生客觀的思考，外向地關注它物（客體）本身的歷史發展，而馳向對客體性質作客觀的理解，以滿足個人對抽象思辯馳騁的運用，以及激增廣泛知識（所謂客觀眞理）後的快慰心理——此刻，主觀性反要成爲一個消失的因素❶——；要麼就運用主觀的反省，激發主觀的思考，內向地專注個人主體自我內在（內心的存在感受與經驗）的轉化發展，以趨至主體（個人）的主觀性的極致，俾證得主體（存在）於心境上所肯認的絕對眞理——在此時，客觀性就將頓然消失。箇中，乃毫無妥協的可能；而這幾乎可說已呈示一個人在面對知識（眞理）層界時，所不得不作二中擇一，即「或作此／或作彼」的決斷情境。當然，祁克果是揚棄了前者，而接納了後者，而又一次近乎體現出我國老子在《道德經》第四十八章裏所說的「爲學日益，爲道日損」之「破（學）立（道）」的生命原則的精神。

2.

　　總之，祁克果之所以區分主觀反省（思考）與客觀反省（思考）的不同，用意當是認爲一個身陷恆常生成變化歷程中的個人，處處所接觸與經歷的（外在地）盡是一種「不確定性」、或「近似性」，而非實物本體的眞象；故而，一個人與其再次蹈入

---

❶ *Ibid.*, pp. 175–76.

永無休止的知識（客觀的）迷津，不如反躬自求，自我不斷作主
觀的反省與思考，以特定並追求一心所認同的無限（者）暨永恆
（者）；這種作內向的轉化，追逐內向歷程中的實在，才是真實
的存在，才是實物本體的真象。祁克果自稱，它是一種倫理意義
上的「倫理的實在」，也就是一個人可以在個自激情的片刻中，
存在地解悟並履現無限與有限合一的那種「無限的存在」，或
「正存在中的無限的靈」❶。這個性靈境界，乃是兼融真知與力
行靈妙生化的倫理境界，也是一種藝術化境❶，而且更可說是一
種倫理暨宗教的上乘境界❶。

❶　*Ibid.*, pp. 320, 176, 75.

❶　*Ibid.*, p. 314. 因為祁克果曾說，主觀思想家，是一個藝術家，而
非科學者；又說存在，便是一種藝術。箇中的妙趣，自須由個人存
在的體驗而得，實難加以言詮。

❶　*Ibid.*, p. 177.

第二章　在哲學上：巨觀暨微觀雙運，
　　　　洞察存在的眞諦

1.

　　祁克果在《死病》・部二裏，曾經由存在與個人的角度，分析並批判希臘（蘇格拉底）、中世、近代與其當代哲學的立場；我們從他個人的自述裏（包涵其它作品），乃可知悉祁克果本人所抱持的哲學立場、態度或觀點，從而以體現出他的哲學思想的特徵與獨創性。像他就這麼說：

> 在純理念裏，無疑是沒有眞正的個人；必然性（在體系裏，每種事物確是靠必然性而發生）能實現這項轉折。換言之，從瞭解轉至力行的關聯上毫無困難。這純然具有希臘人的精神，而非蘇格拉底式的；因為，對它説來，蘇格拉底是個過度的倫理學家。
>
> 近代哲學的整體秘密，却是這同一個東西：「我思故我在」(Cogito ergo sum)；思考就是存在。
>
> 基督教（按：包括古代與中世）的格言則相反：「你信，事就成」(As thou believest, so it comes to pass)；或者：「你信，你就（是存）在」(As thou believest,

so art thou)。相信,就是存在。

所以,可以想見,現代哲學恰恰是一種異教。……現代哲學全然泯失蘇格拉底的特性, 在於它想使自己與我們相信: 它就是基督教。

由上述這段引文看來,祁克果似乎已指出:希臘哲學強調純理念,而疏忽(甚而吞沒)了眞正的個人——這也表明「本質先於存在」的精神內蘊——;蘇格拉底重視由瞭解轉至力行的道德實踐;古代與中世基督哲學,則主張「我信故我在」或「我信故事成」;近代哲學則倡言「我思故我在」;至於其當代的哲學(意指祁克果所面對的時代),一則欠缺由瞭解轉至力行的道德實踐之內涵,二則力言「它(本身)就是基督教」。

2.

然而,祁克果本人的立場、態度或觀點,又是如何呢?筆者若由《觀點》‧部二與《附筆》‧第二書的內容判知, 它應當是:「我在故我信」以及「我在故我思」,甚而是「存在先於本質」。就如以下的引述所顯示者:

用我個人的存在, 與作為一個作者的存在, 同時表明這件事即是我的責任: 每天我都重新相信, 重新確定有一位神存在。(《觀點》‧部二)

我必須存在, 以便作思考; 我且必須能思考, 譬如(思考)善物, 以生存在其中。(《附筆》‧第二書)

　　尤其後一段引語，似乎也包涵著這樣的精神內蘊：「存在先於本質」；因為，存在乃是作為主體從事思考（即構思一切，包括善物在內）的基本事實或預設。主體若思考善物，而藉力行或實踐工夫，以「生存」在善物中，終而必證得善物的「善性」為其個人生命的一部分，即成就為主體個人的生命內涵，或其本質內蘊。因而，便可以說：「存在先於本質」，即是祁克果綜觀整個西方傳統及其當代哲學思想的一種「回應」或「反撥」。從而，我們也能夠很確定的說，「存在先於本質」的立場、態度或觀點，是祁克果繼他在方法學上，靈活運用破（學）立（道）的生命原則，以表詮存在（事實）乃優位於知識（系統、體系），以及主觀反省（思考）乃強於客觀反省（思考）的論點之後，在哲學探究上又有一番驚人的創見暨表現。唯進一步的說，祁克果這種對存在真諦的發現（即：存在先於本質），究竟是有什麼樣的內涵指謂呢？筆者認為，這可將是一件值得探討、又極其引人入勝的論題；因為，單從考量他這種創見或發現，應可表徵出祁克果誠然是一個極具反省力與批判力的「傳統中的例外」，或作「西洋傳統思想反向運動的一位健將」。而，這自然也可以順理成章地反顯出祁克果哲學思想的特徵與獨創性。詳論如後：

第一節　存在先於本質

1.

　　祁克果論及「存在先於本質」此一課題的核心觀點或周邊思想，筆者認為，皆可在《片簡》與《附筆》兩本鉅構中一一發

現。當然，這一種說法，也未排除就在祁克果其它的作品裏，也都能夠找到若干精彩的片斷與論述要旨。

至於祁克果究竟是如何闡述他對「存在先於本質」的立場、態度或觀點呢？筆者認爲，這應可由「自由」與「變化（變異）」這兩個角度來把握；而歸根究底的說，這也就是「自由辯證」的問題[20]。何謂自由？或者，何謂自由辯證（容後詳述）？祁克果本人當是有他自己一番的說辭的。就如他在一八四四年六月十七日出版的《憂懼的概念》裏，便這樣的指述著「自由」：

> 自由是無限的，並且躍生自空無。《憂懼》
> 可能（性），正對應於將來。對於自由，可能（性）就是將來；而對於時間，將來就是可能（性）。在個人生命裏，對應於這兩者的，就是憂懼。（〈第三書〉）

在同年稍早（六月十三日）出版的《哲學片簡》裏，他又有這樣的觀點：

> 過去業已（進入了）存在；（進入）存在，乃是由自由所促生的現實（性）的變異。如果過去早就成爲必然的，它就不再隸屬於自由；也就是說，它就不再隸屬於那藉以使它能夠（進入）存在的東西。（〈插曲〉）

而，就在一八五〇年的《日記》裏，祁克果本人又有這一種

---

[20] Gregor Malantschuk, *op. cit.*, pp. 97-113.

的立場：

> 曾經賜給人類最重大的事物是：選擇的自由。
>
> 如果你想留下並保有它，只有這一條路可走，卽當你接受它的同一秒鐘內，要毫無條件的完全捨棄，將它連同你自己交還給神。
>
> 如果你因所賜給你的事物受到了引誘，並且向它讓步，而且用自己的欲望來看待選擇的自由；那麼，你就失却了自由。你的懲罰就會是：繼續以混淆的狀態，使自己以擁有選擇的自由為傲。不過，悲哀的是，你的判決詞行將是：你說你有選擇的自由，但是，你却一直不選擇神。
>
> 於是，你有病態；你選擇的自由，將成為你的「固定觀念」(idéa fixe)。到了最後，你會像那個富人，因想像自己陷在窮乏饑餓中而死。你歎惜自己喪失選擇的自由；只是，你的錯誤，只在你的痛悔不夠深切。不然，你就會重新得到它的。

以上這四段的引文裏，已明顯表現出了祁克果的「自由」觀點：自由乃關乎一個人存在的可能性與時間性，以及關乎一個人的自我選擇和對神的選擇。因為，自由本身乃躍生自空無；自由的「本質」即是無限。當然，這裏所談論的自由，也牽涉到了「變異」，亦即由無到有，由非存有到存有或由潛能到實現的變化（變異）歷程。我們對祁克果的談論自由，自然也須要扣緊他所論述的「存在」此一範疇來聯想，才能觸及它的精妙之所在。為此，從「自由」此一範疇概念，來探討祁克果他對「存在先於

本質」的立場、態度或觀點，便有了一種根始性的把握；否則，
卽很容易流爲一種空洞的、或理論性的抽象思維。

2.

談到這裏，我們委實也尙未明白點出：何以自由確與「存在
先於本質」有其根始性的關聯？ 或者， 有關變異（變化）的自
由，何以會跟「存在先於本質」有一種根始性的關聯？的確，這
是有必要作答的；而這也應可表顯出祁克果思想的特徵與獨特性
呢！據筆者個人的看法，自由或與變異有關的自由，之與「存在
先於本質」具有一根始性的關聯， 如前所述， 當然則須由「存
在」入門才容易看得清與掌握得準。因爲，「存在」委實是一個
涵藏一切（可能性）的存在，也是富涵一切存在之秘的存在；它
更是構成一個人「能主動認知主觀的自我與客觀的他（它）物的
原始基礎」[21]。

先前已提過，祁克果認爲人這種「存在」，乃是「無限與有
限的綜合、暫世與永恆的綜合、自由與必然性的綜合；總之，人
是一個綜合。」（《死病》・部一）而且，「人（也）是靈魂與
身體的一項綜合」； 不過， 能夠結合這兩者的第三因素， 卻是
「靈」（精神）。（《憂懼》・第一章）再者，祁克果在《死病》・
部一裏卻又說道：「誠如無限與有限一同屬於自我，可能性與必
然性，也是如此。」畢竟，一個人（自我）一旦缺乏其中之一，
便將陷入絕望。就此，筆者要說，祁克果誠然已充分運用了黑格
爾的正、反、合的辯證手法，剋就存在此一範疇，而論述了存在

---

[21]　陳俊輝：《祁克果與現代人生》，頁 100。

的二元性徵；並且也明指，人乃是以「憂懼」(dread 或作：愁慮)心態來面對此一旣是矛盾、又能作統合的辯證體。由此看來，它當卽確切隱涵著我們刻正要究明的「存在先於本質」的義理內蘊。筆者何以會這麼說呢? 這乃是可以從兩方面來作引伸或補充的：一是他對「靈」這一元素或範疇的觀點，二是他對存在也是「可能性與必然性」的綜合(體)的闡析。

關於前者，也就是他對「靈」的見解，他在《附筆》‧第二書裏，則有這樣的稱述：

> 對於一個存在的個人而言，(靈的)運動目標，就是要達到一個抉擇，並去更新它。
> 永恆是持續性的主因；⋯⋯在存在個人裏的一種具體的永恆，就是他的激情的最高點。一切理念化的激情，卽是一種對於生發功能的存在裏之永恆的預期，為的就是要幫助個人去存在。

至於後者，也就是他對「存在(自我)是可能性與必然性的綜合(體)」的見解，他在《死病》‧部一裏，則有這樣的論述：

> 為了要「成為」(自我的任務，就是自由的、自發的「成為」自己)，可能性和必然性是同等重要的。
> 誠如無限與有限一同屬於自我，可能性和必然性，也是如此。一個自我，如果不具有可能性，便陷入了絕望；同樣，如果不具有必然性，也一樣會陷入絕望。這個觀點的

真確性，繫於可能性和必然性所處的辯證情境中。

在有限和無限的關係裏，有限是具有約束性的因素；而在可能性和必然性的關係裏，作為約束性因素的，則是必然性。當有限和無限的綜合體一旦奠立，這時的自我，就已潛然存在。這個自我為要「成為」（自我），便靠想像力為媒介，反映出自己；就此，便產生無限的可能性。

祁克果又說：

> 潛在的自我，旣是可能性的東西，而且也是必然性的東西。因為，它雖然是自己本身，但是，它又必須「成為」它自己（原因是，它仍然潛在，而要成為實際的存在）。就它是自己本身來說，它則是必然性的東西；但是，就它要成為自己而言，它則是一個可能性的東西。……成為自己，就是在這一點（按：指必然性與可能性這二而一的東西，也就是必然性所棲身的點，即自我）上所做的運動。「成為」是一種運動；它離開某一點，而到達另一點。但是，成為自己，則是在原點上的運動。

由這兩段引文看來，筆者認爲，它們應能充分表詮「存在先於本質」的義理內蘊了。因為，它首先講述存在個人的「運動」目標，就是要達到（作）一個抉擇，並且將它加以更新；其次，則指出在存在（個人）中的「永恆」因素，即「具體的永恆」因素，能促發一個人對它本身（具體的永恆）的預期，而幫助一個人去存在（即變成自己）；第三，則表明自由的、自發的成爲自

己，乃是一個人存在（自我）本身的任務，而且在自我之中必然性與可能性這兩因素之間的關係，乃是一種辯證的關係；第四，存在自我係靠想像力之助，以自由的、自發的「成爲」自己，而這種「成爲」自己的運動本身，乃是一種在存在自我（原點）中的運動。歸納的說，存在即是一種運動歷程，一種變成自己的歷程，也就是一種自由辯證的歷程（卽介於必然性與可能性兩者之間來回穿梭的歷程）。而就存在本身的內容而言，存在當是一種「關係」，而未蓄含任何的「本質」；這種關係，就是上述這兩種「對立」因素（如：可能性與必然性、無限與有限、自由與命定……）之間的辯證關係。祇當存在本身「成爲」了（自我）、「變成」了自己時，也就是要在面對自己的未來（一切可能性）中，不斷作出一種抉擇，並且將它加以更新時，這時的存在（個人、主體）本身，才眞正爲這本具「潛能」、「關係」的存在內容增添一種「實現（性）」。這種由潛能以變化（變異）成實現的東西，便是「本質」。由而，我們對於祁克果所說的「存在先於本質」的立場、態度或觀點，大約已可領悟其中的旨趣了。

　　總之，祁克果論述「存在」與「本質」間的關係，多少也是受到亞里斯多德的哲學或概念所影響的。他相信一切的存在（者），都是自由的發生，而非因於必然（性）。因爲，唯有存在（或：存有 being），才會有變異（變化 change），而本質（卽是與概念、或必然性相對應的）則否。故而，任何的存在（者）都蓄涵著可能性；然而因旣陷身在存在歷程中（而有其歷史性），而又爲必然的（在成爲自我的可能性中，便構成自我的本質），存在（自我）便在自由與變異的生發作用下，以作出永不止息的運動，以抵達其終極目標；也就是在自由的辯證下，達到存在的

極致：成爲眞正的自我，即實現眞正的存在本身。「存在先於本
質」，確實是極具引人省思的觀點，也更是祁克果本人的一大創
見。他思想的特徵與獨創性之一，在此當可表露無遺了。

第二節　存在詮明一切

1.

在哲學上，祁克果思想的特徵與獨創性，也可以從「存在詮
明一切」的觀點來表明。誠如他在《附筆》・第二書裏曾明白指
出：「存在，給予了存在思考者思想、時間與場所（空間）」
（英譯，頁 296）；又說：「一切理解，均來自這件事實（按：
指存在而言）」「存在的主觀思考者，是不斷地專注於追求。」
「存在本身，即正存在的行動，乃是一項追求。」……的確，從
祁克果本人的觀點看來，他基始上當即肯定了「存在」這件事
實，而不管它是指涉客體事物的存在，抑是指涉作爲主體個人的
存在，亦即具有生命的、有血肉的，以及有精神（靈魂）的人的
存在。甚且，他還直截了當的說，存在的主觀思考者，因爲他是
不斷處在生成變化的歷程中，亦即是一直的處身在追求之中；因
而，他是處在和「眞理」的存在關係中的。而且又說，由於存在
的主體（即人）據有存在——這乃是全人類的共同命運——，尾
隨而生的便是：他的思想，也必須和「存在的結構」相符合，正
如他的溝通形式，必須和他的「存在模式」有實質的一致（《附
筆》・第二書）；否則，一旦他的思想脫離了存在的結構，也就
是未能夠和存在產生實質的關聯，那麼，這一種思想就是抽象思

想了。再者，如果有人企圖用抽象的思想模式，來「抽象」存在的一切，並且思辯地理解存在；那麼，他不但根本無法理解存在，也無法把握存在，反而更容易解消存在，廢除了存在，甚而使存在變成不存在，或將存在化約成空無了。

　　針對這種危殆性可能會隨時發生，祁克果就反省地指出「存在」本身有如運動一般，乃是一個極難去涉理的範疇。因爲，人們如果想要「思考」它，便會取消了它，從而，也就未能去思考它，更遑論能夠去證明它了。除非事先肯定它是一個存在事實，一個應予預設的存在事件，亦卽能視「存在」爲一切構思的出發點，而非作爲論證的對象、或思辯的對象；那麼，果眞如此，卽如祁克果本人的自述：「當我鬆脱了證明（卽證明存在），存在就在那兒。」不然，「只要我一直墨守著證明，例如，持續作論證，則存在就不會出現。」就此，祁克果在《片簡》（英譯，頁 53）一書裏，則很肯定的說，這「確實就是我的一項貢獻。」筆者認爲，祁克果作這種的自我論斷、或自我評價，乃是有幾許的勇氣、膽識與洞見的。因爲，就勇氣而言，他確是一反傳統（近代哲學）的思考取向——「我思故我在」——，極力批判藉用知識論或數理方式以證明自己「存在」的不可能，而凸顯前述他個人的一項創見：「我在故我思」始是一切爲學論道的首要原則。就膽識而論，他誠然已爲西洋傳統哲學走向的偏差與誤導，提出了一帖矯正藥方：唯有「存在」才是「構成存在個人最高的興趣」、或「構成存在個人的實在」之主要的訴求（題材）；又，一切爲學與論道的終極旨趣，也應在於對「存在」諸般可能性（潛能）的闡明與發揮，而非在於思辯存在，或論證存在。而就洞見來說，祁克果可就先期預見了爾後西洋學術思想界的論究取向：重視主

觀經驗、主體（際）性、在世存有、共同存有或生活世界(living world) ……等範疇。這一切的一切，根本說來，即是要滙注於存在，專注於存在，甚而都是要以存在作出發的，或者皆以存在為優位的、或第一序的。

2.

的確，「存在」誠然是一件事實，是不待證明而自我呈現的。它富涵著一切內容（包涵感性、悟性、知性或靈性的內容），涵藏著一切可能性，也是一個人能夠取之不盡、用之不竭的財富寶庫；眞正的問題之一並不在於「存在」本身的尚未彰顯，而是在於一般人多昧於「存在」的原始眞純：它是那麼透明，那麼「寧謐」。人唯有棄絕恣意的矯柔造作，轉離抽象化的玄理思辯，這才能夠實在地就近存在，並彰示存在的一切本意與內蘊。這可就像極了祁克果在《重述》該書裏的獨白，已如此地呈明了「存在自身」(Existence-in-Itself) 的意境：

> 我眞正的存有（存在），是透明的；就像海的深度，就像黑夜自足的緘默，就像正午的寧靜獨語。我靈魂的每股感覺，安靜得想要和旋律美妙的和鳴共歌止。每種思想，都很自由自在的自我呈示；每種思想都用節慶般的雀悅與莊嚴呈示自己。天眞的奇想，簡直就是最富饒的觀念。
> 每個印象在它抵達之前，都被臆測到；它在我心中，就已被喚醒。這整個的存在，看來就像是纏戀著我；而每樣事物，在一種預定的一致中，都和我的存有共振動。
> 在我心中，一切都是有預兆的；而在我小宇宙的無上極樂

裏，一切卽被如謎般地轉化。這個轉化，乃能把一切事物，轉變成它自己的樣式……。

　　祁克果在此不僅講述存在自身的透明性，而且也談論到存在的深度、韻律與祥和性；又，存在不僅充斥著能自由的、自發的與作自我開示的思想，它更蘊涵了一切印象（存在體驗所攝受者），以及轉化一切的能力……等。

　　爲此，存在能蘊育一切、轉化一切與詮明一切的論點，似乎又得到進一層的「佐證」了。而，由此衡之，祁克果本人對「存在」的反思與新詮，甚而對存在寄予高度的重視、或極度的興趣，當是有一番的深意了。特別是，如前所述，他把人的存在意涵提昇到倫理暨宗教的層界，並且由此一層界作上下的觀照，更且逕自賦予一切事物以動態的內涵（卽由可能性角度，論斷一切的事物，甚至包括存在的個人在內），誠然可說是祁克果本人的積極貢獻。「一切知識，都是『近似（眞理）的歷程』(approx-imation-process)」，則是祁克果詮明一切事物的終極結論。因爲，個人存在卽是一個靈，卽是在從事「靈的運動」者，也是陷身在不斷追求歷程中的主體。因而，對一切事物的認識，終將把「結果」(result) 轉化成「歷程」(process) 來理解，這才眞正抵及事物的「本質」核心。

　　總之，存在的主體，或主體個人的存在，就實質而言，乃是永恆的；不過，它卻是作爲 (qua) 一個正存在中的暫世者而在世上生存著、追求著。他（要）追求一切、發現一切，也闡明一切；這種觀點，可就是祁克果（思想）的一大創獲，更可說是他對後世學術界的一種重要啟蒙與推動力。

第三章　眞理卽主體性 vs. 主體性卽不眞

前面所談，祁克果思想在方法學上的特出表現——卽靈活運用了破（學）立（道）的生命原則，而凸顯存在（事實）乃優位於知識（系統），以及主觀反省（思考）總強勢於客觀反省（思考）的論點——，以及在哲學上的獨創見解——卽雙運了巨觀暨微觀的批判力，洞察出「我在故我思」的學究取向，並且由而締創「存在先於本質」與「存在詮明一切」的基始性觀點——，雖然能明確勾勒出祁克果之所以成爲祁克果的特有形象；但是，筆者認爲，他畢生對「眞理」的終極關懷，以及從而所奠定的「眞理卽主體性」(Truth is Subjectivity) 的眞理判準，才應算是他在方法學與哲學上作特出表現的「昇華」與結晶。因爲，有了此一眞理判準的提出，更能顯見祁克果存在思想的震撼力與影響力；也能印證筆者早先的指證：「祁克果可就先期預見了爾後西洋學術思想界的論究取向：重視主觀經驗、主體（際）性，在世存有、共同存有或生活世界……等範疇。」不過，筆者在此想要說明的卻是，這一眞理判準在一種情況之下，可須要加以修正；這個情況就是：祁克果除了對古希臘哲人蘇格拉底作過詳細的探討與省思之外，他也注意到基督教救主耶穌基督在世上所表顯的眞理理念；從而便設定了一個反題——「主體性卽不眞」(Subjectivity is Untruth)──，以修正他原先的主張。關於祁克果對此一論題的轉折或取捨，下文則會有所交代。

談到祁克果對「眞理」的主張，也就是先有「眞理即主體性」，後有「主體性即不眞」的轉折發展，我們乃需要了解祁克果之前若干哲學家的看法，而後才論述祁克果個人的論點，進而以呈示祁克果眞理思想的特徵與獨創地位。

第一節　西洋傳統眞理觀的回顧

在西洋歷代哲學有關眞理 (truth) 問題的研討上，就某一意義而言，乃可指稱是一種知識論 (Epistemology) 上的重要課題之一；尤其是經驗論與觀念論者對它均有各自不同的主張。據祁克果在《附筆》第二書・部二的第二章「主觀眞理、內向性；眞理即主體性」裏劈頭便說：

> 在經驗論方面，便把眞理界定為：思想與存有（者）的符合；而在觀念論方面，便將它界定成：存有（者）和思想的符合。（英譯，頁 169）

只是，祁克果並不同意這兩種的論調。因為，其中乃涉及到「何謂存有（者）？」的眞正意涵，而且若就「作為存在之靈的存在之靈」(an existing spirit qua existing spirit) ㉒ 而言，

㉒ Kierkegaard, S. A., *Concluding Unscientific Postscript to the Philosophical Fragments*, p. 170. 祁克果係把這個語詞用來形容一個人，因為，人是一種靈（精神）的存在。

眞理問題不應是一種抽象的範疇，反而是一種攸關個人主體自我的存在性問題，或隸屬存在的範疇。詳細的說，有關「眞理」問題的探究，大致說來，在康德以前的西洋哲學家，多是在「自然的」意義上作這種主張：「眞理符應說（理論）」，有如前述經驗論或觀念論（者）的見解，便屬之。這就如當代德國的大哲海德格（Martin Heidegger, 1889-1976）所指出的：這種理論學說，是指知識和在存有物中所表現的存有物的符合，也涵指「存有」知識的確定性❷。至於在「後康德觀念論」中，則有意消除在神聖的知性(divine intellect)與具有哲學啟蒙力的人心之間的恆久差異性，以證得思想（能知）與存有者（所知）的同一。這種學究取向，當然是把「眞理」問題，指向於存有學(Ontology)的界域❷；這在黑格爾的思想體系裏，更是如此；可想而知，他也是遭受祁克果猛力批判與攻擊的一位思想家。

至於當代的英國哲學家羅素(B. Russell, 1872-1970)，則把

---

❷ Heidegger, M., *On Time and Being* (translated by Joan Stambaugh; New York: Harper Culophon Books, 1972), p. 69.

❷ 存有學 (Ontology) 一語，一作本體論，是由希臘文中的 ontos（存有者 being）與 logos（知識 knowledge）所組成。原意是指：探究存有（者）的一門學問。在十七世紀的 1636 年代，首由葛克萊紐斯(R. Goclenius, 1547-1628)所提出，在 1647 年，克勞伯（J. Clauberg, 1622-1665）曾使用過這個概念。當然，之後也深獲若干哲學家的青睞；只是，雖說存有學乃隸屬形上學 (Metaphysics) 的一支，不過，它與形上學內容的實質關係，仍舊不太清楚。在當代，則有多位哲學家，包括馬丁・海德格、卡納普(Rudolf Carnap, 1891-1970)與奎因 (Willard van Orman, Quine, 1908-?)……在內，對它都有不同的論述。

眞理視為信念與事實之間的符合❹；而撰述《理性、眞理與歷
史》一書的普特納姆（H. Putnam, 1926-?），便把西洋的眞理理
論區分成兩種：一是外在論者（externalist，即現象論者），另一
是內在論者（internalist，即本質論者）的觀點。關於前者，乃
主張眞理包涵字語或思想符號，係與外在事物及一連串事物之間
有某一種的符應關係；它自必中意「神眼的觀點」（God's eye
point of view）。而關於後者，它則認為由於人對「世界」能有
一種以上的「眞（實）」理論或描述，因此，眞理便是涵指某一
種理性的可接受性；這也就是說，我們的各種信念，和我們的各
種經驗能有理念上的一貫性。不過，這一種學派卻不主張「神眼
的觀點」，而是認為人生經驗互不相同的人，就他們各種的興趣
與目的而言，則會反映出各式各樣的觀點，譬如：眞理的一貫
論、非-實在論、檢證主義、實用主義，或多元主義……等，全
都屬之。據普特納姆的意見，就在這種涵意下，康德乃應隸屬於
內在論者、或者內在實在論者的觀點❺。

　　只是，就在這種探討方式下，祁克果本人究竟應當屬於哪一
種學派呢？筆者個人的淺見是，與其我們能夠說他是兼融有這兩
學派「眞理」觀點的特性，有如：他會重視前者的神眼觀點，以
及後者強調個人主觀經驗的重要性，倒不如說他並不在意於任何
理論或系統學說的建立，而有意超越傳統一切有關知識論、邏輯
或形上學存有論中攸關「眞理」問題的探究與分類，而存在地強

❹　Russell, B., *The Problems of Philosophy* (New York: Oxford
　　University Press, 1959), p. 123.

❺　Putnam, H., *Reason, Truth and History* (London: Cambridge
　　University Press, 1981), pp. 49-50, 56, 60-64.

調「暫世」之外的「永恆眞理」觀。因爲，在他認爲，眞理問題
應當是一種攸關存在個人的「存在極致」——即永福、永生——
的問題，也就是有如蘇格拉底所肯證的，那種涉及個人靈魂不朽
與神永恆存在的問題。當然，它也是一種有如基督教所傳揚的
信息，即耶穌基督所捎來的涉及個人要作自我抉擇——或選擇永
生、或選擇永死（以信心衡斷）——的問題。眞理即是存在的、攸
關個人的與存在者的激情之所對，而非在抽象界可供玄思的「理
論元目」（theoretical entity）；祁克果當是會作如此的主張的。

第二節　祁克果眞理觀的轉折性發展

在西洋思想傳統裏，能正面影響祁克果建立他個人的眞理觀
點者，可包括了古希臘哲人蘇格拉底、近代哲學期文學兼哲學家
萊辛與基督教的耶穌基督……等人。唯其中，眞正能左右他的
思想並使之有所轉折發展者，首當推舉蘇格拉底與耶穌基督這兩
「個人」。儘管如前所說，祁克果曾相當欣賞萊辛的眞理觀——
肯認理性必然眞理（祁克果在引述時，則將之詮釋成永恆的宗教
眞理），係與實際經驗或歷史陳述的累積之間，存有一種邏輯的
距離（他稱之爲「邏輯裂溝」）——；但是，祁克果卻作成另一種
的詮釋：歷史所呈示的適然性（知識），係與宗教信仰所證得的
絕對的、或無條件的確定性（眞理）之間，存有一種永不可踰越
的裂溝。當然，他的終極指向，乃瞄指基督教所呈示的「信仰」眞
理：對永恆眞理的信受。[27] 不過，祁克果卻是用其個人的存在體

---

[27]　Hannay, A., *Kierkegaard*, pp. 98-99.

驗，調合了基督教所倡言的「信仰」，而有「誠信之跳越」(leap of faith) 說的主張；這種「誠信」說，也便是一種困思——涵指永恆者暨無限者（神），進入有限的時空，而化身成暫世者暨有限者（人）——與信念綜合的觀點或學說。㉘

再說，前面約略談到蘇格拉底與耶穌基督的眞理理念，曾正面影響過祁克果本人，並且使之產生了「轉折性」的發展；然而，其實情究竟是什麼呢？就此一系絡性問題，筆者擬分成三個段落予以說明。

1.

談到蘇格拉底，在《反諷》的部一裏，祁克果就說道：

> 蘇格拉底是第一個到達作為一種限制之善、美與真的理念的人；這就是說，他藉可能性的形式，到達了理念的無限性。

這裏卽指出，蘇格拉底是第一個發現「眞（理）」理念的古希臘哲人；而在《附筆》的〈第二書〉裏，他卻又說：

> 蘇格拉底那現存的內向性，卽是誠信的一項類比；唯有這樣，誠信的內向性，才無限的深邃。
> 以蘇格拉底的觀點看來，永恆的實質真理，它的本性絕不是困思的；只因它和一個存在個人有所關聯，才顯為困

㉘ Kierkegaard, S. A., *Philosophical Fragments*, pp. 149-151, xlix.

思。這可以在蘇格拉底的另一個命題——即：一切知識都
是追憶——上，找到解說。……

這裏則指出，蘇格拉底早已發現永恆實質眞理向人所呈顯的
「困思性」，乃頗類似「誠信」所指謂的內涵。至於在《片簡》
一書裏，祁克果則把蘇格拉底詮明成：「（他）是屈從於神檢視
下的助產士；他的工作是要實現神的任務。」而在《反諷》的
〈導言〉裏，卻更直下斷語說：

> 蘇格拉底所高度重視的，就是站穩自己，並走向自己；緘
> 默，這是他那關聯於世界歷史、他整個生命的東西。

由此已可顯示，重視個人、自己、內向性或誠信的蘇格拉底
的人生觀，正是具有這種攸關個人自己、內向性或誠信——以
面對困思性的眞理——的眞理特質。而且，蘇格拉底所崇信的
「神」，更是他所信守的主觀性眞理、內向性眞理的本源[29]。而
據《有關梭倫·祁克果宗教思想之講話》（1938年）一書的作者
蓋斯瑪（E. Geismar, 二十世紀）的觀點，他則認爲，祁克果係
把蘇格拉底所認同與把握的「眞理」，理解成「一種在個人自我
深處的轉化」觀點[30]。與此相當的是，祁克果在《作爲一個作者
我的作品之觀點》一書的部一·A標題下的自白中，提及其作品

[29] *Ibid.*, pp. 14-16.
[30] Geismar, E., *Lectures on the Religious Thought of Sören Kierkegaard* (With an introduction by David F. Swenson; Minneapolis: Augsburg Publishing House, 1938), p. 23.

「從頭至尾都有一種雙重性，⋯⋯這一種雙重性、曖昧性乃是有意識的⋯⋯」，則被該書的迻譯者勞銳（W. Lowrie）指稱爲：具有一種「辯證的交疊性」(dialectical reduplication)；所謂的「交疊性」，也就是意指：「祁克果乃把在心智上所了解的『眞理』，轉化爲實際生活（存在）」❸。的確，這兩方面的對應舖敍，然是具有異曲同工之妙。

我們可以說，祁克果如此推崇蘇格拉底對眞理的洞察，並且將它應用在他自己的著作業中，無非是已清楚了解蘇格拉底所使用的「產婆接生術」(Maieutic)，即傳達或溝通「眞理」的方法：藉「間接移去學習者」心中「的錯誤，而交給他『眞理』」。❸當然，這並不是說，蘇格拉底——儘管是一個倫理學教師——提供了學習者什麼樣的知識（眞理）內容，而祇是憑藉啟蒙，要每個人返躬自省，先去除個人心中既存的妄知或錯誤之見，進而通抵「無知」之境，以豁然發現每個人自己的存在情態；這時，始容易證得主體自我的當下呈現。當然，這就是攸關個人存在的主體性問題，也便是存在眞理的問題；若說，眞知即眞理，眞理即主體性，或主體性即眞理，也無不可。

以上，是祁克果確立其「原始」眞理觀——即在分水嶺之作《附筆》一書中所總結成的眞理觀：眞理即主體性、或主體性即眞理——，而且也是藉重蘇格拉底的主體性（主觀性）眞理，以爲其論點作註腳的所在。

❸　Kierkegaard, S. A., *The Point of View for My Work as an Author*, p. 166.

❸　Kierkegaard, S. A., *Concluding Unscientific Postscript to the Philosophical Fragments*, pp. 184, 188, 218, 197.

2.

　　至於蘇格拉底的學生──古希臘最早建立觀念論「系統」或「體系」的哲學家柏拉圖，以及近代德國最偉大的觀念論者黑格爾這兩個人，難道都沒有關於「真理」理論的奠立？否！這兩位哲人，全都有他們各自的真理理論，不過，卻未受到祁克果本人的中意，甚至更遭致祁克果大肆的批判；理由約如以下所述：

(A)

　　祁克果在一八四四年所出版的《哲學片簡》裏，雖曾迭次提到柏拉圖，可是，他所真正關心的，卻勿寧是柏拉圖對這件問題的看法：「人怎樣才能夠和『至高真理』建立正確的關係？」（英譯，頁 xlv.）又，儘管古希臘哲學早已肯定「知識即追憶」說，而且也為「真理」設下了判準，即：真理乃是一種內在、永恆的擁有，人如果願意放棄現世一切的條件，藉脫除時間與存在秩序，返回一種存有暨知識原始的情態，這就可擁有「永恆」、或「真理」❸；但是，柏拉圖卻未如其老師蘇格拉底的重視「存在」，並努力使自己成為「一個在存在中的思考者」，反而將自己迷失於思辯中（《附筆》‧第二書），終而乃把真理推衍成存有論上的事物，而遭致祁克果嚴厲的抨擊，說：柏拉圖係黑格爾式的古典體系者，因為，他被「思憶（追憶）誘回到一種無弔詭的『永恆』；『永恆』遂轉變成了人的真存有與本質。」❸

　　不祇如此，祁克果又說，繼續此一思路的整個西洋的「系統

---

❸　Collins, J., *The Mind of Kierkegaard*, p. 152.
❸　*Ibid.*

學者與客觀哲學家，全不是人，而都成爲抽象的思辯哲學，也就是皆隸屬於純粹存有畛域中的一個元目。」「思辯的結果，卽是一種虛妄。」❸ 自然而然，及至近代哲學期，德國絕對觀念論者黑格爾仍又以理性的辯證（法），大力架構客觀的、抽象的與龐大的系統怪物，至終也不免受到祁克果尖苛的批判：所謂幻覺式的遺忘個人存在的努力，仍舊是一種「詐欺」、一種「幻象」❸ ；更不用說，如何能獲有主體性眞理、或具體的存在眞理之得以彰顯的契機。

(B)

黑格爾哲學體系的虛妄與錯謬，在祁克果看來，也當是柏拉圖觀念論哲學的一種翻版，或在近代時期的一種復甦。因爲，它重視思辯，遺忘存在；強調普遍性眞理，而疏忽了個殊的、具體的人的存在眞理。筆者認爲，從對比角度而言，祁克果對黑格爾哲學體系的大肆批駁，一如他對柏拉圖觀念論哲學的批判，乃眞能突顯出他個人思想的特質與見解的特殊性格。理由之一是，他可充分發揮了自己對存在的反省、存在的體驗與存在的洞察，而能相當「精確地」批判並「準確地」命中黑格爾哲學體系的要害：黑格爾的「絕對系統──並未包括一種倫理。」❸ 當然，祁克果純粹是以「倫理─宗教作家」的姿態，去對治黑格爾的體系思想的；這也就是祁克果自《片簡》與《附筆》出版之後，已對系統觀念論的跋扈，採取一種「自我調整─升級」的立場的結果。

---

❸　同❸，頁 85, 75。

❸　同上，頁 107。

❸　同上，頁 108。

　　祁克果既以「倫理—宗教性的存在」立場、態度或觀點，批判黑格爾哲學體系的虛妄；當然，他同樣也會準此一立場，去批駁黑格爾的這種「眞理」觀點的：

> 真理，是一種存有論上的概念，亦卽在普通語言的用法上，可歸給某種事物，而不是一種信念、語句或命題的東西❸。

　　這也就是說，黑格爾乃主張眞（理）是有關事物的眞（理）；一種事物之所以爲「眞」的條件，則在於那種事物的特性，要與它的概念、本質或功能相符合才行；否則，便不爲眞了。祁克果當然並不欣賞這類論點的。前面說過，祁克果所重視的乃是倫理學暨宗教層界的主體性眞理，故而，他是不會重視知識論，甚至存有論（存有學）上所討論的眞理；因爲，這兩者很容易脫離主體個人的存在結構或範疇。就如儘管祁克果在《附筆》裏，迭次提到「系統的觀念，是主體與客體的同一，思想與存有的統一（按：此皆隸屬於知識論，或存有學的範疇）。」不過，他接而卻斬釘截鐵的說：「存在，在另一方面，則是它們的分離。」同樣的，他在《作爲一個作者我的作品之觀點》中，也更提出「個人」此一範疇，去批判任何思辯體系的虛妄，以及對內向性眞理的遺忘：

> 用「個人」範疇，以對體系當頭棒喝；
> （個人）這個範疇，……乃是倫理上決斷性的事物；

---

❸ Fernando Molina, *Existentialism as Philosophy*, p. 6.

> 「個人」是一個精神（靈）的範疇，是精神覺醒的範疇
> ⋯⋯；
>
> 每一個具有些許辯證思想的人，都會看出，要想從體系內
> 攻擊體系是不可能的；然而，在它外邊有一個小小立足
> 點，⋯⋯即是「個人」——即在倫理上與宗教上孕育的，
> 並且在存在上被強調的⋯⋯。

他又說：

> （個人）這個範疇，是無法用演說發表的；它是一股特別
> 的能力，一種藝術，一項倫理任務。

綜合以上所述，祁克果顯然也是以「個人」範疇，夥同前述的「存在」範疇，指明批判黑格爾哲學體系的錯謬與虛妄：完全忽視「個人」才是一個個別存在的思想者；而其主因也當在於：黑格爾同樣遵循柏拉圖的思辯企業，然而卻遺忘了「蘇格拉底一個敏銳的小秘密」，那就是——「真理，即是內向性與向個人存在主體中的轉入。」❸❾

(C)

從根本上說，祁克果批判黑格爾哲學體系的缺乏倫理、忽視個人與遺忘存在，純然是祁克果由其個人的存在體驗所出發的（如前所述）。如勉強的說，黑格爾企圖用「純粹思想」去設定

---

❸❾ Collins, J., *op. cit.*, pp. 151–152.

思想與存有（者）的符合（合一；同一），這在基始上，乃是一種「隱匿的同語反覆」而已。因爲，黑格爾運用「純粹思想」所證成的存有情態，充其量，也只是假主體與假客體之間的符合、合一或同一。再者，儘管黑格爾欲藉「辯證未開展的理解」觀點，以認可心靈與事物的差異，但是，在祁克果本人而言，他卻寧願在倫理暨宗教界域有關神的全知與神意概念上，肯認神的全能性；也就是祇有神在祂「永恆的實在」中，具有一種思想與存有、心靈與事物的合一性。宇宙中任何有限的人，也就是受時空規範的人，全無可能抵達這種「神聖」的境界；當然，黑格爾也無例外。

　　其實，祁克果強調這種「倫理—宗教的存在或眞理」，應該只能以在神的心靈中得予實現爲訴求鵠的。因爲，這種的眞理，乃是一種攸關神（的存在）之人的完美實踐的眞理，自然必與黑格爾僅僅認定的庸俗論調，即「人單作哲學思考」，便能夠掌握一切、或把握一切「眞理」的觀點，大異其趣❹。循乎此，從祁克果關懷存在倫理、個人與眞理的密切關係之角度衡量，祁克果也極力批判與反對黑格爾歷史哲學的霸圖，應該是有相當堅實的理由的；黑格爾企圖實現歷史哲學的霸圖是：

　　（一）使宗教世俗化；

　　（二）使大自然神（性）化；

　　（三）使神必須變成人，俾讓哲學家搖身變爲神，或成爲客觀眞理、絕對存有或自覺理念的代表。

　　就在最後，也好把一切對立物加以同一，與使之中立化；俾

---

❹　*Ibid.*, pp. 137–138.

使神、世界與人三而一，以化成一個「觀念」（理念）❹。

　　以上，純粹是祁克果基於其個人的存在體驗所建立的眞理觀點，以對柏拉圖與黑格爾哲學的野心霸圖，所作成的「致命一擊」的批駁與釜底抽薪式的批判。的確，這件破中有立，即破學立道的工程，是極其浩大且又艱辛無比的。不過，祁克果卻凜於使命的神聖與重大，且情願將自身供奉成時代弊病的「更正劑」；也就是效法蘇格拉底與耶穌基督，「自願承擔苦難」「成爲一個特殊的個人」，俾從事衞護眞理的殉道事業；這可類似先前所述亞伯拉罕從事「雙重棄絕運動」的一種廻響。因爲，祁克果本人已「認命」，也就是深深體會到「成爲一個特殊的個人」的命運：

　　　　要在歷史世界上作爲一個絕對的空無、無限的空無；

　　然而，他卻凱旋般的說道：

　　　　這才是一個人唯一真實的與最高的雋永性。（《附筆》‧第二書）

　　筆者認爲，這當已足能表顯出祁克果個人思想的突兀，以及其思想獨樹一幟的關鍵點了。

3.

　　綜合以上「西洋傳統眞理觀的回顧」，以及「祁克果眞理觀

---

❹ Reinhardt, K. F., *The Existentialist Revolt*, p. 38.

的轉折性發展」的前半部——筆者祇談到祁克果頗為服膺蘇格拉底的眞理觀（立的方面），而卻同時批駁柏拉圖與黑格爾哲學體系所蘊涵「虛妄的」眞理理論（破的方面）——的探討，加上本單元（肆：思想特徵與獨創性）的基本預設或前提，卽祁克果在方法學上對破學立道生命原則的運用，以及在哲學上雙運互觀暨微觀批判力，以開示「我在故我思」和「存在先於本質」、「存在詮明一切」的學究取向，我們當可歸納出祁克果「眞理卽主體性」的實質內涵，約有下述幾點特徵：

（一）「眞理卽主體性」的眞理觀，在實質上，也就是一種倫理暨宗教層界所談論的眞理，稱它是「永恆眞理」亦屬恰當❷；因為，它涉及到對神存在的肯認與接受。

（二）「眞理卽主體性」的眞理觀，根始上卽是一種由存在主體（個人）的主觀性、內向性或無限激情所證立的；或者，是由存在主體的主觀性與主體內向的「如何」所構成的。故而，稱它為「主觀（性）眞理」，亦能契合要旨❸。

（三）「眞理卽主體性」的眞理觀，在本質上，也是明指「（原始）基督教的啟示眞理」。因為，《聖經》提到「耶穌所說的話，就是靈，就是生命」❹；而祁克果本人在《附筆》一書的第一章第一節中，則存在地明指「基督教是靈，靈是內向性，內向性是主體性，主體性是實質的激情」——卽以無限的、個人的方式，以對一個人存在的「永福」（永生）產生激情式的興趣

❷ Kierkegaard, S. A., *The Point of View for My Work as an Author*, pp. 115-116.

❸ 陳俊輝：《祁克果與現代人生》，頁 107-108, 145-146。

❹ 《新約・約翰福音五》：39；六：63。

(原書・英譯，頁 33）——，以肯定他所談述的眞理內涵。

再者，誠如祁克果所言，基督教是因爲有一「絕對困思」的事件❹，而成爲基督教；故而可說，這種基督教的事件，也是一種有關困思、弔詭或「論戰」的宗教事件。我們如果能夠由此一角度，來談論祁克果的「眞理卽主體性」的內容，可知它多少也是具有困思性、弔詭性或辯證性的內容的；因此，要說基督教本身卽是一種「論戰的眞理」❻，那麼，祁克果的這種眞理觀，卽應可稱呼作：「困思的眞理」或「辯證的眞理」了❼。

（四）「眞理卽主體性」的眞理觀，在內容上，也是一種「誠信（信仰）眞理」、或「實質的眞理」、或「永恆實質的眞理」。因爲，有如早先所提，祁克果乃認爲個人存在，卽是一個靈（精神），或一個陷身在生成變化歷程中的「靈的運動」的主體；一個人他一生的命運，卽要不斷的追求，要不止息、不中斷的作永恆的追求。爲此，主體存在一旦廻向於內心，卽作主觀的轉入，就必可證得無限激情的所對——「眞理」本身。

當然，這一種「眞理」，誠難以作客觀化的呈現或表述；它

❹ Kierkegaard, S. A., *Philosophical Fragments*, pp. 46-60, 205-206.

❻ Kierkegaard, S. A., *The Last Years Journals* 1853-1855 (edited and translated by Ronald Gregor Smith; New York: Harper and Row, 1965), pp. 329. XI² A338, 330 XI² A346.

❼ 祁克果的這種眞理觀點，影響當代新教（新正統派）的巴特 (Karl Barth, 1886-1968) 極深。請參 Binkley, L. J., *Conflict of Ideas* (New York: Van Nostrand. Reinhold Company, 1969), p. 206。

祇是相應於主體的無限激情，在內向轉入的歷程中所取用的「事物」。姑且稱之為「客觀的不確定性」(objective uncertainty)，亦無不可。又，這種「客觀不確定性」的真理性質，按祁克果對宗教「誠信」（信仰）所作的詮釋，乃應當類同於信仰對象的「屬性」。人如果想擁握、或取用這種真理性質或屬性，便必須有所冒險，亦即要冒險接納「真理」或「誠信」所呈示的實質內涵：接納「界在於個人內向性的無限激情，與客觀不確定性之間的矛盾。」❽

這種冒險，也就是意指：「藉個人本具有的無限激情，去選擇一種客觀不確定性的冒險。」換成祁克果另一個術語，它便是「誠信之跳越」說的內容蘊意。就此，我們因而可說祁克果是肯定了「誠信」的宗教價值；當然，我們同時也可以把他心目中的真理觀點，標示成：「誠信的真理」、「實質的真理」或「永恆實質的真理」。

（五）「真理即主體性」的真理觀，在蘊意上，也是指涉一種「為我的真理」、「教化的真理」或「（我）可為之生、為之死的真理」❾。因為，祁克果既重視主體性、主觀性或內向性；他自也認為祕內的主體性，乃是一個人充斥決斷性，亦即能夠選擇「一切可能性」之實質決斷性的根源❿。

❽ Kierkegaard, S, A., *Concluding Unscientific Postscript to the Philosophical Fragments*, p. 182.

❾ Kierkegaard, S. A., *Either / or* (translated by Lowrie and revised by H. A. Johnson; New York: Doubleday, 1959) Vol. II, p. 294.

❿ 同❽, pp. 195, 33.

換句話說，在主體性中的內向轉入，即是靠無限的激情所推動的；這時，主體自我的「如何」心態，當然，就是「主體性」或「內向性」的代用語，而且，也是構成眞理的一種要素（以「歷程」形式來表現）。爲此，存在主體肯爲自己的無限激情之所向或所對從事「冒險」，以選擇主觀所遴選的「事物」——即選擇自認爲絕對「確定的」事物，有如：有信心者相信神是絕對眞實、絕對存在的……等——；那麼，這種運動歷程或方向，自也就是趨近「存在之極致」的歷程或方向了。從反面而言，他所積極取用的，應當可說是一種眞理，亦即與我個人的存在息息相關的眞理；若稱之爲「爲我的眞理」，或者有助於我個人存在的改變或更新的「教化的眞理」；甚而，大膽稱之爲「（我）可爲之生、爲之死的眞理」，亦屬契合其要旨。

其實，再就祁克果推許蘇格拉底與耶穌基督，爲眞正的「個人」之角度衡之，祁克果一心所追求的，自然不是一種學理上的知識（眞理），而是一種「只做他所是的自己的眞理」了❺；這種眞理，就是「爲我的眞理」。

（六）「眞理即主體性」的眞理觀，在祁克果以倫理界域來規範時，儘管也等同於「主體性即眞理」的眞理觀點；不過，若就祁克果個人所作的一種「心理實驗」、或「思想—實驗」(thought-experiment)❺的角度而言，他卻會由宗教層面來作一種「假設」(hypothesis)，即假設有「主體性即不眞（虛妄）」

❺ Kierkegaard, S. A., *The Point of View for My Work as an Author*, p. 114.

❺ Kierkegaard, S. A., *Philosophical Fragments*, p. lx.

的可能情況。

因為，作為一個基督徒（即一個真正存在的個人），雖然可以經由個人內心的信仰，亦即憑藉誠信的內向性，來構作他對「真理的永恆抉擇」（《附筆》，英譯，頁 201）；但是，他依然也需要得到神的恩眷，使「罪」得赦，以便作為一個「新造的人」❸。若說一個人經常是陷身在過犯或錯謬之中，那麼，我們終將會說：「真理」並不在那個人心中；或者說：真理不在那個人的主體裏，「真理不是主體性」。真理，應該只存在於必須宣講出來的「啟示」（revelation）中❹。

祁克果在《片簡》（1844）一書裏，早已隱涵「主體性即不真」的觀點；及至 1853～1855 年間，即在他死前所撰述的《日記》裏，遂有轉折性的改變，即修正了當初的立場；這可值得人們的注意。換句話說，我們從祁克果在一八四六年出版的《附筆》裏所呈示的這種觀點——即「真理即主體性」——，再配合《片簡》一書的思想脈絡，則應可得知，祁克果確實已隱射出、或要求一種「救贖真理」的存在。這種「救贖真理」，不斷要求一個人思想方式與存在（結構）模式的「交疊性」（參前）；亦即一個人的生活（生命）表現，總要符合基督的典範——如以基督教的專門術語，便是指：要效法基督！

從而，就「基督教即是一種存在溝通」（祁克果語）而論，

---

❸　祁克果在《片簡》一書裏（英譯，頁19），便把「罪」界定成：「學習者因自己的過犯，而陷在錯誤之中。」這裏所謂的「錯誤」，意指「在真理之外」，也就是「不真（虛妄）」的意思。

❹　Kierkegaard, S. A., *The Last Years Journals 1853-1855*, XA221.

便可說這是一種「道德的—存在的眞理」觀❺；又，這種眞理，
也已經具現出存在之跳越的歸處了——即回歸到眞神的永恆懷抱
中。筆者認爲，祁克果在此不但是超越了雅各比（參前），而且，
也步武著蘇格拉底的洞見，肯認神即是「眞理自身」，以及，個
人乃能夠由主觀的內向性所甦醒起的「潛能」，以構作出「神—
（人）關係」❺。

　　總括本單元所述，祁克果確實是由於基督教信息的啟迪，加
上，他由個人存在體驗所衍生出的「思想—實驗」或「假設」，
乃由正題——亦即「眞理即主體性」或「主體性即眞理」——提
出了另一反題——亦即「主體性即不眞（虛妄）」——，以反顯
主體存在的「矛盾性」（因存在本就是一種矛盾元素的綜合體，
參前）。唯筆者認爲，其目的之一，當是瞄指那富涵眞理而且也
能作啟現的神的存在；再者，他既肯定眞理可臨現在神向人（主
觀的存在）所開顯的「啟示」中，當然，儘管主體存在的主體性
已爲「不眞」，但是，若由辯證或弔詭的角度看來，這種能夠接
受啟示眞理之「不眞」的主體性，同時也爲「眞」的了。所以
說，不管主體性是眞抑是不眞，總不礙於「眞理」可在主體性中
作「決斷意味」的呈現；這時，在「主體性即不眞」的情況下，
若果也說「眞理即主體性」——一種合題——，亦無不妥。

　　以上，是祁克果眞理觀的總體內涵；其中最重要、又最值得
矚目的當是，祁克果可充分運用了存在的辯證，在主體性二元
（即具有眞與不眞）的情況下，終究挺立出存在個人的「主體

---

❺　Collins, J., *op. cit.*, p. 236.

❺　同❹❽，頁 178。

性」的永恆價值：充滿了內向性、動態性、困思性、辯證性、決斷性、接受性（接納眞理的啟現能力）與開放性（向啟示眞理敞開自我的可能性）。這當然是祁克果思想的另一種特色與獨創性之表現，頗爲值得人們的稱述。

第 伍 篇

祁克果的歷史地位

　　祁克果是一個生前自稱了無權威，但在死後，尤其經歷一世紀之後，卻是享極了盛譽的當代丹麥的心理學家、文學家、哲學家、神學家兼宗教作家。

1.

　　我們說他是一個心理學家，是因為他對個人內心喜、怒、哀、樂等七情六欲的洞察與分析，極具專業化的水準與素養；特別是，他對一個人內心所感受到的「不安」(anxiety) 情態，以及「恐懼」(fear)現象的解析，更是令當今心理學專家津津樂道且將之納入學理體系，以作學術研究的題材與基石❶。

---

❶　「不安」，是指一個人對自己的心境，有一種莫名的感受；它沒有一個明確對象 (definite object) 可言。不過「恐懼」，却是指涉一個確定的對象，能構成人因驚懼以求廻避的反應；然而不安，則否。因此，它的威力更加可怕，它甚至可以使一個人終日，甚而長時陷身於心神不寧的苦境。

2.

我們說他是一個文學家，是因爲他對人間世事、世態的深入觀察，特別是有關男女情懷、婚姻、生命……的了解與評價，經常予人一種發人深省的感喟。尤其是，經由他運用傳記體的解嘲筆觸、或反諷的格調，均能把人間男歡女愛或感性的貪婪無厭，描寫得淋漓盡緻。當然，據他的自述，他感性作品的全體，也都是一項「欺騙」（善意的），目的之一，即是要喚醒自甘於醉生夢死之人，能及早醒覺，以找到自己失落的所在，重新立志追求新生。他的這種文學動機，的確神聖，也值得人們肅然起敬，而不愧爲當代丹麥文學界的「唐詰柯德」。

3.

我們說他是一個哲學家，是因爲他原本就具有一個哲學家的氣質、氣稟與氣度與氣象。儘管他作品的全體，可包涵感性、倫理與宗教三個界域或境界，但在其中，可不乏哲學智慧性驚人的創思與創見，譬如：他對希臘哲學與現代哲學的構思與評價，就頗教人心儀；加上，他用西方原始基督教信徒所堅信的立場，和西方本身產出的「正統」哲學加以排比，就更顯見他識野的廣濶與精湛了：

> 希臘哲學與現代哲學，同樣採取這個立場：一切事物均仰賴得到「非存有」，到呈現存在；因為，取消了它與促使它消失，在它們看來，似乎是過於容易。
> 而基督教徒的觀點，則採取這種立場：「非存有」在四處

都呈現著，就像：一切都由空無所創造出；就像：現象與
空虛；就像：罪；就像：從靈（精神）分離出來的感性；
就像：被永恆所遺忘的暫世。因此，整個要點就是要廢除
它，以及代而獲得「存有」。（《憂懼》・第三章）

簡而言之，若以祁克果本人對哲學與宗教（基督教）兩者的
評價看來，我們當能看出他的驚人架勢了；像他就說：

哲學教示成為客觀之道；　基督教則教示成為主觀之道，
如：要成為在真理中的主體。（《附筆》・第二書）

當然，諸如以上這類的引證，也不足以充分表詮祁克果本人
的哲學睿智或哲學洞識；因為，祁克果所關心的並不止於哲學這
一方領域的事物、事件或事象，他更關心與哲學相關的人性活
動，包括：科學、神學、文化，甚至政治與社會倫理……這類活
生生的存在現象。為此，我們從他多產性的各種作品、傳記、論
述、談話與「學術性的」鉅著裏，均能抽繹出他對人性、時代、
價值……等各式各樣論題所採取的觀點或立場。祁克果的確是一
個曠世罕匹的天才型的文壇怪傑，更不待說，他也確實是當代
西洋一個極具爆破力與震撼力的哲學怪才。

4.

我們說他是一個神學家，是因為祁克果本人的神學或宗教思
想，本就有其歷史的淵源與傳承。當然，在他上溯古希臘異教與
希伯萊基督宗教這個傳統思想的脈絡上，則迨有他個人批判的反

思與存在的調融之見。爲此，若說他是繼四、五世紀奧古斯丁
(St. Augustine, 354-430) 能對中世基督教學理提出若干「理
論」的基礎之後，他在當代也能爲西洋新、舊教圈的神學理論，
提出其個人的神學洞見，而蔚爲教界的一件盛事；這未嘗不是祁
克果發揮其「更正劑」(the corrective) 的效用之在當代的開花
結果。

因爲，如前所述，祁克果一生的終極關懷，乃志在思考人
生、反省存在，以及履現存在的眞諦；從而，他的構思與論究範
圍，自能涵蓋人性、文學、感性、美學、理性、倫理、道德、哲
學、靈性、宗教、神學，甚至科學、文化與政治……等諸多層面
的現象；不過，誠如他爲學論道的基本心態與生命原則，乃在乎
生命（存在）的完美實踐，而不在意於何等深邃學理體系的奠定
或重建，致使他作品的全部精神與蘊意，乃呈現在所謂「生命之
片斷」(Fragments of life) ──此卽一八四三年二月二十二日
寫成並出版之《或作此／或作彼》(*Either/or*) 一書的主題──
的體驗與採擷上，而難能有任何學說體系，有如：知識論（認識
論）、形上學……等架構清晰、原理顯明的建設。

然而，儘管如此，雖然其神學思想也毫無例外，亦卽也無一
套明顯的系統（體系）可循；但是，從其日後能對當今西洋新、
舊教的神學圈造成無比的影響，尤其是有二十世紀新教界「神學
教父」巴特 (Karl Barth, 1886-1968) 的出現，更顯見祁克果那
難以抗拒的神學思想的威力。就如《存在主義者思想家與思想》
(*Existentialist Thinkers ard Thought*, 1962) 一書的編者帕特
卡 (F. Patka，二十世紀)，便就祁克果的學問性格，作出其個
人明斷的評述：與其要說祁克果是個哲學家，不如說他是一個神

學家，乃較爲妥切；因爲，他已充分運用他自己的哲學洞見，去
證立（justify）（基督）信仰的有效性❷。至於他之所以能影響
巴特建立他的「危機神學」(Theology of Crisis)❸的基本要點，
當是在於祁克果早就反省地指出：神人之間「無限的質的差異」
觀點；而這可對巴特的神學思想（尤其，對其巨著：《致羅馬人
書》的新詮──即由「存在」角度，詮釋使徒保羅的該封信札），
構成舉足輕重的影響❹。

再者，我們若果要進一步的指出，當今歐美存在主義神學或
新神學（乃至激進神學……等）的崛起，係與祁克果本人對宗教
神學問題的存在反省和存在思考，以及從而所提供的「存在解
答」，乃有相當密切的關聯或關係，誠然是極其允當之論❺。

5.

最後，我們要說他是一個宗教作家；是因爲祁克果終生總是
一直本其充沛的性靈能力與豐碩的宗教（基督教）素養，不斷藉

---

❷ Patka, F., *Existentialist Thinkers and Thought* (edited; New York: The Citadel Press, 1962), p, 60.

❸ 參閱賓克萊著・陳俊輝譯：〈宗教存在主義、基本神學與新道德〉，全文收錄在《文化、存有與秘思》，陳俊輝著，臺北市，水牛出版社，民國七十三年九月，頁 207。

❹ Zahrnt, H., *The Questions of God* (translated from the German by R. A. Wilson; New York: Harcourt Brace Jovanovich, Inc., 1966 & 1969), pp, 27-28.

❺ 參陳俊輝著：《祁克果與現代人生》，臺北，黎明文化公司，民國七十六年五月，頁 179-377，第三單元：〈祁克果與宗教存在主義（評析篇）〉。

著日記、論文、談話……等各種文體事例，撰述他個人心中的宗教感受與宗教體驗——儘管並未著力於明確的神學系統、或宗教哲學體系之建構（參前）——，以顯示他對「至高真理」此一理念的供奉或服務。

祁克果在《作為一個作者我的作品之觀點》一書的部 I 的 B 項〈解釋〉一文裏，即明確表示：「（他）這個作者，是並且一向是宗教作者。」只是，他卻又澄清：「做為一個人，……可能就是我（按：他）的宗教義務；然而，這卻不能和作為一個作者的我相混。」之後，他旋即又擺明：他之對「真理」的服務，並且重視「個人」這個範疇（參前）——因而，便與一般的羣眾或公眾決裂——，並非由於他自己的高傲或驕橫（當然，他意指在他出版 *Either / or* 之後的兩、三個月期間，如其所述，並非一般公眾對他不友好，反而是相當的歡迎他），乃是因為他「意識到自己是一個宗教作家」，而且這可必須關聯到正與公眾相對照的「個人」——「個人：這可是一個涵藏整個生命與世界的哲學思想」。

由此可見，祁克果勤於寫作的動機，純粹是來自關注「個人」與對「（宗教）真理」的服侍；終極的目的之一，當是使世間的有情人類，多能沐浴到永恆的氣息，以及身躋進無限的靈性國度。因為，如其所述，他相信並肯定原始屬靈的基督教，早已提供世人奮力追求個人「永福」（the eternal happiness）的理想模式。

6.

綜合以上所述，亦即若由祁克果一生的事蹟與表現來作一衡

斷，筆者擬用（一）、「西洋傳統思想『反向運動』的健將」，
以及（二）、「燭照機先的世紀型靈魂人物」這兩句斷語，來
表顯或詮釋祁克果的心思行徑之在人類歷史上的地位。原因何在
呢？簡述如下。

第一章　西洋傳統思想「反向運動」的健將

1.

　　經由以上層層條分縷析，我們應可歸結出：祁克果確實是當代一個偉大的（深層）心理學家、（傳記）文學家、（宗教）哲學家、（存在）神學家與宗教作家；然而，如其自述，他卻一再自命為一個毫無權威，也不僭立權威的學生、謙卑者、僕役、被貶抑者、受嘲弄者、懺悔者或犧牲者（參前）。這可是一個多麼大的諷刺呢?!筆者認為，單從他個人這種生命態度、人生觀或者世界觀看來，管他叫做是：

　　　　一個集天才與熱狂、叛逆與反諷、憂鬱與孤獨……等諸般
　　　　特異性格的「時代例外者」和「歷史弔詭者」[6]。

似乎毫不為過。特別是作為一個「時代例外者」與「歷史弔詭者」，祁克果本人的「叛逆」性格，直可由他正從事一種西洋傳統思想「反向運動」的行徑明顯看出。因為，他運用睿智與敏銳

---

[6]　陳俊輝編譯：《祁克果語錄》，臺北，業強出版社，民國七十六年
　　二月，參〈編譯者序〉。

的反思力，批判地洞察西方傳統的一切，包括西方歷來的宗教
（神學）、哲學（學派或理論）、科學（發展）、社會（風貌）
以及文化演進上的諸多現象，終而一針見血的指出：這一切的一
切，多牛已捨離主體，重視形式，遺忘存在與強調理論、抽象或
思辯……等。而，其最後的結果，當然是「遺忘了生存的本義與
內向性的表意。」若說得更確實一點，便是：世人關注今生、今
世塵俗的一切，而徹底忽視了乃應以行動、實踐以證得的來生或
來世榮美的福祉——他稱之爲「存在的極致」、「永福」（eternal
happiness）。

　　由於這種「天性」的自覺或使命感，祁克果乃採用「無能之
助的棄絕法」（參前），從事自命爲捍衞眞理、彰顯眞理的「反
向運動」的努力歷程。至於筆者之品評祁克果爲一西洋傳統思想
「反向運動」的健將，當是著眼於有如前一單元所提述的論點：
他充分運用了他破（學）立（道）的生命原則，以及靈活運作巨
觀暨微觀的洞察力，以開顯存在個人之「主體性」的雋永意味
性；從而，以呈示個人的「存在」的永恆意義、尊貴價值、無限
生機以及一切的可能性。這當是祁克果一個人「逆覺體證」的結
果，也是祁克果批判地反思傳統所奠立的個人的「創見」。單憑
這項成就，筆者認爲，他的歷史地位，將是永恆不朽的。

　　再者，他因挺立存在，重視存在的（精神）運動現象；而
且，據以反思西方整個思想發展的脈絡，藉提出「我在故我思」
或「我在故我信」的學究取向，以對治自柏拉圖以來所強調的
「本質先於存在」，或者自近代笛卡兒主張的「我思故我在」的
學究路線，終而對西方古今觀念論體系的集其大成者黑格爾所發
出致命的一擊——即以「個人」或「存在」範疇，以破除黑格爾

思辯哲學系統的缺乏「倫理」因素——，而成就他「存在」哲學的震撼力與攻堅力。這更可說是，又一次爲他個人的歷史地位奠定了不朽的根基。

所以，儘管如一般學界人士所稱：「祁克果是一位丹麥的先知」，他在十九世紀，正和德國生命哲學家尼采 (Friedrich Nietzsche, 1844-1900)一樣，同是對西洋宗教暨哲學傳統加以反省批判的重要代表人物❼；但是，筆者卻認爲，海革爾 (Theodor Haecker, 1879-1945) 對祁克果思想的論評，當是有幾番的道理的。像他就說，祁克果的思想進程，恰和西洋傳統哲學自「世界」（感覺、事物、對象）的關懷出發，通過僅是一個空的相對點的「人」（主體、自我、個人的），而歸回「世界」的走向南轅北轍：

> 祁克果乃是，以「個人 (the individual)」作基始，經由「世物」，而歸返「個人」本身❽。

換句話說，關於祁克果本人的思考進程，就是：

個人──→世物──→個人

而西洋傳統的思想進路則是：

世界──→人──→世界

---

❼ Jones, W. T., "Kant and the Nineteenth Century", *A History of Western Philosophy*, 2ed. (New York: Harcourt Brace Jovanovich, Inc., 1975), p. 208.

❽ Haecker, Th., *Sören Kierkegaard* (translated by Alexander Dru; New York: Oxford University Press, 1937), p. 25 f.

2.

　　由此看來，也當可呈顯祁克果刻正在從事「反傳統思想」，或從事西洋傳統思想「反向運動」的事實了。再者，如前所述，祁克果本人關注存在之餘，他同時也注意一個人的無限情懷——他稱之爲「激情」(passion)——，以及誠信(faith)的作用力；所以，筆者要說（參前）：「我在故我信」對祁克果而言，也同「我在故我思」一樣，有其一定的主導力量。因爲，唯有如此（強調），才能超克西方思想傳統所蘊涵的一種「危機」：有如祁克果所稱，思辯哲學或觀念論體系，自認爲它們已「執握了」（基督教的）眞理，而這才是一種眞正的危殆；原因是，思辯哲學（觀念論體系）企想把一個人的「永福」，完全奠基在思辯上，這可與它自身的論點有所抵觸，而且也完全忽略了什麼是基督教的「本質」！

　　這到底是在指謂什麼呢？祁克果的本意究竟又是什麼？詳細的說，據祁克果本人在《附筆》·第一書中的說法，他認爲：思辯哲學、或者哲學，「在它的客觀性上，乃完全漠視一個人的（原文作：他的、我的與你的）永恆福祉。」因爲，「永福只藉存在主體的自我逆覺體證(the recessive self-feeling of the subject)，即經由他極度的努力所獲得的。」

　　簡要的說，祁克果是批判理性，挽救誠信（或激情）的時代先知；也是捍衞超理性的眞體，以反對西方低俗的本能認知的眞理鬥士。這正如海革爾又一次的稱述祁克果畢生的終極關懷，特別是在「宗教」向度上所呈顯的無限情愫：

衞護超自然（超性），反對自然（本性）；衞護神的超越
性，反對理性哲學家的內在性；衞護位格神，反對泛神
論；極力主張「神—人」絕對的特異性、罪與救恩的實
在，以及神的愛——反對盧梭（J. J. Rousseau, 1712-
1778）「美麗靈魂」的不潔與感傷性❾。

　　筆者認爲，這類的評語是頗爲允當的，甚且也更能表顯出祁
克果一生所奉持的職志；就此而言，推稱他是西洋傳統思想「反
向運動」的健將，應是得體之論的。

---

❾ *Ibid.*, p. 58.

第二章 燭照機先的世紀型靈魂人物

先前的提述，即在呈示祁克果之所以為祁克果的「特徵」：重視個人存在的意義與價值，排拒塵俗羣體的普遍假相與幻覺；又，他也批判一切的學說理論或思辯（哲學）體系，若無法聚焦於主體，並且闡明一個人存在的本義與向度，那就是一種死物，或一種抽象界的元目（entity），而無裨益於個人存在生命（永恆性靈）的提昇。

基於這項前提，筆者乃要大膽的歸結：祁克果當是當代一位「燭照機先的世紀型靈魂人物」。主要的理由，有以下七點❿：

（一）是在人性上，他驅動了人們，對自我靈命的重新探索與發掘；

（二）是在思想上，他闡明了無限的激情，乃是人類開展意識界理性活動及諸般事象的原動力；

（三）是在科學上，他指出了有關事物的暫時性認知，是科學探求萬有真象，所應知解的一種不移的定則；

（四）是在哲學上，他揭示了探索個人內在性靈的世界，是為學證道的唯一法門；

---

❿ 同❺，頁3，〈自序〉。

（五）在倫理上，他表詮了作爲一個平凡的個人，與生俱來原就是一位道德的自覺者和價值的創現者；

（六）在美學上，他描繪了一個眞正存在的個人，本質上可就是一位能品鑑生命奧秘的生活藝術家；

（七）是在宗教上，他詮釋了原始的屬靈的基督教，乃提供了世人奮力追求個人「永福」（eternal happiness）的理想的模式。

進一步的說，祁克果基於他對一切事物都採取「反省」、「批判」的態度，加上，他早就以服膺「眞理」爲一生奮鬥的職志，藉努力踐履，體證「永福」的存在，以作爲世人塵俗生活追求的總目標；他個人的這種心路歷程，可說是充滿一般人所未曾歷練的坎坷境遇。不過，話又說回，他個人對一切問題、事物、事件或事象的觀察與玩味，卻也因此而洋溢著聖善智慧的光輝，以及燭照機先的眞知灼見。此外，他思想的範圍與進程，不僅因此涵蓋到往昔哲人睿智心靈的結晶，更且也預盼未來偉大哲聖性靈的誕生；我們從祁克果之後，西洋學術界也產出若干位存在哲學思想大師，包括德國馬丁・海德格……在內，便可知悉，祁克果確實是一個非同凡響的性靈大師，以及世紀型的靈魂人物。

筆者在先前何以要提出「七點理由」，以論證祁克果這位世紀巨靈其先知般的生命洞見呢？這個背景，個別的說，是這樣子的：

第一節　從人性角度而論

祁克果基於對傳統思想均作批判的反省與思考，當然，他對

傳統有關「人」或「人性」的理論，也都會有所了解或作批判的取捨的。再加上，因爲有他個人的存在體驗或存在洞察的融入，他對「人（性）」方面的理解，自然就比較特殊，或者因而能夠突顯他個人的歷史地位——

祁克果認爲人是由有限與無限、暫世與永恆、必然性與自由的綜合（體），這是先前就已提過的；他也說過，人是靈魂與身體的綜合（體），不過靈魂與身體卻是被統合在第三因素——「靈」（spirit）裏。爲此，人就因爲有了「靈」的存在，或者說人本來就是靈（參前），這便構成人與動物的重要差別，而成爲「萬物之靈長」，甚而作爲「萬物之尺度」。不過，祁克果同時也說，人類都來自於「亞當」（《聖經‧創世紀》）；「亞當是第一個人，他同時是他自己和種族。」（《憂懼》‧第一章）然而，據《聖經》記載，亞當卻是神的兒子，爲神所造；受造物是不同於造物主（Creator）的。爲此，從一是能造，另一是被造的角度看來，所謂「本質的差異」，確實已使得神人之間出現了一道永遠無法踰越的鴻溝。

在這種人（性）觀點的前提下，祁克果自然要說：「人和神無論在哪一方面，都是有別的；人是罪人，每個人都是罪人，都是『在神面前』的罪人。」（《死病》‧部二）其實，這本無新穎之論，因爲早於祁克果一千八百多年之前的保羅（耶穌之外邦使徒），在他寫給當時各教會的信札中，就已闡明了這項觀點；不過，筆者認爲，祁克果卻是對此有所闡發或發明的，換句話說，他誠然是提出了他個人的反省之見或批判的洞察：因爲，他曾極力表明，我們切切不可用「人類」這個範疇——儘管由於它具有做爲一個種族的普遍的優越性，而且也由於人類本具若干的

特質，而使人類有別於獸類——，來涵指並且作爲「人」的定
義。原因是，如果這樣作，便是一種「異端」或「誤解」。他又
說道：在人類之內的每個「單獨的個人」，即每個個別的人，全
都超過了人類，因而即可使之作爲「人」的定義；主因是，「人
都擁有神的關係」。（《觀點》・部二）

　　所以，要想談論人性，便要先從「個人」的內在、內涵或內
容角度作出發，否則，便可能是一種「誤解」或「異端」（同
前）。再者，說到人性，祁克果當然不是像西方歷來的「本質主
義」（essentialism）❶者，會主張「本質先於存在」的觀點；他
反而背道而行，而重視個人、關注存在，而有「存在先於本質」
之論。是以，說到祁克果的「人性」觀，便須要由他對「存在」
的立場出發，亦卽由「個人」的基點作起步，如此才能切中談論
人（性）的要旨。

　　從而，前述祁克果談到，因爲「人擁有神的關係」，才使
「個人」可以作爲「人」的定義，無疑，這當是祁克果的闡發之
見，而這乃與《附筆》・第二書中的這類意見，有著前後相互輝
映之美：

　　　實質上，唯有「與神有關係」才使一個人成為一個人；

---

❶　「本質」（essence）一詞，來自拉丁文的 essentia，卽由 esse（to
　　be 生存）衍變而來；它與存在（existence）爲一配對的語詞。以
　　柏拉圖爲例，他便就事物的永恆觀念（eternal idea），以發現（找
　　出）事物的本質；而亞里斯多德則把本質，視同作形式（form,
　　eidos），卽作爲一種原因（cause）的形式。……有這類的主張，卽
　　可稱之爲「本質主義」。

又說：

> 如果人們早已遺忘在宗教上的存在意義，無疑，他也早已
> 遺忘什麼是做爲「人」的意義。

總之，先前筆者指說，祁克果「在人性上，驅動了人們對自
我靈命的重新探索與發掘」，當可從上述得到堅實的論證基礎；
因爲，祁克果畢竟是關心存在（卽是靈，卽是運動本身，卽是求
眞的歷程）而甚於一切的。

第二節　從思想角度而論

祁克果一向自命爲一個眞理的捍衞者與闡發者；他也像蘇格
拉底的一生，努力使個人從邦國得解放，而致力於使每個人由世
俗得解脫。就此而論，他個人的思想是極其高超與謙遜的。因
爲，在他基始上卽已認定，人就是人；人的本份就是在於不斷的
追求，不停的努力證成，以實現自己存在的本義與理想。所謂
「人並非坐在神的座位上」分享神有關萬有的本質知識，而是在
有限性與疏離上，全無客觀的居所[12]；這項觀點，乃最能顯示祁
克果本人的生命暨思想觀。因爲，他是謙遜的，他相信一個人如
能徹底的自我省察，體覺自我的渺小，這才是偉大的開始，以及
證得智慧的開端。由於有這項「認知」，他便準此旰衡時代的一
切，批判歷史，也批判傳統。奈何，就他發現的結果，一切卻令

---

[12] Tillich, P., *The Courage to be* (London & Glasgow Great Britain Collins Clear-Type Press, 1952), p. 126.

其大失所望，如其所述：

> 時代所亟需的却是無聊與片面真理；而「真理」（按指：
> 永恆的、本質的真理）將受輕蔑。（《日記》・一八四七
> 年五月十四日）
> 我們這個時代，在本質上乃是一個沒有熱情，只重理解與
> 思想的時代；有時雖也發出熱忱，但轉眼又如鼴鼠般歸於
> 緘默。（《時代》）
> 這個時代，整個都陷進理性的泥濘中，沒有一個人因它哀
> 慟，這兒只有自滿與自欺。（《日記》・一八五二年六月
> 四日）

他又說道：

> 讓別人去抱怨這個世代的邪惡吧；我的怨艾是：這個時代
> 是不幸的，因為它缺少激情。
> 世人的思想，盡都淺薄脆弱，有如帶子一般；他們本人，
> 全像製帶人一樣的可憐。他們內心的意念，瑣碎得有罪。
> （《或作此／或作彼》）

祁克果思想的偉大與成熟，便是由此項觀察「時代的不幸」，
反省它與批判它而證成的。他究竟是如何證成的呢？筆者認爲主
因就是：透過對基督教「道成肉身」這一事件——祁克果稱之爲
「絕對弔詭」（參前）——，以及蘇格拉底本人對「眞理」即「弔
詭」的體證，祁克果乃明指：弔詭（秉具激情）——而非理性——

始是人類構思（即理性運作）一切的根本；我們的時代，乃亟需要對「困思」重新理解，否則必將再次淪入膚淺、自滿與自欺。這種困思本是思想家「激情」的來源；「思想家若沒有困思，就會像一個沒有情感的戀中人，一個無價值的凡夫一般」。再者，關於這種困思，祁克果則說，打從基始它就存在於所有思想，甚至有關個人的思考中。（《片簡》）

　　祁克果的這項呼籲，筆者自認為，乃有點像中國禪宗所謂的「直指人心」的意味；其要旨不外要使人人返身自省、自求，以證成它的當下存在。因為唯有發現困思是人人自身所擁有的運思根源，而且經由困思生發出「激情」動力，以反省對待一切存在的事務，包括意識界理性活動之對象；這樣，一切主、客體的互動關係便有根源可循。由而，也始能融洽地建立思想與存在的關聯，而不致產生對存在本義與主體（個人）內向性表意的遺忘；這可是祁克果的苦心發現。為此，筆者在先前所說：祁克果「在思想上，闡明了無限的激情，乃是人類開展意識界理性活動及諸般事象的原動力」，當有某種理脈的依據。

第三節　從科學角度而論

1.

　　祁克果在基本上，並不是一個反科學主義者，不過，由於他個人對存在的反省與體驗頗有斬獲，他對周遭事物的一切，包括所謂科學觀察所把握與認知的客觀事物、或客觀對象，自然會有他個人的主見或洞察。

這裏提到，科學觀察所把握的客觀事物、或認知的客觀對象，有如祁克果曾指謂的，可用「實在」（reality）一詞來蓋括，也就是指存在者（物）的整體。雖然它是構成人類經驗的重要素材，可是，卻不是人類經驗所能夠完全把握與理解的對象；因為，實在的內容，乃永無窮盡；它當是一個整體，一個系統，或一個體系。祁克果在《附筆》裏說，作為一個存在的人，乃永遠無法認識實在的整體眞象（有如康德所云：「物自體」之不可理解），唯有神才有可能。原因是，神就像是一個系統學家，祂對於「實在」，可以用系統、或體系的方式，來審視、觀察、理解與把握，而毫無遺漏。

然而，（個）人由於是一個在生成變化之歷程中的人，他的命運已註定要在這個歷程中，不斷的作自我追求，卽無止境的「或作此／或作彼」，並且藉著無限的反省或設計自我，以超越現有困厄的情境，至終，以達到個人存在的極致——卽個人「永福」的境地。所以，主體自我的內在變化，則應以更新自我為鵠的；至於外在客體的現象，一旦須與存在產生關聯，它便將隨同主體內在自我的躍升而呈現出不同的面向。用所謂「境隨識變」一詞來形容，似乎有幾分事理可循。

2.

再者，祁克果也說，如果從時間觀點來看，任何成為時間中的歷史者——包括（一個）人在內——，也就是一種偶然的或適然的；「適然性正是所有生成中的一項因素」⓭。這裏所說的適

⓭　Kierkegaard, S., *Concluding Unscientific Postscript to the Philosophical Fragments,* p. 90.

然性，應當是一切歷史者、偶然者或適然者，處身在生成變化之歷程中的「本性」，或其「本質」要素之一；而自身既成為一種適然物的存在者（有如一個人的存在一般），它本身便是未完成的，便是在生成變化之歷程中的，誠如「經驗事物是未完成的」一般❹。從而，自可指明，主體或客體若對祁克果而言，彼此乃都是一種未完成者，都是變化者、適然者、偶然者或歷史者了；隨時也都陷在存有（生）與非存有（滅）的情態裏。為此，若說主體是如何認知客體、或怎樣把握客觀的外在事物的呢？筆者要說，如果能從以上的論述作一推測，那麼，我們就可知悉（祁克果的主張），它即是一種辯證的、暫時的認知而已。原因即在於：個人所認識的客觀事物（或從而所構成的知識真理，係相對於個人主體作內向的轉入——追求實踐即為認知之重要取向——，而呈現作「一種無法絕對肯定其起始（點）的近似（歷程）」。換言之，知識本身即是一種「近似（真理）的歷程」（approximation-process），而非真理實體本身。

當今，我們從量子力學（quantum mechanics）暨海森堡（Heisenberg, Weiner Karl, 1901-1976）所提出的「測不準原理」（uncertainty principle, 1927）角度看來❺，祁克果的這種科學洞察，應該是有相當的說服力的。因為，塵世之人總無法把握事實變化的「真象」，更遑論可建立永遠客觀的知識或真理。所以，祁克果會說：「客觀真理」的「本質」，乃是由不確定

❹　*Ibid.*, p. 169.

❺　這個原理的主要論點是：人對粒子的觀察，是無法同時精確地測出它的位置與運動量（momentum）的；觀察者要是精確的測定某一者，就無法準確的測定另一者。反之亦然。

性、近似性（當然包括適然性、或偶然性）所構成；而主觀的眞理——祁克果本人所看重的——，則是由存在主體的主觀性（因有由內向的激情所產生，以致生發行動的決斷性），以及主體的「如何」所構成❶。

　　總之，祁克果關心德性的眞理，乃甚於知性的眞理，是有目共睹的，而且也能作自圓其說。不過，不管怎樣，他對科學的洞察，確實是有其個人的創思與創見，此誠如筆者在先前的指述：祁克果「在科學上，指出了有關（客觀）事物的暫時性認知，是科學探求萬有眞象，所應知解的一種不移的定則」，當是很值得今人深省的。

第四節　從哲學角度而論

1.

　　祁克果是一個存在思想家，乃是一件可以肯定的事實；當然，要說他是一個哲學家也未嘗不可。不過，基於他正從事「反向運動」這件事實（參前），說他是一個深具辯證性、反省性與批判性的「批判哲學思想家」，想必是更加的適當。因爲，我們從他一生的爲學論道之立場看來，他也確實是如此：一來則是，他對西洋傳統哲學與宗教的觀點或主張，乃極其的熟悉；二來則是，他能本諸自己的生命境遇與存在體驗，提出他個人「破學立道」的生命原則，以安排、處理他所理解的任何的「哲學」（體

❶　同❸，頁 118。

系)。終而，以突顯存在個人的主體價值與尊嚴，並肯定真理即主體性、主體性即真理的永恆定律，為真實哲學的未來發展與衍化，打開了一條出路。

筆者何以說他對「真實哲學」做出了這項積極的貢獻呢？主因乃在於，如就祁克果本人的哲學觀點，他應該區辨出兩種不同的哲學類型：一是偏重客觀的解析與思辯所發展成的「思辯哲學」，另一則是偏重，甚至極其重視個人永恆福祉的哲學思考，姑且稱它是主觀哲學、主體性哲學或「存在哲學」。據祁克果本人的哲學思考向度衡之，他應該是讚賞筆者所述的這第二種哲學類型，也就是攸關著個人永福的「存在哲學」。就因為祁克果在哲學上推崇這種哲學，或者說提倡攸關實質知識、實質真理或永恆真理的哲學（參前），他在哲學史上乃當擁有一席地位，應該是毫無疑問的。誠如他個人的自述，他對整個西洋哲學（發展）本身的評價，乃是憂多於喜，或說批評甚於贊同：

> 任何世代的人，甚至，如所描述把自己獻給思想的人，也多半在這種印象下生存與死亡：生命只是求取更多瞭解之物；一個人如得到更長的歲月，那麼，生命便成為一種長久持續瞭解的進程。……
>
> 一切都在轉變，重點變成了：更多的瞭解某樣事物，則是費解的！這是蘇格拉底式的無知，也是本時代的哲學亟需更正的所在。正像克里馬古斯（按：祁克果使用某書的筆名）所云，在更高生命開始的那一點，人多半轉離，轉向過實際的生活，去做「人、父親與玩保齡球的伙伴」。而且也像反克里馬古斯（按：也是祁氏用的某書的筆名）所

述，人們多未體驗過性靈生活；從未在本質上，體驗過和神聖（者）的契交。……

要注意！蘇格拉底的無知，是由基督精神的修整，才趨於成熟的。從心智上說，它的轉向是德性與宗教性的，即：重新變成嬰孩。（《日記》‧一八四九年九月）

哲學的不忠是：只提供其它事物，而不提供誠信，並且來照亮誠信。

哲學不能、且不應給予誠信，它倒應該理解自己，並且知道：它必須供應什麼，而且並未挪走什麼；至少，也應騙取人們的某一事物（它看來好似空無一物）。（《顫怖》）

力行一切、懷疑一切……等，乃是思辯哲學。另一方面，哲學家已變得太過客觀，而無法談論到自己；他不說他懷疑一切，倒說：思辯哲學都這麼做。並且有關思辯哲學，他也做這項的肯定。甚者，他更拒絕託付自己——即有關私人的探究。（《附筆》‧第一書）

又說：

哲學在它的客觀性上，乃完全漠視他的、我的與你的永恆福祉；永福祇藉著存在主體的自我逆覺體證(the recessive self-feeling of the subject)，亦即經由他極度的努力所獲得的。（《附筆》‧第一書）

2.

綜合以上所言，即可知悉：筆者所說的兩種哲學的類型，當

是存在於祁克果本人的哲學觀念裏；不過，祁克果自己是有所選擇的，也就是重視一種眞正關乎個人自己的性靈生活；「有關私人的探究」；能提供「誠信」；以及能關注個人自己的「永福」的這種哲學向度、或哲學思想——它當然不是只會忽略具體、暫世、存在的歷程，以及存在個人的困境的抽象思想。所以，筆者在先前早已指說，祁克果在歷史上的貢獻與地位，當是他「在哲學上，（已）揭示了探索個人內在性靈的世界，是爲學證道的唯一法門」，也應該有它相當堅實的論據的。

第五節　從倫理角度而論

1.

　　祁克果一生所重視的，除了宗教之外，當然就要算是倫理了；這種倫理，並非指倫理理論，而是倫理的實踐。至於藉著倫理實踐所證成的知識或眞理，便可以說是一種倫理暨宗教的眞理。因爲，對祁克果而言，在倫理的實踐中，應該卽已涵攝宗教的動機與行爲；有如思考「死亡」一例，便是了（參《附筆》）。再者，由於祁克果本人對個人存在的體驗，以及對蘇格拉底與耶穌基督一生行誼的發現，他終於肯定：「一種持續不斷追求的理念，乃表明出存在主體的倫理生活觀。」（《附筆》・第二書）這本是一個人所應具足的存在洞察與自我認知，奈何在祁克果看來，這卻正是一般人們所易於遺忘的生命事件。所以，祁克果一再呼籲，「爲我的眞理」才是眞正的眞理，才是攸關個人永福的實質眞理。一個人如果眞正發現自己存在的事實，進而追求個人自己

存在的本意，以及內在性靈的表意卽——「取用」（appropriate）
真理或知識，以轉化成能指導個人行動的無上智慧；那麼，這個
人才是一個真實存在的人，或是一個真正的力行者與實踐者。爲
此，我們可以看到祁克果是何等的努力，或批判西方思辯哲學的
缺乏實踐性動機，或大肆抨擊西方觀念論體系唯一的代表——黑
格爾思辯哲學的欠缺倫理（參前）——，甚至極力倡言要效法蘇
格拉底的行徑，卽力稱蘇格拉底是一個倫理教師，並且了解「真
理是內向性」的行動真諦，而予以時人一項行動上的借鏡（對
比）：

> 蘇格拉底很有禮貌的與間接的移除了學習者心中的錯誤，
> 而賜給他真理；思辯哲學很有禮貌的與間接的移除了真
> 理，而把錯誤呈現給學習者。（《附筆》‧第二書）

就此說來，祁克果的重視倫理，並非西洋傳統（思想）的
「例外」，而是西洋傳統「菁華生命」的一種重振或復甦。當
然，這裏所說的西洋傳統，乃包括了西洋的哲學傳統與宗教（基
督教）傳統。祁克果這種積極恢復傳統的「生命力」，卽重視倫
理生命的提升與恢宏，直可說是西方道德上的先知先覺者，或者
西方文化精神的重振者。就此看來，他當代的歷史地位，是不下
於蘇格拉底之於古希臘的雅典社會的。再者，由於祁克果乃對比
地推崇蘇格拉底的道德風範，有如：

> 在基督教之外，蘇格拉底孤獨的站著。高貴、單純，而且
> 有智慧；你確實是真正的改革者。（《日記》‧一八五四年）

他更可說是，當代西方自康德（Immanuel Kant, 1724-1804）之後一個無出其右的道德改革家。像他就這樣的自評過：

> 我開始用蘇格拉底的方法（按：指蘇氏立足在無限的否棄中，即自己經過苦修的生活，在鄉野中落單，目的旨在人羣裏求取新人，有如漁夫垂釣一般；從而，以便確切充實自己的生命），但却深知自己不及於他；因為，我曾經有錢。……如今，我却努力把人民直接引向……基督教方位的一種運動。
>
> ……它不是傾向蘇格拉底的方法，而是趨向宣講恩典；儘管這種方法是無限低於使徒的。（《日記》‧一八五一年）

2.

循此看來，祁克果從事的道德改革取向，當是瞄向基督教這個方面的。因為，在他心目中，「基督教，即是神的思想」（《日記》‧一八五四年）；他為了服膺眞理，也必擁有如同蘇格拉底的服侍理念──作為一個「屈從於神的檢視下的助產士」──，在從事並實現神的任務，由此可見，就道德的闡揚角度衡之，祁克果乃巧妙地融合了古希臘蘇格拉底的倫理觀與基督教的救世精神，而發展出他個人的「存在倫理」：在知道善事的當時，就立刻去做！因為，若果失去了行動的實踐力與道德生命的表現，那種損失才是久遠的；因為，他將被「記憶之神」所忘懷，終而失落存在瞬間的雋永性；這就如祁克果本人的剖白：

> 道德是品格，品格是刻在心性上的；……品格實在是一件

內心的事。……無所謂道德或不道德，便只有曖昧混沌。
每當一個時代受思想的剝蝕而削弱品質的區別時，混沌曖
昧便進入人心。……

一種膚淺狂誕的罪惡論，削弱了善惡的區分。(《現代》)

如果有人真正志於一事，是可能的話；那麼，他就必真心
志於至善。

如果有人真心志於至善，是可能的話；他就必須統一自
己，樂意拋開一切的三心兩意。(《一事》·第四講)

又說：

真心志於至善的人，對於世上暫時的得失毫不掛懷；但
是，他永遠成就的，乃是他作為記憶的密友，被它所寶
愛。不管世人是否記念他，記憶之神總是親近他、信任
他。

世人的記念，有如時刻，祇不過是一連串的瞬間而已；永
恆的記憶，才是確實可靠。善人離世時，他沒有遺漏什麼
東西在世上；他收拾了所有而萬無一失。他獲取了一切；
因為「對於他，神是萬有」。(《一事》·第九講)

存在人生的至高價值，委實莫過於獲得永恆，擁握萬有的一
切；祁克果則已就道德的踐履，為世人提出了一帖力行良方，這
當能驗證筆者在先前所說的：祁克果「在倫理上，表詮了作為一
個平凡的個人，與生俱來原就是一位道德的自覺者和價值的創現
者」的精神內蘊。因為，人生價值的創現所在，無不在於當下時

刻的瞬間；然而，一個人若能把握住瞬間的蘊意與雋永性，則可說是近乎永恆的門檻亦不遠了。「祁克果的（實踐）訊息」，便是如此!

第六節　從美學角度而論

1.

　　祁克果儘管不是一位美學理論學家，不過，就他個人對生命情懷的關注，以及對存在激情的關懷，筆者認爲，他在歷史上，也應有他個人的美學地位可言。

　　何以說祁克果他對生命情懷的關注，以及對存在激情的關懷，乃有關於美學或生活藝術的範疇呢？關於此點，筆者的觀點是，祁克果存在意義下的美學觀，乃是揉合了道德與宗教的某些內涵；然而其最終的指向，自是以個人這個「綜合體」的存在爲依歸的。

　　就如，祁克果他對「美的化身」，亦卽對未婚妻蕾琪娜個人的描繪（在尙未解除婚約之前），也都表現出他本人對生命情懷的垂注：

　　　　妳，我心靈的主宰，珍藏在我胸懷最幽深的城堡內，在我
　　　　思念的滿盈裏；這裏，是和天堂與地獄同樣遙遠之地——
　　　　未知的聖域呀!……
　　　　愛情，在每個人心中，也有它的預言、它的造型、它的神
　　　　話與舊約。

> 在每一處，在每個女孩子的臉上，我發現到妳的美的踪
> 跡；但似乎是，我得擁有她們所有的美，始能勾畫出妳那
> 純全的美。至於我，則要在世上的每一角落逡巡，才能找
> 到我所渴望之地；彼處，是我整個生命的神秘之所指。……
> 妳，盲目的愛神啊！妳願把在秘密中見到的，向我示明？
> 我能否找到在此處所尋覓的？我能否經驗到由我生命偏頗
> 的前提所衍得的結論？（《日記》‧一八三九年二月二日）

至於他對「美」（希臘人的）本身的存在體驗，則將它牽連
到他對道德或宗教本身的感受：

> 在美聲稱有權統理一切的場所，那兒便產生一種把靈驅逐
> 出去的綜合；這是整個希臘文化的秘密。由於這個緣故，
> 才有一股貞定一切希臘人的美的安全感，即靜穆性。不過
> 正由於這個原因，這兒也有一股憂懼感；這是希臘人可能
> 不曾注意到的。（儘管他的塑型美，因它而震顫。）
> 在希臘人的美裏，有一股逍遙自在感；因為，它別除了
> 靈。不過，却也因而有一股未可解釋的幽深的哀愁。所
> 以，感性並不是有罪性，而是一個能引生憂懼的未可解釋
> 的謎團；這種天真爛漫，可伴有一種身屬憂懼之未可釋明
> 的空無。（《憂懼》‧第二章）

尤其是上面引文的最後一段，可充分表明祁克果對希臘人
「美」學觀的了解與把握：感性、天真、又逍遙自在，然而，因
為欠缺「靈」的滋潤，而顯得哀愁、憂懼與空無。當然，這也是

祁克果的美學觀點之一，至於他另外的一種美學觀點，也可由前一段引文中他對蕾琪娜個人「美」感的品述看出：純全、未知之聖域、渴望之地、(我)整個生命的神秘之所指……等。最後，他則把「美」的神秘化境——卽與天堂和地獄同樣遙遠之地——，歸諸到他個人存在的「經驗」界域，由個人的生命體驗來詮明「美」的眞實本質?!

2.

前面剛提到祁克果對希臘「美(學)」的詮釋，筆者認爲其中最引人入勝者，莫過於他以靈、憂懼與空無角度，來托顯希臘人美學理念的「瑕疵」(imperfection)，從而以呈顯他個人的特殊美學觀點：簡單的說，美應是純善、自由的，亦卽靈性的超脫與自由。說美是一種純善，乃表明它應予人們一種「誠信」的感受，而非哀愁或憂懼的感覺；在祁克果而言，誠信乃是罪的反面或對立物(《死病》・部一)。不過，他旣指說希臘人的(異教的)感性，不是有罪性(參前引文)，而卻以憂懼或空無來形容；這就頗爲辯證或弔詭了。因爲，在祁克果本人的術語裏，憂懼或空無，是關聯於罪(意識)的感受的；如其所自述：

> 憂懼，係作爲原罪的預設，以及靠著迴返到它的本源，以後退方式在解釋它(原罪)的東西。(《憂懼》・第一章)
> 「憂懼」這個詞，並非敎示段落的重要性，倒暗示存在的內向性。(《附筆》・第二書・補遺)
> 憂懼並不是一種必然性的決定物；它也不屬於自由。它是一種束縛人的自由；這兒的自由，本身並非自由的，而是

受到它本身所束縛住的。(《憂懼》・第一章)

又說:

> 原罪(original sin)以前常常被思考過,但它的基本範
> 疇,卻未被攝握:它即是憂懼;這才是真正決定它的事
> 物。憂懼是對他所懼怕之物的渴望,是一股同情的厭惡。
> 憂懼是一種異邦的力量,掌握著個人;然而,他卻不能從
> 它撤離自己,也不欲撤離自己。因為他很懼怕,而他所懼
> 怕的事物,卻吸引他。憂懼使人陷於無能,而首次的罪
> 惡,總是發生在虛弱的當兒。(《日記》・一八四二年二
> 月二十七日)
>
> 空無產生了什麼後果?它產生憂懼。這是天真的深邃奧
> 秘;同時它即是憂懼。在睡夢中,靈投射出自己的實在,
> 不過,這個實在卻是空無。畢竟,這個空無,在它身外不
> 斷見到了天真。……(《憂懼》・第一章)

綜括以上所引述的要旨,與其說祁克果有志於美學理論的舖
敍,不如說他更在意於對生命奧秘本身的詮釋,也就是把一切的
美感(感性)、愛情、倫理與宗教——這兩者因為都涉及「存在
的內向性」,或依關憂懼範疇的討論,而密切相連——,都滙注
在對個人「存在」生命的品評、鑑賞、體證或省思上,而成就他
的「存在美學」觀(筆者杜撰之詞)。若從祁克果他對個人生命
曁內在體驗的驚人剖析力之角度衡之,他是應有他的歷史地位
的;因為,他確實也就美學立場,也就是「在美學上,描繪了一

個眞正存在的個人，本質上可就是一位能品鑑生命奧秘的生活藝術家」。儘管祁克果迭從心理學或宗教角度，來詮明個人的內在世界，但是，這應當無損於筆者所推尊的——他才是一個眞正品鑑到生命奧秘、或生命之謎的偉大的「存在美學家」的美譽。

第七節　從宗教角度而論

1.

從以上各單元的縷縷析述，可以得知：祁克果誠然是一個宗教意識極其濃烈的宗教作家。而，筆者之推崇他在宗教方面，乃具有「燭照機先的世紀型靈魂人物」這項歷史地位，即不外他本人對西洋的傳統宗教（基督教），有其個人批判的承傳與認知，以及對爾後宗教界的啟導與影響。特別是，他在排比傳統的思辯哲學（包涵祁克果當時的「現代哲學」）、希臘的蘇格拉底，以及基督教這三者的先後「位次」時，他並非一廂情願的推尊基督教，而是透過其個人存在的反省與體證，終而以「存在的極致」——即永福——的角度，來論衡這三者的「優劣」地位：基督教排位第一，其次才是蘇格拉底，最末是思辯哲學；誠如以下的引述可作明證（首先，談述思辯哲學與基督教的差異）：

> 哲學敎示成爲客觀之道；基督敎則敎示成爲主觀之道，如成爲在眞理中的主體。（《附筆》・第二書）
>
> 思辯哲學是客觀的，……相反的，基督敎是主觀的。（《附筆》・第二書）

思辯哲學，成就了完全理解基督教的勝利；不過，應予注意的是：它並不是以一個基督教徒的方式去瞭解它，而是用思辯的方式；這正是一項誤解。因為，基督教恰是思辯的真正對反。（《附筆》‧第二書‧補遺）

罪／信心這個伴偶，是基督教的伴偶；這個伴偶是以基督教的方式，使一切倫理概念變形，並對它作更多的蒸餾。在這個伴偶的底層，有基督教決斷性的概念：在「神面前」。同時，這個概念和基督教決斷性的準據也有關聯：即荒謬、困思、令人觸怒的絆腳石的可能性。

這些準據，在有關基督教的任何定義裏都必須指明；因為絆腳石，正是基督教防禦一切思辯的力量。（《死病》‧部二）

基督教不是一項教義，而是一種呈明某一存在矛盾的存在溝通。如果基督教是一項教義，它「因而」就不是思辯哲學的一項對反（物），倒成為它裏面的一個部分。（《附筆》‧第二書）

基督教的特徵記號，就是困思，即絕對的困思。一種所謂基督教的思辯，一旦取消了這個困思，而且把這項性徵化約成一個無常的因素時，一切的領域便混亂不堪。（《附筆》‧第二書）

又說：

基督教對於客觀的觀察，絕不會有用；正因為它要把主體強化到極點。當主體把自己安置在正確的態度上時，他就

不致使他的永福戀執於思辯哲學。（《附筆》・第一書）

（其次，是談到蘇格拉底與「思辯哲學」的差異）：

蘇格拉底很有禮貌的與間接的移除了學習者心中的錯誤，
而賜給他真理； 思辯哲學很有禮貌的與間接的移除了真
理，而把錯誤呈現給學習者。（《附筆》・第二書）

蘇格拉底那現存的內向性，卽是誠信的一項類比；⋯⋯蘇
格拉底實質上係專注的強調存在，而柏拉圖（按：思辯哲
學家）則遺忘這個存在，並且把自己迷失在思辯之中。

蘇格拉底的無限精神，就是去成為一個「在存在中的」思
考者，而非一個遺忘存在的思辯哲學家。（《附筆》・第
二書）

（最後，則談到基督教與蘇格拉底的差異）

蘇格拉底並未真正探討到罪的問題，⋯⋯蘇格拉底的定義
（按： 罪就是無知）如果是對的話，罪就不存在。

蘇格拉底在定義罪的真象上，缺欠的是什麼？是意志，卽
挑戰的意志。⋯⋯它的困難在哪裏？在於蘇格拉底的觀點
本身，曾知悉且想彌補的這件事實上： 它缺少一種從已了
解某事轉到實行它的辯證決定物。在這項轉折上，基督教
起步了： 它順沿這條道路，而證明出： 罪在於意志。於
是，它得到了挑戰的概念。接著，為使尾端結牢，它就提
出原罪的敎條。（《死病》・部二）

又說：

> 要注意！蘇格拉底的無知（按：祁克果曾在《反諷》・
> 部一裏指說，蘇格拉底也是擁具知識的，因為他擁有關於
> 他無知的知識；不過，它卻沒有積極的內容，故而是頗具
> 反諷的意味的），是由基督精神的修整，才趨於成熟的。
> （《日記》・一八四九年九月）

　　祁克果如此的突顯基督教，或應該說一再呈明原始屬靈的基
督教的重要性，當是有他自己的說詞的（詳細內容，多少可參見
上述引文）；而據筆者個人的揣測，它應該攸關祁克果本人對「宗
教」一詞之內涵的特殊體驗：「一種啟示，是靠奧秘來符指；幸
福，是靠苦難；誠信的確定性，是靠不確定性；困思暨宗教生活
的安適，是靠它的困阻；眞理，是靠荒謬。除非持守這個秘訣，
否則就會攪和美感與宗教，而混淆了兩者。」（《附筆》・第二
書・註）換言之，祁克果心目中的原始基督的精神內蘊，應該是
具有奧秘、苦難、「不確定性」、困思、困阻與荒謬……等這類
宗教要素的。就因為有這樣的理解，祁克果才區辨出兩種宗教型
態的不同：一是宗教心Ａ，另一則是宗教心Ｂ。當然正如早先所
述，祁克果乃把基督教歸類成第二種「宗教心Ｂ」這個型態。因
為，它納涵了上述這些辯證的要素。

2.

　　再者，就因於有這兩種不同的宗教類別，祁克果乃批判地省
察他的宗教傳統與現代，終而絕望的慨嘆道：

基督教的不幸，顯然是在路德的信仰教義中，已割捨了辯
證的因素，因而變成了異端與享樂主義的藏身處。人們全
然遺忘，路德急切要求著信，是想抗逐那過分誇大的禁欲
主義。（《日記》・一八四九年）

正統教派的容忍，刻正出示基督教的失落。……正統教派
甚至未想過，他們的容忍乃是俗化的結果。因為，他們真
不瞭解、不敬重，也不勇於殉道，或者在永恆中篤信；反
而，只是渴望好好的生活在世上。……

基督教是何等的沉淪了，它變得何等的無力與不振！（《日
記》・一八四九年九月）

的確，祁克果省察基督教這個宗教，目的當在力圖挽回它的
「無力」與「不振」；不過，誠如他在《個人》・則二該文裏的
表述，基督教誠然是因為「個人」這個範疇而建立，但是，基督
教卻也是由於這個範疇而「覆亡」了。為此，他就批判馬丁・路
德的宗教改革並不徹底（參先前所述），而提出他個人自信為一
種「可怕的改革」：「在事實上，基督教並不存在。」（《日
記》・一八五四年）因為，在祁克果的心目中，他早已把基督教
（原始屬靈的基督教）貞定成一種無形的「靈」，有如以下所
述：

基督教是靈，靈是內向性，內向性是主體性，主體性是實
質上的激情；在它的極限點上，它也是對一個人的永福，
做一種無限的、個人的與激情的參與。（《附筆》・第一
書）

他之所以這麼說，主因就在於：「基督是靈；（所以）祂的宗教是靈的宗教——靈就是：像死一般的生（和此世死別）。」（《日記》·一八五四年）

3.

總而言之，祁克果係以「愛之深，責之切」的心情，在力圖重振原始基督教的屬靈光輝：他希望基督教能夠再次對抗俗化（secularization）的傾向，不與世俗妥協；所謂「和此世死別」，當是他對基督教本身及其使命的期許。當然，他更是憧憬一種「戰鬥中的基督教」的圖像之產生。為此，不管基督教在「今世」（當時）有了何等的疲態與無力情態，祁克果的批判地重建基督教之心聲，是響徹當代人的性靈世界的。為此，筆者在先前指說，祁克果「在宗教上，詮釋了原始的屬靈的基督教，乃提供世人奮力追求個人永福的理想的模式」，應是有相當的深意與寓意的。

第 陸 篇

祁克果對後世的影響

　　關於祁克果哲學對後世的影響，在正面的意義上，當然，多少是可以從上一單元的論述，即論列他個人的歷史地位（包括在人性、思想、科學、哲學、倫理、美學與宗教各方面所呈示者），窺見出一斑；不過，在負面的意義上，後世也是有人並不滿意他的論點，而有所挑剔或批評。基於有這兩面的評價，筆者則擬從三方面，亦即哲學、神學與宗教這三方面，來簡述祁克果對後世正、反兩面的影響。

第一章 在哲學方面

在哲學方面，又可區分成哲學方法（學）與哲學內容兩個層面來探討。

第一節 就哲學方法（學）而言

1.

祁克果在哲學方法（學）上對後世的貢獻或影響是：他首先運用破學立道的二分法，區辨出存在與思考（思辯）的不同，並且指出存在才是時、空與思想範疇成立的基礎（《附筆》）。當然，為此，他則破除了西洋歷來系統（體系）觀念的野心霸圖：妄想追求主、客體的同一，以及證成思想與存有的統一之大業（《附筆》・第二書）；後者特以黑格爾為總代表。

接著，就在對存在與思考互動關係的「思考」上，祁克果也明確指出，存在是可供反省，而不可供思想的（unthinkable）一種特殊「主體」——它是活生生的具體存在，而不是一種靜態、可供觀察、分析或描述的客觀對象。然而，就在對存在的反省與體驗上，祁克果更是區辨出反省存在的兩種不同進路❶：一是主

觀思考（衍自主觀反省），另一則是客觀思辯（衍自客觀反省）。
前者，也就是主觀思考，係眞正攸關個人存在（內向性、主體
性、決斷性或無限激情……等辯證內涵）的一種主觀的、存在的
思想方法；祁克果他個人所憧憬與喜愛的，便是這種方法，他甚
而據此以批判傳統與現代各思想潮流（包括哲學、神學、科學或
文化、社會……等各種動向或現象）的虛妄性與荒謬性。至於後
者，也就是客觀的思辯，則是關注外在世界的一種客觀的、抽象
的思想模式；祁克果迭次譏評這種思想模式，也只是一種僅能建
構近似性、不確定性——就實質而言——的客觀知識的途徑。儘
管客觀思辯者（哲學家或思想家）經常自詡，這種思想模式是證
成客觀世界（包括數學、科學或各繁異事物的歷史知識在內）的
客觀性、普遍性、實證性、有效性與確定性的唯一憑藉——從而，
以建構所謂的「客觀眞理」或「絕對眞理」——；但是，一旦將
之應用在對個人主體此一「存在」的思辯、解析上，則不免遭致
祁克果本人嚴酷的批判：思考存在，便將取消（廢除）存在，因
而，就「從未（能）思考存在」；簡單的說，便是——反倒會
「遺忘存在」！

　　這一種觀點，可相當具有辯證性、弔詭性與動態性；然而，
卻同時表顯出祁克果所提出的兩種反省之區分、或對它們作藝術
化的運用，在本質上，即具有這種相類似的特質。再者，由於祁
克果本人極看重主觀反省暨思考的方法，他對後來存在哲學思想
界所構成的影響，便有正反兩面的論調或評價之出現。

---

❶　陳俊輝：《祁克果與現代人生》，頁 103–110，第一章〈祁克果
　　《對哲學片簡之最終非學術的附筆》的「思考」概念〉。第四節
　　「兩重反省暨思考」。

2.

據筆者的研判，在正（積極）面上說，祁克果之由心理學角度（或存在、個人的立場）提出他對西洋十八世紀的批判——他批判十八世紀的歐洲是一個遺忘存在的世紀，自然，也在影射整個西方自古迄今的文化或思想的風貌，均有這類的特徵——，則極易使人聯想起德國當代的大哲馬丁・海德格，在他那部曠世鉅作《存有與時間》（*Sein und Zeit*, 1927）中所發出的慨嘆：西洋傳統自古希臘以來（尤其是自柏拉圖以後迄今），不但不曾眞正討論「存有」（Sein；Being）的問題，甚且，也都遺忘了「存有（的）的意義」（The Meaning of Being）❷——他也說過，旣然遺忘了存有，其尾隨的結果就是：「遺忘存在」。此外，海德格本人在一九六九年所出版的《論時間與存有》（英譯本於一九七二年問世）中的〈哲學的終結與思考的任務〉（The End of Philosophy and the Task of Thinking）一文裏，更又重新提出「存有意義」，並且指出「思考」的重要性——這裏，當是意指基於存在或攸關存在的主觀思考、實質思考或本質思考；海德格在《存有與時間》一書的階段，則提出存在的—存有學的存在分析❸，與此相較，兩者自有其脈絡上的聯貫性——則隱隱約約表現出祁克果思想的潛在影響力❹。

---

❷　Heidegger, M., *Being and Time* (translated by John Macquarrie and Edward Robinson; New York: Harper & Row Publishers, 1962), pp. 19-20.

❸　陳俊輝：《海德格的存在分析與死亡》，臺北市，國立臺灣大學哲學研究所碩士論文，民國六十九年六月，頁 207、2、15。

當然，我們也可以說：海德格之類同祁克果極力批判西洋文化思想「遺忘存有」（從而「遺忘存在」）意義的想法，多少也是受到尼采 (F. Nietzsche, 1844-1900) 提出「上帝之死」(Gott ist Tod)，以影射西方傳統價值體系的崩潰，由而遂倡導他超人般的「衝創意志」(Wille zur Macht; 一作：權力意志）之新價值觀的啟發與影響，當是有極大的可能的❺。

總括而言，在哲學方法（學）這一層面，祁克果的反省存在法（即主觀反省、主觀思考），確實（在正面上）對爾後的存在哲學界造成了無比的影響，自是相當的明顯❻；想必這當是祁克果之所以被推尊爲「存在哲學之父」或「存在主義之鼻祖」的主因之一。

3.

至於在反面的評價上，如前所述，由於祁克果一再強調主觀反省暨主觀思考（存在思考）的重要性，其附帶或派生的結果，自然會極力壓制或蔑視客觀反省暨客觀思考（客觀思辯）本身，以及由之所衍生的新生事物，諸如：邏輯、數學、科學理論、思辯哲學、抽象哲學或批判神學……等。對於這類結果的檢視，當

---

❹ Heidegger, M., *On Time and Being* (translated by Joan Stanbaugh; New York: Harper Colophon Books, 1972), pp. 57-73.

❺ 項退結（手稿）：《對西洋傳統全面批判的海德格》，臺北市，民國六十八年，頁 59。

❻ Wahl, J., *Philosophies of Existence* (Translated from the French by F. M. Lory; Paris: Librairie Armand Colin, 1959), pp. 3-6.

然可以從當代歐洲德、法兩國因爲深受存在哲學思潮強烈的衝擊
與震撼，後來何以會產生並發展出所謂的「駕馭術」（Cyberne-
tics）❼ 與「結構主義」（Structuralism）❽ ……等思想理論來匡
正它，充分看出箇中的理趣：過於專注主體、個人，則有使知識
整體造成支離破碎的危機； 簡單的說， 便是容易導使存在主體
喪失對客觀世界， 即世界之實在（眞體）（the reality of the
world）的認知（認同）的危險❾。

　　而筆者個人的看法是，《祁克果的心靈》一書的作者卡林斯

---

❼　該詞係來自希臘文的 Kybernetes，意卽舵手；是威內（Norbert
　　Wiener, 二十世紀）與羅森伯路特（Arturo Rosenblueth, 二十
　　世紀）所提出的一種機械理論。特別是在電腦問世之後，有關人與
　　機械思考力（知性）的哲學性問題，便受到學界的重視；杜寧（A.
　　M. Turing, 二十世紀）甚且因而主張道：有朝一日，人們可以使
　　機器產生類同人類的行爲能力，也就是具有它自己的思考力。

❽　是當今歐洲所產生的一種哲學性的運動；一般公認是由法國李維史
　　陀(Claude Lévi-Strauss, 二十世紀)的人類學作品所涵示而起；也
　　有人認爲德紹修(Ferdinand De Saussure, 二十世紀)，則是結構
　　語言學之創始者。這個主義，並不從起源而是由社會或文化各層面
　　及其穩定的結構，來分析人類無意識與前反省（pre-reflectively）
　　的思想行爲。

　　據記載，法國巴黎大學「佛洛伊德學派」的創始人拉康（Jacques
　　Lacan， 二十世紀）， 便使關注語言的結構主義者， 能注意到人
　　的無意識問題； 新馬克思主義者亞都塞（Louis Althusser， 二
　　十世紀）， 甚且將之與馬克思的思想加以結合； 巴特斯（Roland
　　Barthes， 二十世紀）將它應用在文學批評上； 富高特（Michel
　　Foucault, 二十世紀）將之應用在哲學領域裏；而希威（Günther
　　Schiwy, 二十世紀）則將之應用在基督教上。 參 W. L. Reese,
　　Dictionary of Philosophy and Religion, p. 553.

❾　Zahrnt, H., *The Question of God*, p. 294.

(James D. Collins, 1917–1985) 的觀點❿，以及海德格的「在世存有」的主張⓫，多少可供我們的借鏡；亦卽作爲一個存在於世的個人——你與我——，乃應該體覺到我們都生存在一個共同的世界裏，而主動地調適並「轉化」客體不定性的世界（而非一味盲目的批判與排拒旣成的客觀事實、或客觀世界的實在）；這樣，我們的存在情境勢將有所充實與改善，益而提供我們個人更多的思考空間與作更多的存在設計，以達到眞正理想（主觀）世界的實現。

第二節　就哲學內容而言

1.

　　祁克果在哲學內容上對後世的貢獻或影響是：他關注存在，並且把存在貞定成是一種基於無限激情所作無限追求——存在的極致，卽永福——的歷程；或作爲精神（靈）運動的主體；或是一種充滿所有可能性而可隨時隨地作出自我選擇的主體，而排拒存在個人本身，可作爲客觀化的思考對象或描述的對象。這誠然充分給予了人的存在，一種永恆不朽的地位——因爲，人的存在原先本就與「神」有所關聯——，亦卽詮明人的存在、或主體個

---

❿　Collins, J., *The Mind of Kierkegaard*, p. 138-145.

⓫　該語 (Being-in-the-world) 來自德文的 In-der-Welt-Sein, 意指：人是在時、空間裏的一種存在者，而且每個人的生活都與他人息息相關（他稱之爲 Mitsein; Being-with 共同存有）；首先，人便是透過「意義」的瞭悟，而才熟悉這個周遭的世界的。

人，乃能在人生存在（或存有）意義的追尋或證成上，突破有限
與短暫時空的藩籬，以迎向充滿神聖、奧秘、尊嚴與榮耀的無限
暨永恆的屬靈畛域。尤其，祁克果一向重視的「真理即主體性」
或「主體性即真理」的論點，更能顯示祁克果存在的哲學思考，
確實具有承先啟後，而更具有開創性涵的功能與威力。

　　因此，若想談論祁克果哲學的內容之對後世所造成的正面的
影響，筆者則擬從波爾諾夫（O. F. Bollnow, 1903-?）所提出
的三判準學理❷，來證立祁克果強調主體存在（即一運動歷程），
並且化導客觀事物——也是一種在時空中經歷生成變化的歷程本
身——的認知，之為一種近似（真）的歷程，而非終極的結果，
確實是一種極具精湛的「科學之見」，而可呈顯出祁克果存在哲
學的「客觀優越性」：

（一）是抗斥題材

　　祁克果既認定在時空範疇中的存有物，都是具有偶然性、適
然性的歷史存在（參前），那麼，不管是人、或者人身之外一切
的客觀事物，本身也都會經受時空的變化而生成或改變。為此，
每個人若能秉持動態的、辯證的存在洞察，以貞定一切客觀的事
物，都是在生成變化的歷程之中，而不妄執之為一真實或絕對不
變的真體（真理），則個人的認知領域，或者對知識本體的洞見，
必將益形拓廣與更加深邃，而有助一個人實際去接觸若干有待發
現或修正的事實真象（真理）。就此而言，祁克果不只對哲學學
術界有其開創性的貢獻，而且對於科學的認知與其理論的建立，

❷　Bollnow, O. F., "The Objectivity of the Humanities and the Essence of Truth", *Philosophy Today* (Göllingen: Vandenhoeck and Ruprecht, April 1974), p. 8.

也有其獨到的創發性的建樹。

（二）互為主體性

祁克果既認定外在客觀的事實，並不是什麼結果義的眞理實體，而是歷程（可能性、潛能）義的「近似（眞理）歷程」；那麼，基於主、客觀（或主、客體）的互動性與辯證性之角度而言，所謂客觀眞理的建立或證成（證立），乃須依恃主體個人之主觀的內向性的發展（歷程）而定——也就是說，一切「眞理」，卽由主體性所形成，或者由主體性與主體個人的「如何」（由無限激情所產生的取用知識的手段）所構成。如此一來，「眞理」本身便不是一種客觀的、靜態的實物，或主觀的、理論的理型，而是奠基在穿梭於主體與客體互動模式的認知基礎上的「眞理」實體。

當然，這一種眞理（觀），是極具辯證性、開展性與自由性的；它可是相應於主體個人的存在可能性（的設計、或自我投射），而作主、客互動的顯立。若以個人與他人的關係而言，眞理的自我開放性，乃能自由的開顯在彼此心中。

（三）客觀知識與主觀思考相互關聯

祁克果既認定思想與存在二元，然而，人都是陷身於「在存在中」（in existing）與「在思考中」（in thinking）；所以，人都有企想藉用思考以統攝存在（存有）的傾向（亦卽追求主、客體的同一，思想與存有的統一）。不過，由於眞理本具辯證性、開展性與自由性，為使主觀思考能充分「結連」客觀知識——而又不致因此遺忘了存在的本意與內向性的表意（參前）——，主體個人作內向的轉入，確實是有必要；並且當以內在追尋（眞象）的歷程，能和客觀反省暨思考所掌握的外在知識（內容），

作成一種辯證的、暫時性的統合，爲第一優先。從而，由「轉識成智」的角度，將有關外在題材（或客觀事物）旣有的解釋或知識，聯結於「倫理」問題，以追溯兩者更深下的共同基礎；這樣一來，即可建立或證成眞理的存在基礎，並且化導知識以成實踐的行動，使知與行達到最高度的合一境界。

2.

從以上所述，約可知悉祁克果哲學在正面的影響力，不過，對他反面的評價也不少。就如：雖然有如早先所說，祁克果曾嚴指無限暨永恆者（神）與有限者（人）之間，本具有一絕對的、本質的差異，從而批駁傳統的內在性及同一性哲學的膽大虛妄，而有其出人意表的創穫⑬——因爲，他是藉著「神之愛」，而解決了他的「存在之謎」⑭——；但是，他主張「眞理卽主體性」所涵指的「永恆眞理」，卻被海德格批評爲：根本不是什麼「超—暫世的」，而依然是一種「暫世（時間中）的眞理」⑮。至於德國文化批評者楊格爾（E. Jünger, 1895-?），卻與祁克果《日記》（1853-1855）的編譯者史密斯（R. G. Smith）同一步調，一致的認定：祁克果只是睹見「局部性的」眞理實體，而非全部⑯。

再者，雖然祁克果曾批判自笛卡兒以來傳統的理性主義，並

---

⑬　Reinhardt, K. F., *The Existentialist Revolt*, p. 39.

⑭　Haecker, Th., *Sören Kierkegaard*, p. 51.

⑮　Heidegger, M., *Being and Time*, p. 272.

⑯　Kierkegaard, A. S., *The Last Years Journals 1853-1855*, p. 19.

無法建構形上學❶，而他自己所提出以存在反省與體驗爲基礎的「理路」──如：有關「眞理」問題的探究，即採取心理學的方式，而有意輕忽知識論、邏輯、系統哲學或形上學層面的論究模式──，卻被帕特卡（F. Patka）列爲同爾後的法國生命哲學家柏格森（H. Bergson, 1859-1941）、基督徒存在主義者馬色爾（G. Marcel, 1889-1973）以及德國的存在哲學家雅斯培（K. Jaspers, 1883-1973）……等人一樣，具有「前邏輯的」與「後設問題的」經驗特性；爲此，稱它實質上即是一種正對人類的存在情境，在作經驗的暨現象學的分析與描述的實在論，似乎也不爲過❸。不過，卡林斯卻有所批評：

　　（一）祁克果本人因爲只認同「經驗論的眞理」觀點，而卻未超越對經驗論、或知識論上的實在論之一種普遍的主張，以探討「邏輯的眞理」，這顯示他的思想與學識乃有不足之處；

　　（二）祁克果因爲未循思辯的形上學路線，以處理「存在眞理」的問題，而且又未對「眞理」與「存在」提供形上學的解析，致使，乃不得不令其爾後的存在思想家，要在一種觀念論的、或一種自然主義的形上學之間作出選擇；這顯然表明他對倫理道德暨宗教角色的實踐考慮，有其偏狹之失。再者，要是把他的「眞理」觀，拿來當成一種圓滿純全的理論研究，就很容易誤導人；

　　（三）祁克果儘管也重視「實踐」的問題，不過，他卻未區辨對存在的思辯判斷，以及對義務與良知的道德判斷。再者，由

❶　Patka, F., *Existentialist Thinkers and Thought*, p. 70.

❸　*Ibid.*, p. 63.

於他所提出的存在判斷，雖未肯定應最先實踐哪一種存有行動；可是，基於他對時間，卽一種瞬間變化之歷程的理解，他倒設定了某個人當在「此時此地」所應從事（實踐）的行爲，有如一個人在神面前當有的德行表現一般；

（四）祁克果由於重視存在與個人範疇，或許他在不知不覺間，已提供一種「思想爲存有之尺度」的看法。再者，儘管他一再反對觀念論把心靈視同爲存有，不過，他卻似已察覺這一種的「需要」：提出一種能夠支配人的道德暨宗教活動之合理的標準或理念。主因是，他本人極其重視主觀反省（思考），並且把個人嵌定在一種不斷生成、變化的追求歷程或情境裏，而且又使之關聯於道德律與神（對人）的要求上──亦卽可作爲一個人性格成長與奉獻（眞理）的指標──，這便是一種相當有力的佐證；

（五）祁克果由於關注「眞理卽主體性」或主體的內向性，並且也指涉一種道德情境與實踐知（智）識的情態，個中則迭次出現曖昧性與歧義性；除非把他心目中的「存在」詮釋爲一種「藝術」，而非「知識」（科學），這才容易剔除。再者，就因爲有這類的主張，祁克果的存在眞理觀，可像極了柏拉圖的人生藝術，或奧古斯丁的生活（生命）觀：怎樣使最深奧的「如何」（過程）之創生的因應，和最高知識的「什麼」（本質）加以綜合，以表現出「存在眞理」❶❾。

總之，從正、反兩面褒貶祁克果哲學的內容者，可不乏其人；主因就是：祁克果哲學的內容，本就涉獵多方面，以及涵蓋了多方面，如前所述，計有：人性論、思想、文學、心理學、哲

---

❶❾　Collins, J., *op. cit.*, pp. 138–145.

學、倫理學、美學、科學、神學與宗教……等領域。而且，他的
思想、言語的辯證性與「雙重性」（重疊性），就足以令詮釋者
裏足不前，更遑論可以獲致充分的解悟。

　　至於筆者的看法是，漢內（A. Hannay，二十世紀）所著
《祁克果》一書的觀點，則可供我們批判省思祁克果本人及其思
想的參考。因爲，總結漢內的論點是：他對祁克果可有一番相當
中肯又公允的評價——祁克果係憑藉心理學上的「確定性」，而
非事實或邏輯的確定性，以充分「證明」眞理的永恆存在（性）
❷。的確，就是如此！

---

❷　Hannay, A., *Kierkegaard* (London: Routledge and Kegan
　　Paul, 1982), pp. 130–138.

第二章　在神學方面

前面提過，祁克果可充分具備作爲一個神學家的要件，只不過，他本人「寧願喜愛」作一個卽興而作的宗教作家：不看重學理的鑽究、舖敍，反而重視瞬間零星思想片斷的把握與詮釋。儘管如此，他在神學上，卻也是具有相當大的影響力的，諸如：「回歸聖經！」「恢復新約（古代）基督教的原始面目！」以及「袪除詩意的、哲學的、思辯的範疇，直接契入基督教重視個人靈命的範疇！」……等觀點，可說在形式與內容上，均構成祁克果神學的重要基石。

再者，由於祁克果主張神—人之間質的絕對差異，以及強調對個人存在的反省與體驗，他對當代新、舊教神學圈，乃有積極的震撼力，就像：先前所提的巴特（K. Barth, 1886-1968）、梯立希（P. Tillich, 一作：田立克，1886-1965）、布柏（M. Buber, 1878-1965）、布脫曼（R. Bultmann, 1884-1976）、布魯納（E. Brunner, 1899-1966）……等人，可說都受到祁克果存在思想的威力所感染；至於當今歐美神學界的新秀，有如：邦荷弗（D. Bonhoeffer, 1906-1945）、戈嘉爾登（F. Gogarten, 1887-1967）、高爾維哲（H. Gollwitzer, 1908-?）、瑟內森（E. Thurneysen, 1888-?）、墨特曼（J. Moltmann，二十世紀）……等人，也可

說是或直接、或間接都受到祁克果思想觀念的啟發❷。

　　然而，由於祁克果的神學之深具存在的、主觀的經驗特性，物議他的人也不是沒有。就像：法國多瑪斯學者約里威（R. Jolivet, 1891-?）則批判地說，祁克果在神學上所奠定的存在信仰，是以一種受重大錯誤所敗壞的「眞理」爲基礎；而且，祁克果本人也有觀念上自我混淆的所在，亦卽祁克果雖强調信仰是「接受的」，而非「獲得的」──這當然鄙視任何科學、哲學，或神學的努力──，這固然沒錯；因爲超性的信仰對象，必然絕對超越人的理性能力（爲此，他反對强調理性乃優位於信仰的黑格爾學派的理性主義）。不過，祁克果卻錯於誤把「對超理性之物的『眞理』所作合理的證明」，認同作：「對信奉該超理性之物的『理由』所作合理的證明」❷。

　　約里威的這項批評，當係指明：祁克果本人乃極端反對任何種類的「論證基督敎」的企圖；而約里威自己，當然在意於、並肯定「護敎論」（Apology）的貢獻。再者，約里威甚而毫無同情的批判：祁克果要人不帶有「理性的」（甚至，反對理性）信奉，反倒容易導使信仰變成一種盲目的「躍入荒謬」❷。

---

❷　陳俊輝：《祁克果與現代人生》，頁 197-377，第三單元，第五章〈存在的洞見與存在主義神學〉。

❷　R. Jolivet, *Introduction to Kierkegaard* (translated by W. H. Barber; London: Frederick Müller, 1950), p. 55 ff.

❷　該詞係源自希臘文的 stoa，意卽門口、玄關。主要創始人爲芝諾（Zeno of Citium，約 335-264 B.C.），時間爲西元前 108 年左右。斯多亞主義或學派，對於邏輯、物理學、倫理學與神學，均有特殊的主張；它整個的發展，總共分成三個階段：一是古代期，首重邏輯的命題演算、知識論或物理學的建立；二是中間期，强調百科全書型與泛神論的思想；三是末代期，特別看重倫理學，亦卽以理性持定生活的安寧與平靜……等。

第三章　在宗教方面

　　誠如先前所述，祁克果曾在一八四六年《附筆》一書的末尾，提出兩種不同型態的宗教觀點——：一是「宗教心A」，乃隸屬倫理層次的一種宗教，因為就根本上說，正如同西洋傳統中的斯多亞主義（Stoicism）所主張的「道德宗教」，而未明瞭、甚或解消「罪性」（sinfulness）的問題；另一是「宗教心B」，乃隸屬「宗教心」（religiousity）的虔敬境界，而有赦罪（forgiveness of sin）或「誠信之跳越」……的主張。

　　筆者認為，祁克果對宗教（基督教）的苦心孤詣與闡揚，如前所示，當可推尊為自十六世紀德國馬丁・路德首度改教以來，在當今基督教界從事第二次偉大（然而，卻了無權威）的宗教改革者❷。難怪，《祁克果心境現象學》一書的作者麥卡泰（Vincent A. McCarthy，二十世紀），極力稱許祁克果類似奧古斯丁的心靈，「為他本人，以及按己意為了他的讀者，重新發現古時

---

❷　就如祁克果在《個人》・則二一文裏所表明：蘇格拉底首度使用過「個人」這個範疇，目的在解除泛神論的信仰；而今，在基督教界，則要第二度來使用它，好教人們（基督徒羣衆）成為基督徒。「個人」，是唯一在基督教界裏，為要把基督教傳給基督教界所應用的範疇。

330 祁 克 果

基督教的眞理」❷；再者，最重要的是，祁克果乃鍥而不捨的要
恢復基督教原始的與戰鬥性──卽批判俗世、抵斥異端思潮──
的眞面目❷。

就其正面影響而言，祁克果之有意闡揚宗教的靈性、精神
面，而有意忽略其形式或外在面的觀點，多少也啓發美國自然主
義（Naturalism）暨工具主義（Instrumentalism）者杜威（J.
Dewey, 1859-1952），同樣對宗教作兩類的區分❷；而祁克果一
再強調人具有「（人）與神的關係」，以及自我的內在反省，想
必已影響到猶太哲學家兼神秘（密契）主義者布柏（M. Buber,
1878-1965）所認定的理念──「宗教活動，乃是奠定在『我─
祢』（Ich und Du）關係的基礎上」❷；至於他提出對存在的極
致（永福），作「無限激情」（infinite passion）的追求之看法，
以及強調個人與永恆者、無限者暨絕對者建立關係的論點，也可
從梯立希（P. Tillich, 1886-1965），對「終極關懷」（Ultimate
Concern）一詞的提出與詮釋上，得到有力的廻響❷。

然而，在反面的評價上，德國存在哲學家學醫出身的雅斯培

❷ V. A. McCarthy, *The Phenomenology of Moods in Kierkegaard*
(Boston: Martinus Nijhoff, 1978), p. 161.

❷ A. S. Kierkegaard, *The Last Years Journals 1853-1855*, p.
338. XI² A395.

❷ J. Dewey, *A Common Faith* (New Haven and London:
Yale University Press, 1934 & 1960), pp. 3, 9-10.

❷ M. Buber, *I and Thou* (with a postscript by the author
added, translated by Ronald Gregor Smith; New York:
Charles Scribner's Sons, 1958), pp. 4, 11, 18, 28, 242-5.

❷ 參陳俊輝譯・田立克著：《新存有》，第二十章〈我們最終極的關
切〉，臺北市：水牛出版社，民國66年，頁204-215。

(K. Jaspers, 1883-1973)，卻針對祁克果本人所創建的「宗教」，批評它乃有如「空無」一般，只會在否定（否棄）與消極（負面）的決斷上作自顯的「超世俗的基督教」❸⓪。

---

❸⓪　參 Patka, F., *op. cit.*, p. 113.

第 柒 篇

祁克果思想的現代意義

綜合以上各單元、各篇章之所述，我們當可明白：祁克果確實是一個涉獵淵博、構思細密而生活又嚴謹的存在哲學思想家或宗教作家。他個人的思想特徵，已如上述，既有傳承又有創發，誠然配得人類精神歷史上一份不朽的地位。由於其思想內涵的深具反省性、批判性、辯證性、弔詭性與原創性，筆者認為，祁克果本人及其思想的精神內蘊，對於現代人類的社會活動、歷史活動、文化活動、宗教活動，乃至一切有關精神活動的作為，將有其不可忽視的影響力量，亦即頗具有其「現代意義」；為作清楚介紹，則擬以三段落來詮明。

第一章　重視反省的人生

　　祁克果的一生，幾乎可以用「存在－反省－思考－存在」，這八字真言來形容。就因為他重視個人存在（存有）的意義，也強調反省存在的一切，包括個人當下存在的原始印象、存在的認知、存在的省察、存在的意向、存在的決斷與存在的行為……等，終而這類反省的結果，提供了他省思人生所有的素材，並且也能從中探擷及汲取到行動的智慧，藉著實踐，以證得個人長久的安身立命之道。筆者認為這可是一種最佳的待己之道，也是一種最上乘的處世智慧。

　　反觀今日，由於人類知識教育的普及，科學的日漸昌明，追求民主、自由、富裕、平等與人權……等應世理念，則愈益受到世人的重視。此時，知識大爆炸的事實，以及「人定勝天」的科技神話，也跟著人們對未來盲目的探索而甚囂塵上。然而，面對此一瞬息萬變的生活環境、或存在情境的我們——你、我每一個人——能不有所自我省思，或自我評估，以求取一種較佳的「會晤」（encounter）姿態？是採取樂觀主義者的人生信念呢？是同情悲觀主義者之嫉世憤俗的弱勢理念呢？還是有如淑世主義者，力求個人完美救世經綸的實現？……這一切的一切，在在都反映出一個人對自我以及周遭事物所持定的存在洞察。

此間，筆者覺得，祁克果基於他對個人（主體）與外在（客體）互動關係上的批判性認知，所建立成的人生暨人性觀，以及他對傳統、文化、思想、社會、科學、哲學、倫理、美學、神學與宗教……等各層面的反思，很值得今人的借鏡。從基本上說，他個人的時空理念，就應受到現代人的矚目：在暫世之外或之上，仍有永恆畛域的存在；在有限之外或之上，仍有無限領域的寓存。從歷史意識上而言，他掌握了傳統脈動的精華，而且也透視歷史事物的本質真象：一切均在生成變化的流程上；這委實有如中國《易經》所云的：「生生不息」的動態的宇宙生命觀。從存有意義與價值上而論，他確實發現了證成「真實存有」(authentic being)的步徑或向度：由認識自己(Know Yourself)，轉求「選擇自己」(Choose Yourself)，至終以履現個人的永福為依歸。

儘管祁克果個人的一生，充滿了「天才」與「熱狂」、「叛逆」與「反諷」、「憂鬱」與「孤獨」……的矛盾情結——雖說並非人人都經歷過這類似的存在境遇——也就是說，他曾困惑於現實人生的陷溺、虛妄、荒謬、空無與絕望，但是，他卻能透過個人及早的自我醒覺，迅速自求轉化與調適，進而以期待求取那能美化此生此世的脫塵、摯真、質樸、實有與希望。若單從這一點而言，祁克果的確也給予了世人甚多的生命智慧。當然，他要時人有理性的明辨力，而更重要的是，也要求時人有真誠感情（激情）的流露，相信一切——包涵持定永生的信念——就必成就一切。這，可是今人所應寄予高度的重視與刻意追求模仿的「反省人生」觀。

第二章　提倡自我的認知

　　祁克果自稱一生只追隨兩個人：一個是蘇格拉底，另一個卽是耶穌基督。前者爲希臘、乃至全人類最高智慧的表徵，祁克果就曾推許蘇格拉底是：「純全人性完美的代表」；至於後者，則爲希伯萊、乃至全人類矢志追求的眞理、自由與生命的唯一象徵，祁克果也曾自白道：「我一向唯一相信的，現在唯一相信的，卻只有『一個』主耶穌基督」。

　　這兩個「個人」，確實對祁克果一生造成了極大的震撼與影響。他追求人生最高的智慧，當然，也更嚮往臻及人生無上的生命本源。這兩個人，委實都能滿足祁克果個人生命之內在總體的渴求與需要。筆者認爲，祁克果個人之所以偉大，卽在此作了充分的顯示；因爲，他充分認識到自己內在的呼聲，性靈的需求，終而找到自己靈魂的棲息港、避難所。

　　反觀今日，世人們竟日汲汲營營，到底是在追求著什麼？是財富？是知識？是權力？是名譽？是地位？是追求一方的霸主？還是寧願自我放逐於庸俗的聲色犬馬的感性泥濘？……這一切的一切，著實不一而足。就此而言，祁克果對個人自我認知的闡發，以及對人生未來向度的詮明，實在有其過人的洞察與貢獻。儘管「人心皆奧秘」，是祁克果由內省所發現的事實；但是，這

並未阻礙人人皆有「明心見性」（中國‧禪宗語偈），追求「自知之明」（道家）的存在之可能。是以，人人若重視返躬自省，努力追求眞知，終必爲自己的未來，開創一亮麗又滿有希望的前景。這，難道不是今人時時處心積慮，而企想一蹴可幾的生命情境？的確：

存在的我，不只充斥了永恆的意識，也滿具無限的激情，可在性靈的天空任我翺翔；或發揮天生的穎悟力，或運轉無窮的想像力，而可橫衝直撞，攻城掠地般的開發、拓展己我意識界的理性活動之空間。

存在的我，不只充斥了至高的道德情操，也深懷審美的鑑賞力，能在聖善的化境作德性的悠游，以及對生命的靈妙，作一次永恆的聆賞。

……這一切的一切，也可說是來自祁克果思想的啟迪與感悟；若說今人的生活空間，要因祁克果個人生命理念的點化，而富涵了性靈之美與藝術之妙，實在也毫不爲過。然而，問題卻一直存在於：你、我是否有一明確的回應，即回應於「自我認知」這一道性靈的曙光，以及良心的呼聲?!

第三章　宣揚靈命的昇華

　　宗教，卽原始、純正又屬靈的基督教——而非俗化了的，並具備任何形式、組織、教禮、儀規的基督教——是祁克果自由馳騁其精神、靈性、生命，或作個人永恆訴求的所在。

　　宗教，並不同於文化與政治。「政治，是個人與代表掌握個人的團體之間的關係」（祁克果・《日記》・一八四六年二月七日），「文化」，是人類作「有限關懷」之生命活動的整體（田立克語）。再者，「政治是生自俗世，並駐留俗世；而宗教卻引生自天庭，企求解釋一切俗物，將之轉化，並提昇至天庭。」（祁克果・《個人》・序言・一八五九年）祁克果的宗教觀就是如此認定：宗教來自天庭，並提昇至天庭；它是人的「無限關懷」之極處。

　　我們由祁克果在一八四七年出版《愛的作爲》（*The Works of Love*），以別異於馬克思（K. Marx, 1818-1883）與恩格斯（Fr. Engels, 1820-1895）在一八四八年於當時的比利時首都布魯塞爾，合撰發表以階級鬥爭仇恨意識爲核心的《共產黨宣言》（*Communist Manifesto*），便可看出祁克果眞正所重視的是宗教，和以「愛」作爲人生思考踐作的原動力的人生觀。因爲，宗教永遠超越俗世的一切，包括文化與政治在內；愛永遠主導俗世驅往

良性的改變而更新。「宗教是屬乎永恆」「愛是永不止息」，當是祁克果重視靈命以及宣揚靈命之昇華的重要基石。

當今，世界各地都致力於民主的現代化；隨之而來的，自然是迫切追求個人的自由，以及各種人權的保障；其中，則是宗教信仰的自由。雖說自由信仰繫賴於個人的選擇，但是，今日各種宗教派系的林立與傾軋，卻可說是繼人類道德意識的墮落與唯物異化的流衍之後，又一次戕害人類性靈生命最大的劊子手。再者，雖然各類宗教的立意與出發點，均力求真、善、美的崇高境界；但是，宣教手段卻難免有所不同或彼此牴觸，由而即破壞了人類沉寂多時、祥和已久的心靈空間。如何平息教界之間長時以來的紛爭，自是各宗教神學界本身責無旁貸的大事，也確實是政治或外來文化因素難予強力干預的事。而祁克果本人的立場，又是如何呢？他當然不屑於捲入這場無謂的或了無結果的血氣之爭裏。他只做他個人，「毫無權威」的反思他個人的宗教使命感；所謂全力以赴，竭力闡揚信仰生命的真諦，便構成他個人奮鬥人生的重要理念。

為此，我們當可得知，默默耕耘，宣揚人性至善的生活意境，以及闡明靈性生命昇華的迫切需要，乃是祁克果一生奉獻於真理、服膺於聖善理念的標竿。這可是今人於重視物質生活之餘，而發現精神生活的重要性之際，所必須徹底反思與效法力踐的生命典範。難道不是如此？不管怎樣，筆者卻總要明說：祁克果是堪稱為一位世紀型人類性靈的先知；願他這一道性靈的亮光，有助於指引當今的世人；說不定，就是你，就是我。這是一句純真的證言！

參 考 書 目

I. 祁克果原著

（英譯部分）

1. Kierkegaard, S. A., *Either / or* (translated by David F. Swenson, Lillian Marvin Swenson, and Walter Lowrie; Princeton: Princeton University, 1843 & 1944), Vol. I.

2. Kierkegaard, S. A., *Either / or* (translated by Lowrie and revised by H. A. Johnson; New York: Doubleday, 1843 & 1959), Vol. II.

3. Kierkegaard, S. A., *Repetition* (trans. by Walter Lowrie; Princeton: Princeton University Press, 1843 & 1941).

4. Kierkegaard, S. A., *Fear and Trembling* (trans. by Walter Lowrie; Princeton: Princeton University Press, 1843 & 1941).

5. Kierkegaard, Sören, *Philosophical Fragments* (originally translated and introduced by David Swenson, new introduction and commentary by Niels Thulstrop, translation revised and commentary translated by Howard V. Hong; Princeton, New Jersey: Princeton University Press, 1844 & 1974).

6. Kierkegaard, S. A., *The Concept of Dread* (trans. by Walter Lowrie; Princeton: Princeton University Press, 1844 & 1944).

7. Kierkegaard, Sören, *Concluding Unscientific Postscript to the Philosophical Fragments* (translated by David F. Swenson, completed after his death and provided with Introduction and Notes by Walter Lowrie; Princeton; New Jersey: Princeton University Press, 1846 & 1941).

8. Kierkegaard, S. A., *The Present Age* (trans. by Alexander Dru and Walter Lowrie; New York: Oxford University Press, 1846 & 1940).

9. Kierkegaard, S. A., *Works of Love* (trans. by David F. Swenson and Lillian Marvin Swenson; Princeton: Princeton University Press, 1847 & 1946).

10. Kierkegaard, Sören, *The Point of View for My Work as an Author* (translated with Introduction and Notes by Walter Lowrie, edited with a Preface by Benjamin Nelsen; New York: Harper Torchbooks, 1848 & 1962).

11. Kierkegaard, Sören, *Sickness unto Death* (translated with Introductions and Notes by Walter Lowrie; Princeton, New Jersey: Princeton University Press, 1849 & 1941).

12. Kierkegaard, S. A., *Training in Christianity* (trans. by Walter Lowrie; New York: Oxford University Press, 1850 & 1941).

13. Kierkegaard, S. A., *The Last Years Journals 1853-1855* (edited and translated by Ronald Gregor Smith; New York: Harper and Row, 1965).

（中譯部分）

14. 祁克果著・孟祥森譯：《祁克果日記》，臺北市：水牛出版社，

民國五十六年五月，初版。

15. 祁克果著・孟祥森譯：《作為一個作者我的作品之觀點》，臺北市：水牛出版社，民國五十七年六月，初版。

II. 相關資料

（英文部分）

1. Binkley, L. J., *Conflict of Ideas* (New York: Van Nostrand. Reinhold Company, 1969).

2. Bollnow, O. F., "The Objectivity of the Humanities and the Essence of Truth, " *Philosophy Today* (Göllingen: Vandenhoeck and Ruprecht, April, 1974).

3. Bretall, Robert, ed., *A Kierkegaard Anthology* (Princeton, New Jersey: Princeton University Press, 1951).

4. Buber, M., *I and Thou* (with a postscript by the author added, translated by Ronald Gregor Smith; New York: Charles Scribner's sons, 1958).

5. Collins, J., *The Mind of Kierkegaard* (Chicago: Henry Regnery Company, 1953).

6. Dewey, J., *A Common Faith* (New Haven and London: Yale University Press, 1934 & 1960).

7. Fenger, H., *Kierkegaard, The Myths and their Origins* (translated by George C. Schoulfield; New Haven and London: Yales University Press, 1980).

8. Geismar, E., *Lectures on the Religious Thought of Sören Kierkegaard* (with an introduction by David F. Swenson; Minneapolis: Augsburg Publishing House, 1938).

9. Haecker, Th., *Sören Kierkegaard* (translated by Alexander Dru; New York: Oxford University Press, 1937).

10. Hannay, Alastair, *Kierkegaard* (London: Routledge & Kegan Paul, 1982).

11. Hegel, G. W. F., *The Logic of Hegel* (trans. by Wallace; London: Oxford University Press, 1950).

12. Hegel, G. W. F., *Phenomenology of Spirit* (trans. by A. V. Miller; Oxford: Clarendon Press, 1977).

13. Heidegger, M., *Being and Time* (translated by John Macquarrie and Edward Robinson; New York: Harper & Row Publishers, 1962).

14. Heidegger, M., *On Time and Being* (translated by Joan Stambaugh; New York: Harper Culophon Books, 1972).

15. Jolivet, R., *Introduction to Kierkegaard* (translated by W. H. Barker; London: Frederick Müller, 1950).

16. Jones, W. T., "Kant and the Nineteenth Century, " *A History of Western Philosophy*, 2ed. (New York: Harcourt Brace Jovanovich, Inc., 1975).

17. Malantschuk, Gregor, *Kierkegaard's Way to the Truth* (An Introduction to the Authorship of Sören Kierkegaard, translated from the Danish by Mary Michelsen; Minneapolis, Minnesota: Augsburg Publishing House, 1963).

18. McCarthy, V. A., *The Phenomenology of Moods in Kierkegaard* (Boston: Martinus Nijhoff, 1978).

19. Molina, Fernando, *Existentialism as Philosophy* (N. J.: Prentice-Hall, Inc., 1962).

20. Patka, F., *Existentialist Thinkers and Thought* (edited; New York: The Citadel Press, 1962).

21. Putnam, H., *Reason, Truth and History* (London: Cam-

bridge University Press, 1981).

22. Reese, William L., *Dictionary of Philosophy and Religion* (New Jersey: Humanities Press, 1980).

23. Reinhardt, K. F., *The Existentialist Revolt* (New York: Frederick Unger Publishing Co., 1952).

24. Russell, B., *The Problems of Philosophy* (New York: Oxford University Press, 1959).

25. Schleiermacher, Friedrich, *On Religion: Speeches to its Cultured Despisers* (translated by John Oman with an Introduction by Rudolf Otto; New York: Harper & Row Publishers, 1958).

26. Schleiermacher, Friedrich, *Hermeneutics: The Handwritten Manuscripts* (edited by Heinz Kimmerle, translated by James Duke and Jack Forstman; Missoula, Montana: Scholars Press, 1977).

27. Thomte, Reidar, *Kierkegaard's Philosophy of Religion* (Princeton, New Jersey: Princeton University Press, 1948 & 1949).

28. Tillich, P., *The Courge to be* (London & Glasgow Great Britain Collins Clear-Type Press, 1952).

29. Wahl, J., *Philosophies of Existence* (translated from the French by F. M. Lory; Paris: Librairie Armand Colin, 1959).

30. Zahrnt, H., *The Question of God* (New York: Harcourt Brace Jovanovich, Inc., 1966 & 1969).

（中文部分）

31. 《聖經・舊約》

《聖經・新約》

32. 陳俊輝譯・田立克著：《新存有》，臺北市：水牛出版社，民國六十六年。

33. 項退結（手稿）：《對西洋傳統全面批判的海德格》，臺北市，民國六十八年。

34. 陳俊輝：《海德格的存在分析與死亡》，臺北市，國立臺灣大學哲學研究所碩士論文，民國六十九年六月。

35. 陳俊輝：《文化・存有與秘思》，臺北市：水牛出版社，民國七十三年九月，初版。

36. 陳俊輝編譯：《祁克果語錄》，臺北市：業強出版社，民國七十六年二月，初版。

37. 陳俊輝：《祁克果與現代人生》，臺北市：黎明文化事業公司，民國七十六年五月，初版。

人 名 索 引

術語（暨著作）索引

A

About My Work as an Author／
《論作爲一個作者我的作品》
8

absolute idealism／絕對觀念論
6

Absolute Paradox／絕對困思
59, 71, 171, 184, 266, 292

absurd／荒謬 207, 214

accident／事件 214

acosmic pantheism／非宇宙論
的泛神論 21

anthropological view／人類學
的觀點 97

antithesis／反題；反 151

anxiety／不安 273

Apology／護教論 328

"Apostle's Creed"／「使徒信經」
219

appropriate／取用 300

approximation-process／近似
（眞理）的歷程 249, 295

Archimedean point／阿基米德
點 110

arete／德 38

As thou believest, so art thou
／你信，你就（是存）在 26,
238

As thou believest, so it comes
to pass／你信，事就成 26,
237

Attack upon "Christendom"／
《對基督教界的攻擊》

"Attack upon Hegelianism,
The"／「對黑格爾主義的攻
擊」 145

aufgehoben／揚棄 149

authentic being／眞實存有（者）
336

author／作者

B

becoming／生成 129

Being／存有 317

being／存有（者；物） 66, 84,

Idealism／觀念論　*5, 77, 229*

identity／同一

identity of thought and being
／思想與存有（者）的同一
129

ignorance／無知　*43, 47, 136, 158, 310*

illusory knowledge／幻覺的知
識　*234*

immanent／內存的　*71*

immanentistic pantheism／內
存論的泛神論　*21*

immortality／靈魂不朽　*31*

imperfection／瑕疵　*305*

in existing／在存在中　*322*

In God there is no shadow
of alteration／在神並無轉
動的影兒　*102*

Incarnation／道成肉身；化現於
世　*59, 96, 171, 292*

Incarnation of the Son of
God, the／神子的道成肉身
91

individual, the／個人　*78, 92, 262, 278, 283, 290, 329*

individual experience／個人
（的）體驗　*122, 134*

infinite, the／無限者　*100, 108*

infinite movement of resign-
ation, the／無限棄絕的運動
207

infinite passion／無限激情　*330*

inquietude of the human
heart until it comes to
rest in God, the／人心唯有
棲息於神處，始得安寧　*94*

Instant／《瞬間》　*8*

"Insititut d'Etudes Médievales"
／「中世研究機構」

Instrumentalism／工具主義
330

interact／互動　*226*

"inter-esse"／「認知-存在」
92, 99

interest／興趣　*92, 99*

interested reason／有興緻的理
性　*107*

interiore homine habitat
veritas (truth dwells in
the inner man)／眞理即內
居於人心中　*93*

internalist／內在論者（本質論
者）

interpretation／詮釋

M

magister interior／內心的教師
93

maia／產婆（希臘文）　38

maieutic／產婆接生術　37, 43,
258

meaning of Being, The／存有
（的）意義　317

"Meno"／「美諾」（即：論德性）
65

metaphysical realism／形上的
實在論　96

Metaphysics／《形上學》　82

mind／精神；心靈　136

Mind of Kierkegaard, The／《祁
克果的心靈》　76, 88, 114

mode(s) of being／存有（者）
模式　98

moment／瞬間　59, 72

momentum／運動量　295

moral idealism／道德觀念論
139

motion／運動

movement of faith every
instant, the／每一瞬間的誠
信運動　207

N

natural reason／自然理性　107

Naturalism／自然主義　330

necessary truth／必然眞理　124

negative philosophy／否定哲學
142

Neo-Platonism／新柏拉圖主義
21

Nicomachean Ethics／《尼可馬科
倫理學》　79

Nominalism／唯名論　77

non-being／非存有　189, 274

non-existens／非存在者　103

notion／概念　78

O

objective idealism／客觀觀念論
5

objective uncertainty／客觀的
不確定性　52, 267

one single person Jesus, the／
耶穌他單獨的一個人　163

*On the Concept of Irony with
Particular Reference to
Socrates*／《論反諷的概念——
特別參照蘇格拉底》　3, 66,

U

V

W

Z

世界哲學家叢書(四)

書　　　　　名	作　　　者	出版狀況
雅　斯　培	黃　藿	撰　稿　中
聖奧古斯丁	黃　維　潤	撰　稿　中
聖多瑪斯	黃　美　貞	撰　稿　中
梅露・彭廸	岑　溢　成	撰　稿　中
黑　格　爾	徐　文　瑞	撰　稿　中
盧　卡　契	錢　永　祥	撰　稿　中
亞里斯多德	曾　仰　如	已　出　版
笛　卡　兒	孫　振　青	撰　稿　中
盧　梭	江　金　太	撰　稿　中
馬　庫　色	陳　昭　瑛	撰　稿　中
馬　利　丹	楊　世　雄	撰　稿　中
柯　靈　烏	陳　明　福	撰　稿　中
維根斯坦	范　光　棣	撰　稿　中
魯　一　士	黃　秀　璣	撰　稿　中
高　達　美	張　思　明	撰　稿　中
希　克	劉　若　韶	撰　稿　中
萊布尼茲	錢　志　純	撰　稿　中
祁　克　果	陳　俊　輝	已　出　版
德　希　達	張　正　平	撰　稿　中

世界哲學家叢書(三)

書　　　　名	作　　者	出版狀況
知訥	韓基斗	撰稿中
元曉	李箕永	撰稿中
狄爾泰	張旺山	已出版
哈伯馬斯	李英明	已出版
巴克萊	蔡信安	撰稿中
呂格爾	沈清松	撰稿中
柏拉圖	傅佩榮	撰稿中
休謨	李瑞全	撰稿中
胡塞爾	蔡美麗	排印中
康德	關子尹	撰稿中
海德格	項退結	已出版
洛爾斯	石元康	已出版
史陶生	謝仲明	撰稿中
卡納普	林正弘	撰稿中
奧斯汀	劉福增	撰稿中
洛克	謝啟武	撰稿中
馬塞爾	陸達誠	撰稿中
約翰彌爾	張明貴	已出版
卡爾巴柏	莊文瑞	撰稿中
赫爾	馮耀明	撰稿中
漢娜鄂蘭	蔡英文	撰稿中
韋伯	陳忠信	撰稿中
奎英	成中英	撰稿中
謝勒	江日新	撰稿中
馬克思	許國賢	撰稿中

世界哲學家叢書 (二)

書　　　　名	作　　者	出版狀況
揚　　　　雄	陳福濱	撰稿中
劉　　　　勰	劉綱紀	已出版
淮　南　　子	李增	撰稿中
袾　　　　宏	于君方	撰稿中
永　明　延　壽	冉雲華	撰稿中
宗　　　　密	冉雲華	已出版
方　以　　智	劉君燦	已出版
吉　　　　藏	楊惠南	已出版
惠　　　　能	楊惠南	撰稿中
玄　　　　奘	馬少雄	撰稿中
龍　　　　樹	萬金川	撰稿中
智　　　　顗	霍韜晦	撰稿中
竺　道　　生	陳沛然	已出版
慧　　　　遠	區結成	已出版
僧　　　　肇	李潤生	已出版
知　　　　禮	釋慧嶽	撰稿中
大　慧　宗　杲	林義正	撰稿中
西　田　幾　多　郎	廖仁義	撰稿中
伊　藤　仁　齋	田原剛	撰稿中
貝　原　益　軒	岡田武彥	已出版
山　崎　闇　齋	岡田武彥	已出版
楠　本　端　山	岡田武彥	撰稿中
山　鹿　素　行	劉梅琴	排印中
吉　田　松　陰	山口宗之	撰稿中
休　　　　靜	金烘泰	撰稿中

世界哲學家叢書 (一)

書　　　　　名	作　　　者	出　版　狀　況
董　　仲　　舒	韋　政　通	已　　出　　版
程　顯、程　頤	李　日　章	已　　出　　版
王　　陽　　明	秦　家　懿	已　　出　　版
王　　　　　弼	林　麗　真	已　　出　　版
陸　　象　　山	曾　春　海	已　　出　　版
陳　　白　　沙	姜　允　明	撰　　稿　　中
劉　　蕺　　山	張　永　儁	撰　　稿　　中
黃　　宗　　羲	盧　建　榮	撰　　稿　　中
周　　敦　　頤	陳　郁　夫	撰　　稿　　中
王　　　　　充	林　麗　雪	撰　　稿　　中
莊　　　　　子	吳　光　明	已　　出　　版
老　　　　　子	傅　偉　勳	撰　　稿　　中
張　　　　　載	黃　秀　璣	已　　出　　版
王　　船　　山	戴　景　賢	撰　　稿　　中
眞　　德　　秀	朱　榮　貴	撰　　稿　　中
顏　　　　　元	楊　慧　傑	撰　　稿　　中
墨　　　　　子	王　讚　源	撰　　稿　　中
邵　　　　　雍	趙　玲　玲	撰　　稿　　中
李　　退　　溪	尹　絲　淳	撰　　稿　　中
賈　　　　　誼	沈　秋　雄	撰　　稿　　中
李　　栗　　谷	宋　錫　球	撰　　稿　　中
孔　　　　　子	秦　家　懿	撰　　稿　　中
孟　　　　　子	黃　俊　傑	撰　　稿　　中
朱　　　　　熹	陳　榮　捷	撰　　稿　　中
王　　安　　石	王　明　蓀	撰　　稿　　中

71